挑战乔布斯

全世界聪明人都在做的创新思维游戏

潜能开发丛书编写组 / 编著

TIAOZHAN
QIAOBUSI

企业管理出版社
ENTERPRISE MANAGEMENT PUBLISHING HOUSE

图书在版编目（CIP）数据

挑战乔布斯：全世界聪明人都在做的创新思维游戏 / 潜能开发丛书编写组编著. —北京：企业管理出版社，2014.1

ISBN 978-7-5164-0636-6

Ⅰ.①挑… Ⅱ.①潜… Ⅲ.①智力游戏 Ⅳ.①G898.2

中国版本图书馆CIP数据核字（2013）第291646号

书　　名：挑战乔布斯：全世界聪明人都在做的创新思维游戏
编　　著：潜能开发丛书编写组
责任编辑：张超峰
书　　号：ISBN 978-7-5164-0636-6
出版发行：企业管理出版社
地　　址：北京市海淀区紫竹院南路17号　　邮编:100048
网　　址：http://www.emph.cn
电　　话：编辑部（010）68453201　　发行部（010）68701638
电子信箱：80147@sina.cn　　zhs@emph.cn
印　　刷：北京中新伟业印刷有限公司
经　　销：新华书店
规　　格：170毫米×240毫米　16开本　17印张　250千字
版　　次：2014年1月第1版　2014年1月第1次印刷
定　　价：32.80元

前　言

人的一生都在思考，人的生活、学习、工作，一个人所取得的成就的高低，他所能成就的事业的大小，说到底都和他的思维有关，可以说，思维模式、思考的方法将决定或改变一个人的一生。

现在比较流行创新思维的说法，其核心内容就是启发人们从不同的角度来思考问题，从而养成多角度考虑问题的习惯，这样不仅能在遇到事情时考虑得更加周到，还能在关键时刻找到更多的出路。

说到多角度思考问题，首先就得谈一谈我们思考信息的来源——观察。这里说的观察并不单纯指的是看，它是包括听、闻，乃至触摸、感受等多种感官的综合的获取信息的方式。众所周知，这个世界上的任何事物都是多元化的，证据就是所有的事件或者物体，你通过不同的角度，都会发现其不同的特质。比如，一个为了抢一块面包而杀人的杀人犯，在被害者眼中，他是十恶不赦的；但在他那已经饿了三天的孩子眼中，带着面包回来的父亲无疑比天使还要可爱。观察是思维主体为了认识事物的本质和规律，而有目的、有计划地考察、搜集、描述认识对象的一种思维方法。本书中形形色色的思维小游戏，旨在让人们在游戏娱乐的同时提高观察思考、活跃思维。

逻辑思维，是一种人们普遍存在的思维模式，它的存在可以让你由一叶而知秋，能助你遭遇紧急状况时作出高效合理的决策，但逻辑思维并不完全是靠天生的，它也可以通过后天培养来加强。若能合理地运用规则技巧，几乎每个人的逻辑思维能力都会有很大的提升空间，配以适当的科学训练，你会发现你的逻辑思维能力会有非常大的突破。即便你一向不善逻辑思维，通过阅读本书，通过一天一个的思维游戏的锻炼，经过不懈的坚持，一年以后，你一定会对自己或者孩子的思维方式的改善和解决问题能力的提高而感到惊奇。

《挑战乔布斯》是一本培养想象力和进行思维训练的宝典。在题目的设计上本书包括拓展创新、逆向思维、平面创新、减法创新、动态创新、改革创新、细节创新、潜意识创新、联想创新、换位思考等十个模块，总共365道经典思维游戏题目，全方位、多角度的锻炼孩子的思维能力，从小培养其多角度、多方法看待和解决问题的能力，并使之养成习惯。其中的一些题目完全来自于原创，也有一些改编自其他的经典题目，无论是原创的还是改编的题目都充满智慧性和挑战性。在思维游戏已经风靡世界的今天，我们若再不采取行动，那错过的今天，造成的后果将是将来的每一天，我们的孩子都将比别人慢一拍，在游戏中训练思维方式，既使孩子锻炼了思维，同时由于本书内容的故事性和娱乐性，还能引发孩子学习的兴趣，引发孩子对未知的知识的向往，实在是一举多得。

习惯的力量是无穷大的，一个人养成一种习惯，然后又逐渐被这种习惯所改变，一个好习惯，一生都会受用。乒乓球世界冠军马琳在2006年获得法国巴黎世界杯单打冠军后，接受媒体采访。当被记者问到决赛中一个非常精彩的回球，当时马琳在想什么时，马琳非常淡定地说，当时什么都没想，在那种高强度的对抗下，双方都不可能有任何多余的想法了，这种时候只是凭借本能或者说肌肉记忆在打球。其实，这里面有个专有名词，叫肌肉记忆，说白了，也就是习惯，这是平时长期的高强度的训练才培养出来的习惯，正是靠这习惯，马琳在职业生涯当中共获得了18枚金牌。

因此，教育孩子，培养他们良好的习惯是非常重要的一个方面。随着孩子逐渐长大，他们所接触的一切都需要学习，而幼年时期是孩子可塑性最强的时期，也是培养他们各种良好习惯的关键时期。

《挑战乔布斯》正是从这些特点出发，让孩子们在游戏中自主学习、发展思维。“思维游戏”虽说是游戏，但它完全不同于平时的自由游戏，它是以锻炼思维为目的的智力游戏。

CONTSNTS

目录

第一章　拓展创新——重要的不是发明者，而是发展者

第二章　逆向创新——反其道而思之，必能出其不意攻其不备

第三章　平面创新——由点及面的思维导图

第五章　动态创新——唯一不变的就是永远在变化

第六章　改革创新——最难革的命是自己的命

第七章　细节创新——完美是从细节里“折腾”出来的

第八章　潜意识创新——有意识地“随机”碰撞思想的火花

第九章　联想创新——风马牛有时也相及

第一章

拓展创新——重要的不是发明者，而是发展者

1 希尔顿巧卖地毯

希尔顿是世界著名的酒店业大亨。年轻时，他曾去过阿拉伯推销美国一家公司生产的地毯。那时候，朋友们都认为希尔顿这种想法太天真了，纷纷劝他不要去，因为众所周知阿拉伯的地毯业在全球首屈一指，希尔顿想要跟阿拉伯地毯叫板，那注定是要失败的。

然而希尔顿却偏偏不听劝告，执着地带着自己的地毯来到阿拉伯，开始努力地工作，结果正如朋友们所料，他赔得一干二净。希尔顿并没有就此罢休，他相信一定能找到什么方法，让阿拉伯人接受他的地毯。

希尔顿继续留在那里，但不再忙于去工作，而是开始认真观察阿拉伯当地人的风俗。他发现当地人大多是穆斯林教徒，每天都要跪在地毯上，朝着麦加的方向祷告。于是他想到一个好主意，在原有的地毯上，巧妙地增加了一种能帮助穆斯林教徒朝着麦加方向祷告的功能。正是这个小小的创新改进，不但使希尔顿卖完了所有积压的地毯，而且从此还帮公司在阿拉伯的地毯市场上占据了一席之地。

希尔顿对原来的地毯做了怎样的改进呢？

创新小翘板

希尔顿在他的地毯上都加了一枚能指向北方的小罗盘，便于那些穆斯林教徒们在祷告时准确找到圣城麦加的方向。市场上只有他的地毯才有这项功能，于是很快他就在那里打开了市场。

2 “1毫米”效应

一家牙膏厂生产的牙膏市场反响一直很好，营业额连续3年递增，每年的增长率都在10%以上。可是到了第4个年头时，其营业额停滞下来，接下来的一年也不见有所提升，这样就严重影响了企业业绩。

于是，工厂的领导人决定召开管理会议，商讨对策。在会议上，厂长向大家许诺了巨额奖金以激励大家出谋划策：只要谁能让今年销售业绩增长10%，就给他10万元重奖。大家马上开始纷纷发表自己的建议，但是没有一个让厂长觉得满意的。

就在厂长一筹莫展时，有位刚刚上任的部门经理站起来，递给厂长一张纸条，厂长打开纸条，看完后，非常兴奋，并马上签了一张5万元的支票预付给了这位经理。第二天，工厂立即按照那位年轻经理给出的办法进行改革。到了年底，工厂的销售额增长了20%还多。那张小小的纸条上究竟写了什么，能如此有效地提高产品的营业额？你能想到这个人用了什么办法吗？

创新小翘板

其实那张纸条上只写了一句话：将这一款牙膏的管口直径扩大1毫米。因为消费者每天早晨习惯挤出同样长度的牙膏。如果让牙膏管口直径扩大1毫米，那每天牙膏的消费量就会多出很多倍。

3 创新教学

曙光小学最近开展了创新教学改革。校长号召全体老师在教学过程中勇于创新，提高学生们的学习兴趣和效率。

一年级的王老师以前在课堂上教孩子们认字时，总会有一些小朋友们不注意听讲，有发呆的，有睡觉的，有讲话的，有打闹的，就是没几个真正认真听讲的。面对这种情况，王老师也有些头疼，想了好多办法，她曾经故意非常严肃地讲课，课堂上倒是非常安静，可仔细一看，多数小朋友都睡着了。王老师在自己小学老师的指点下豁然开朗。找到了绝招的王老师决定改进一下自己的教学方式。今天，她教小朋友“大”这个字，就用了一个巧妙的方法。说这个方法巧妙真是一点都不为过，王老师的这个方法一提出来，同学们的积极性一下子就被提起来了，讲台下的同学们再也没有走神的了，而且教学效果也非常好，小朋友们一下子都记住了。

请问：你知道王老师是用了什么方法吗?

创新小翘板

王老师把自己的身体当做“教课工具”。她教大家先写“横”，于是老师伸展手臂与肩处于水平线；然后写“撇”，她的右腿就向右伸开；然后写“捺”，又伸开左腿，这样结果就出来一个“大”字了。

4 让硬币“走”出来

有一家软件开发公司，员工人数并不多，但每个工作日的中午休息时间，他们都会组织员工来一次脑力游戏。

今天，组织者在休息室准备了一张玻璃圆桌，并铺了一块丝绸质地的桌布。然后在桌子上放了一枚1角的硬币，再在这枚1角硬币的两边相等的距离各放上1枚1元的硬币，这个距离恰好为倒置一个玻璃杯时，杯口边缘可以放在两枚1元硬币的圆心上。现在这个游戏开始了，组织者问所有员工：如果在不移动玻璃杯和这两枚1元硬币的情况下，如何取出中间的那枚1角的硬币？而且也不能借助其他任何东西推出这1角硬币。你知道如何完成这个任务吗?

创新小翘板

这个看似不可能完成的任务，其实很简单，这是一张玻璃桌，桌面自然很光滑，而丝绸质地的桌布也同样很光滑，所以只要用手在与这枚1角硬币相对的方向轻轻地拉动桌布，就可以让这枚硬币慢慢地向相反的方向移动，然后它就可以从玻璃杯下“走”出来了。

5 硬币小魔术

老方和小方是父子俩，在外人看来是父子，但在小方的母亲看来，这两个人却是一对不折不扣的朋友，也是两个顽童。小方放学回到家，边做作业边等着老方下班，他今天要给老方一个惊喜，却不料好事多磨，直到把作业做完了，小方还是没有等到老方。突然，一阵门铃响了起来，小方迫不及待地冲过去开了门，很快，小方便挂在老方的脖子上回到了客厅中。小方神秘地告诉老方要给他一个惊喜，老方猜了半天，也猜不出小方要给他什么惊喜，只得让小方说出来。小方却说说出来就没意思了，只能表演出来。原来小方最近迷上了魔术表演，今天刚学会了一个新的魔术，便要给老方献宝呢！小方让老方随便拿一枚硬币正面朝上放在桌子上，用一张不透明的白纸盖在上面，在爸爸做这些的时候小方一直是背对着爸爸的，也就是说他并不知道这枚硬币的面额。现在，小方说："我没有看到那张纸下面的硬币，但我不用把纸拿开，就能知道硬币的面额。"你知道小方是如何做到的吗？

创新小翘板

小方拿出一支铅笔在纸上覆盖硬币的范围涂画，硬币的"内容"就显现在了纸上，这样自然用不着拿开纸就能知道硬币面额了。

6 如何取下绳子上的钥匙

张拾迈教授的管理课素来以气氛活跃名闻全校，张教授讲课诙谐幽默，总能将复杂深刻的管理学知识，融入到鲜活的案例当中，寓教于乐，使同学们在会心一笑中学习到有用的知识，因而张教授非常受同学们的爱戴，他的公选课也是大家抢破头皮争夺的重要资源。

今天课堂上的气氛并不像往常那样活跃，或者说首次在张教授的课堂上出现了鸦雀无声的情况，这到底是发生了什么状况呢？原来，张教授给台下的学生们出了一道题目，难倒了所有人，没人知道答案，当然也就鸦雀无声啦。这到底是一道怎样的题目呢？这道题目是：有一根很细的线绳，和一个带有木头瓶塞玻璃瓶。线绳的一端系着一把钥匙，把线绳的另一端从木头瓶塞钻的洞内穿过并系好，使钥匙与瓶塞间的距离小于玻璃瓶的高度。接着，把钥匙的一端伸进瓶子里，然后把瓶塞塞住瓶口。接下来要挑战的是如何取下瓶子里吊在线绳上的钥匙，但不能打开瓶塞。

创新小翘板

这听起来似乎是在变魔术，其实只要借助一个放大镜和大自然充足的阳光就可以做到。把瓶子放在充足的阳光下，用放大镜对着瓶子，让太阳光透过瓶子聚集在线绳上，剩下的就等着线绳被烧断就可以了。

7 穿过桥洞的方法

美国著名作家马克·吐温，在还没有成为作家之前，曾经在密西西比河做过一段时间货船上的水手，经常随船运送货物。

有一次，马克·吐温参与了船运公司一项重要任务，船上载的是重要的大型高档机器，货物一定要在指定时间内送达到客户那里。货船在行驶途中需要经过一座桥洞，然而由于前几天这片区域连降暴雨，使河里的水位大涨，由于水涨船高，那些大型机器恰好不能穿过桥洞。船长在第一时间发现，马上下令抛锚。船长站在船头看着眼前的桥洞，紧锁眉头：这该怎么办？这些贵重的大型机器现在没办法移动，绕道行驶时间上也不允许。正在船长一筹莫展时，马克·吐温想到了一个奇特的变通方法，既不需要挪动船上的机器，也不需要绕道行驶，但最终还是让货船顺利通过了桥洞。

你知道马克·吐温是用什么办法使货船顺利通过桥洞的吗？

创新小翘板

马克·吐温看到离船不远的岸边上有很多大石头，而船上的这些机器也并没有达到船载负荷的极限，于是他和其他船员们往船上搬了许多大石头使船下沉些，这样就能顺利穿过桥洞了。

8 谷底脱险

两个户外探险者来到一个深谷前，谷底虽然有水但很浅，于是他们准备用软梯下去，探寻谷底的洞穴。当他们到达谷底刚走了几米时，意外就发生了。谷底的泉水忽然大量涌出，由于水流很急，不一会儿水位就到了两人的腰部，并且还在不断上涨。两人既不会游泳，又没有其他可用的救生用具，只能立刻攀软梯爬上去。

可是麻烦的是，他们所用软梯的负重是200公斤，下来的时候，他们是下完一个另一个再下来的，因为他们的体重都是110公斤左右。如果两人同时攀梯，软梯承受不住两个人的重量，势必会导致软梯被踩断；若是依次先后攀梯而上，时间来不及，就会使一个人的生命遇到威胁。

现在，你能想出一个好办法帮他们安全脱险吗？

创新小翘板

可以让一个人先顺着软梯向上爬，另一个人待水齐到肩部时再开始攀升。向上爬的速度与水涨的速度尽量保持相等，使水的高度始终在人的肩部，借助水的浮力，软梯就可以负担两个人的重量了。

9 穿越沙漠

有一组石油勘探专家，来到了新疆塔里木盆地勘探石油。这一天他们来到一片沙漠前，要经过这片沙漠，需要10天的时间。但是，每人随身最多只能携带8斤粮食和8斤水，而每人每天起码要消耗1斤粮食和1斤水。当地也有骆驼可以租用，如果他们就这样直接穿越沙漠，那就会有危险。

专家组一行人犯了愁，这可怎么办，如果无法顺利通过这片沙漠就不能完成此次的任务。组长思考了一会儿，找来几个当地的民工，和他们交涉了一番后，就让大家备齐路上所用物资准备启程了。

那么你知道组长是用什么办法让大家穿越沙漠的呢？

创新小翘板

组长雇用了几名民工，每两位勘探专家雇用1名民工，每人带上8斤粮食和8斤水，走两天后，他们就请民工回去，并留给民工2斤粮食和2斤水，供他在回去的路上用。而这时每两位勘探工作者还有6斤粮食6斤水，民工携带的粮食和水还各剩下4斤。于是他们将民工所剩粮食和水平分，则每人又是携带8斤粮食和8斤水了，而剩下的路程也只有8天，正好够他们穿越沙漠了。

10 第一代钢盔的发明

有一次，法国将军亚德里安去医院慰问伤兵，了解伤员们的状况。其中有一位伤兵向将军讲述了自己受伤的经过。他是一个勤务兵，在德军用大炮向他们攻击时，这个士兵和几位战士正在厨房干活，炮弹突然飞过来，弹片横飞，他急中生智，忙把旁边的一口空铁锅举起来扣在头上。待轰炸过后，他发现在厨房的其他几个同伴都被炸死了，而他只是受了点轻伤。

亚里得安将军在慰问完这些伤兵后，就回到自己的指挥所。然而，那个被铁锅救了一命的士兵的事迹总是不断地出现在他脑子里。他决定召集研究装备的军事小组开一个研讨会。而这次会议之后，在亚里得安将军的安排部署下，使得法军士兵在第二次世界大战中大大减少了伤亡。

你知道亚里得安将军开的军事研讨会是关于什么的吗？

创新小翘板

亚里得安将军从那个士兵的事迹得到了启发，他想如果战场上人人都有一顶“铁帽子”，不就可以减少伤亡了吗，所以他召开的会议就是让研究装备的军事小组去研制开发战场上士兵们戴的钢盔。而这第一代钢盔，马上就装备到当时的法军部队里了，因此也就大大减少了战争中伤亡。

11 种草坪找到的设计方案

有一家开发商在城市新开发区规划了一片商业写字楼，然而当所有楼宇按照设计师的规划盖成以后，设计师发现这些楼与楼之间没有人行道。

这些写字楼在当初设计布局时，是刻意要呈现出一种无规则排列的，相互交错，参差不齐，而且楼与楼之间也比较密集。将来这里会是一些上班族工作的区域，每个人都会匆匆忙忙地赶时间，因此，楼与楼之间的人行道要设计的合情合理，才能使人在最短距离内到达目的地。但是楼群布局的不规则，想要找到一个方便合理的人行道设计方案并不容易。于是设计师开始每天在这些楼宇之间观察思考。

一天，有位市容管理员来办事，看见了这位愁眉苦脸的设计师正面对着楼群发呆。管理员就上前询问，得知设计师的问题后，就说道：“这个很好办啊，你先让人在楼群之间的空地上种上草坪，等夏季过去以后，您的人行道的设计方案就出来了。”年轻的建筑师还是不明白为什么种草坪就能找到设计方案。那个市容管理员继续解释给他听。听了管理员的一番话后，设计师不由得赞叹他的聪明。

那么，你知道为什么种草坪就能找到最佳的人行道设计方案吗？

创新小翘板

因为市容管理员按照他平时的工作经验分析，人们走路的时候有一个习惯，为了节约时间，一般都喜欢找最近最短的道路通向目的地。先在这些楼群之间种上草坪，等到了秋天，人们就会在草坪上踩出许多小道，最明显的印迹，就是人们最喜欢走的一条路，也就是人行道的最佳方案。

12 农夫搭羊圈

老田家世代务农，但随着改革开放的深入，老田爷寻思着不能只靠地里的粮食营生，但别的又不会搞，最终经过深思熟虑以及和家人的商讨之后决定搞畜牧，毕竟农牧不分家嘛！刚开始自然要从小规模做起，老田家的全部积蓄也就只够买三只绵羊和三只山羊。羊小的时候还不怎么占地方，可长到半大，就不得不建个羊圈了。在家中找来找去也只有12块木板，要用12块木板建6个羊圈，这可不太容易。

没主意的老田整天愁眉苦脸的，老田的儿子小田见父亲闷闷不乐，便大包大揽地告诉父亲，把这个活儿交给他就行了。老田见儿子信誓旦旦，便给了小田木板，并叮嘱他建6个正方形的羊圈，正好一只羊一个圈。

开始的时候，老田考虑到绵羊较大，山羊较小，因此，他要儿子搭建3个大羊圈，3个小羊圈，并且大羊圈的面积是小羊圈的两倍。儿子按照老田的要求做成了。可当儿子的活儿刚刚完工，老田又改变了主意，他要求儿子把大小羊圈的面积比例改成3：1，于是儿子又按老田的要求做了调整。可不一会儿，老田又有了新的想法，他又想把羊圈由正方形改成长方形。这并没有难倒儿子，因为他找到了一种方法，能把这12块隔板搭建成6个羊圈，同时根据需要，能任意地改变它们的面积比例。

你知道这是一种怎样的方式吗？

创新小翘板

聪明的儿子是这样搭造羊圈的，如下图所示：

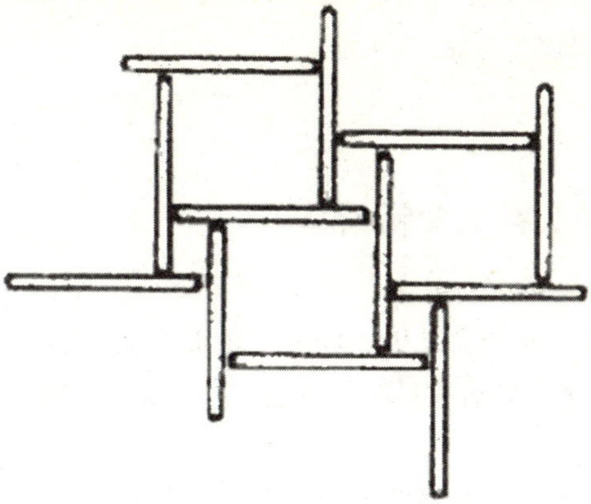

13 “狭路相逢”的两只蚂蚁

蚂蚁小黑和小灰是一对好朋友，说起它们的相识，还有一段小故事。小黑和小灰的家离得比较远，分别在一条地下通道的两头，这条路的中间有几个岔道，通往外面。这条路也比较特别，只能容一只蚂蚁通过。有一次，小黑要到小灰家附近办事，而小灰要到外面去，这样，它们便在靠近小灰家附近的路上相遇了，无奈这是条“单行道”，谁都过不去，小灰只得退出去，等小黑过去了再出去。这样，两只蚂蚁小伙伴便认识了。

后来，小黑和小灰商量了一下，总这么下去也不是办法，于是，便各自带了工具在它们上次相遇的地方的墙上挖了一个洞，这样，它们在相遇时，便可以其中一个躲在洞里，不用退得太远了。

这天，小黑和小灰又在这条路上相遇了，可天有不测风云，不知道什么时候这条地下通道里多了一块沙粒，正好在墙上的洞里。小黑和小灰远远地还在打着招呼呢，可来到洞边一看，却傻了眼，以前的办法已经行不通了，要把它移出来后又把通道堵住了，这两只蚂蚁还是无法通行。那么，它们只能用最笨的方法，再让小灰退出去吗？是不是还有其他更加省时省力的办法呢？

请你帮一下这两只蚂蚁，该怎么做才能让它们都顺利地继续朝自己的方向前行呢？

创新小翘板

一只蚂蚁先把沙粒拉出凹处，放在通道里；然后另一只蚂蚁进入凹处；再由那只蚂蚁推着沙粒通过凹处后停下来；然后另一只蚂蚁爬出凹处，沿通道爬走；最后那只蚂蚁将沙粒拖回凹处，自己再通过。

14 积压“老头衫”变畅销品

有一家针织厂的主要产品是男式汗衫。随着生活方式的变化，这种老式样的汗衫越来越无人问津了，到后来只有退休老人才会穿它，因此大家给了它一个名字“老头衫”。

由于该厂的仓库里“老头衫”严重积压，以致厂里发不出工资。他们想要转产，但缺乏资金，困难重重，工厂几乎要面临破产的境地。

这时候，有位年轻的技术员讲了一个百鸟献羽，将一只无毛丑鸟装扮成凤凰的故事。他建议大家开动脑筋，通过添羽成翼，使产品性能更为完备，使其功用更具特色，使原本无名的丑鸟，也能变成光彩四溢的凤凰。

按照这一思路，他们果真想出了让积压品变为畅销品的好办法。

你知道这是什么办法吗?

创新小翘板

他们将积压的白汗衫，在其后背和前胸部印上一些具有设计感的美术字写成的警句。既漂亮又个性，受到很多年轻人的青睐。

15 “缩小”技术的创新

日本索尼公司一向以善于创新在其领域内占据领先位置。比如索尼推出的一种超小型复印机，有别于市面上的传统复印机的“大身躯”，它只有笔记本那么大，便于随身携带，可以方便地复印报刊文章。这种新产品就如同袖珍电子计算器走入市场那样，给消费者带来了极大方便和实用性。

像这种“缩小”初始性的再创技能，易学易懂，方便了人们的生活。“缩小”技术不仅仅是减小了物件的体积，更主要的是节约了人们有效利用的空间，提高了产品的实用价值。现实生活中很多东西都是利用“缩小”技术，制造出了新的产品，比如把热水瓶的体积缩小，就成了保温杯；把钟的体积缩小，就制造出了手表。

你能列举出5种东西是通过“缩小”就成了另一种的东西吗？

创新小翘板

微型电吸尘器；笔记本电脑；折叠式雨伞；袖珍电子词典；儿童自行车。

16 恰好顶住隧道的货车

菲利克斯是一名货车司机，他以驾驶技术高超，送货准时，而且从来没有出过事故在瀑布小镇一带非常有名。许多货主都非常倾向于让菲利克斯帮他们送货，而菲利克斯又是出了名的好脾气，对于客户提出的要求也都尽量满足。

这一天，菲利克斯受到了老主顾德莱尼先生的委托，由于这次要送的货物比较特殊，菲利克斯不得不放弃自己的小卡车，转而开着德莱尼先生的一辆货柜车去送货，而且这次送货的路线对于菲利克斯来说并不熟悉。这种情况，即使是不太善于拒绝别人的菲利克斯，一般也不会接单，但一见是老朋友德莱尼先生，菲利克斯就怎么都难以说出半个“不”字来。无论如何，菲利克斯干这行已经有些年头了，胜在经验丰富，虽然路线不熟悉，也只能硬着头皮接下了。

好在一切顺利，他几乎走完了80%的路程，一直没有遇到任何问题，此时他几乎高兴地要哼起小曲儿来了，提心吊胆一路了，终于能放心了。可就在这时，就在他快行驶到目的地时，菲利克斯看到了一条隧道，凭借目测，菲利克斯就知道要糟，硬着头皮往前走。很快，菲利克斯就敏感地感觉到了这个隧道顶有点儿低，自己的货柜车顶端两个角有可能会被圆拱形的隧道口顶住。果然，货柜的两个角恰好碰着隧道顶部。

菲利克斯犯愁了，这马上就到目的地了呀，而且他看周围也没有其他路可走，自己一个人也没办法移动货柜。这下该怎么办呢？你能帮他想个好办法，顺利通过这隧道吗？

创新小翘板

因为货柜是恰好能碰到隧道顶，所以可以将车胎放一点点气，让货柜不会被隧道顶住即可，这样就能通过隧道了。

17 捆绑销售

在一些欧洲国家，对于商家有个特殊规定，就是在星期天不允许卖某些商品。比如像报纸、水果这种有时间性、易变质的商品可以出售；然而像图书和电器等在短期内不会失去效用的商品，则不允许在星期天出售。

托马斯是一家小商店的老板，他的商店的经营范围就包括小电器和一些图书，此外，还卖各种水果。星期天本来是人流量比较大的时间，可因为以上的规定，人流量最大的星期天，他的商店的营业额反而是一周当中最少的一天。为此，托马斯非常发愁，他不想因为这个特殊的规定而影响到营业额，星期天大量的人流量，若是不能加以利用简直是对资源的浪费，但他又无力改变现状。

又到了一个星期天，托马斯百无聊赖，利润较高的电器、图书等都不能卖，而只能卖一些水果和小饰品什么的，托马斯兴趣不大，干脆关了店门，来找自己的朋友汤姆诉苦。在托马斯生活的圈子里，汤姆从小便以睿智著称，托马斯希望汤姆能够帮他想想办法。托马斯把情况告诉了汤姆，两个人展开了讨论，不久，汤姆便提出了一个办法，而且这个办法既不违反规定，也没有让托马斯损失利润，这个点子让托马斯非常满意，回去以后，便立即开始实施了。此后，托马斯的小店的销售额非常好，在星期天的销售额更是平时的几倍，托马斯不禁喜上眉梢。

你知道他是怎么在星期天把两种不允许出售的商品都顺利地卖出去的吗？

创新小翘板

他把商店中的水果每斤都卖高价，每次购买一斤水果的就赠送一种电器或一些图书。

18 禁烟广告

某家烟草公司最新研制出一种卷烟，并被命名为“枫叶牌”，准备进行大规模的全球宣传，推向市场。结果恰好赶上了全国性的反对吸烟运动，怎么办呢？不能让公司花大力研制的新品牌成为枪打的“出头鸟”呀？

在“宣传香烟”与“禁烟运动”之间，是完全对立的两回事，二者之间完全没有共同点，怎样才能巧妙地沟通起来，既能打响自己的广告，又不与当前的形势相冲突呢？最后，经过该公司工作人员的辛苦策划，终于找出了一条可行的广告，不仅和戒烟浪潮不冲突，又取得了很好的宣传效果。

请问：你知道这个广告是怎么打的吗？

创新小翘板

该公司打出的广告是："禁止吸烟，连枫叶牌也不例外。"

19 一笔变字

将下图中的每个字移动一个笔画，使它们成为一个新的字。你能做到吗？

回	庆	百	玉
旧	几	本	井
失	坯	右	江

创新小翘板

如下图所示

同	厌	自	主
田	九	未	开
矢	环	石	汗

20 从镜子里看数字

上小学的小明和小刚是一对好朋友，两个人都非常热爱学习，而且经常将课堂上学的知识学以致用，琢磨出一些有意思的小游戏。两个人经常提出一些在别人看来稀奇古怪的问题，给对方回答，乐此不疲。但在两个人的"交锋"过程中，多数时候小刚都处于下风，这就让小刚总是憋着一股劲，想要给小明一个下马威，好让他不要总是沾沾自喜。

后来，他们在课堂上学习了镜子，通过学习，他们知道，从镜子里看到的东西都是相反的。知道这个原理之后，小刚就开始思考，既然所有东西在镜子里都是相反的，那么，从镜子里看数字也是一样，会看到与数字本身相反或完全相同的数字。

经过仔细的思考和试验，小刚还真想出了一个非常有创意的问题——现在有两组数字，共4个，在镜子里看时顺序正好相反，并且它们之间的差均为63。

提出问题后，小刚迫不及待地找到小明，把这个问题告诉了他。接到挑战的小明对这个问题也非常感兴趣，很快便陷入了思考。第二天上学的时候，小明找到小刚，说出了答案，两个人都开心地笑了。后来，小刚把这次的事件写到了作文里，两个人都得到了老师的夸奖。

那么，你能想出这两组数字分别是什么吗？

创新小翘板

18和81，29和92，这两组数字之间的差都为63。

21 字母与价格

在一些商场或超市里我们经常能看到用粗大醒目的数字标明价格，使人一目了然。然而在英国的一个地方，一些珠宝商和古玩商却并不喜欢把价格这样明显地标出来，他们非常谨慎，即使是在小小的价格牌上，他们也使用字母码。这就是说，您想知道价格，您就非得开口询问不可。

这些谨小慎微的商人常使用的字母码是选择一个含有10个字母的单词，每个字母代表一个数字。例如：

S O U T H W A L E S

1 2 　3 4 5 6 　7 8 9 0

这样，只有店主才知道HA表示57便士，或者SH/OW表示15.26镑。有一天，一个游人在当地的一家古玩店里买了两件古玩，有一件标着OF，另一件标着T/EA，总计6.41镑。他的朋友也买了两件，一件标着FB，一件标着I/RP，总计5.69镑。朋友的女儿买了两件小玩意儿，一件标着BT，一件标着LP，总计1.77镑。

通过这三位游人买的商品价格，你能推出这个商人用来标价格的字母码用的是个什么单词吗？

创新小翘板

字母码用的单词是：PROFITABLE，其中每一个字母对应1、2、3、4、5、6、7、8、9、0。

22 香港小姐的回答

在香港每年都会举办“香港小姐”大赛。这是香港一年一度的大型的选美活动，最早开始于1946年，原由私人机构在酒店举办。直至1973年，香港电视广播有限公司开始举办每年一度的香港小姐选举，之后统一由无线电视举办。港姐是香港女性美的代表，高贵端庄，堪称女性楷模，是香港一张永恒的魅力名片。

很多人可能以为“香港小姐”既然是选美比赛，那肯定是谁长得好看谁就能拿冠军了。其实不然，自1973年开始，“香港小姐”举办方便提出了“美貌与智慧并重”的口号，把选手的智慧提高到与美相同的高度，因而“香港小姐”不仅是美的代言人，更是智慧的化身。那么，评委们是如何考量“香港小姐”选手们的智慧的呢？我们可以看一看下面的例子。

在一次“香港小姐”的决赛中，主持人给台上的选手们出了这样一道有趣的题目：“假如必须在音乐家肖邦和战争狂人希特勒两个人中，选出一个作为终身的伴侣，你会选择哪一位呢？”

有一位参赛选手经过思考后这样回答：“我会选择希特勒。”主持人追问她为什么会这样选。那位选手做出的解释新颖、独特而且富有爱心和勇气，赢得了台下评委和观众的阵阵掌声。

你知道这位选手是怎么解释她的选择的吗？

创新小翘板

这位选手解释道：“如果我嫁给他的话，我相信我可以感化他，那么第二次世界大战可能就不会爆发了。”

23 守财奴之死

在一个镇子上，有一个高利贷主，名字叫巴特勒，巴特勒非常富有，因而可以放高利贷给别人。若是不了解他的人，仅通过表象来看的话，肯定以为巴特勒是个穷光蛋，因为他非常吝啬，人人都知道他很吝啬，但他不只对别人吝啬，对自己也吝啬，因此，大家都叫他“守财奴”。他的钱财可以买下市中心的一条街，但自己却住在破旧的房子里；据说，即使在五星级酒店里生活上一年，也花不完他这一年放高利贷所得的利息，但他吃的饭却几乎没有一点荤腥，甚至连点儿油花儿都没有；他的庄园里出产的棉花和亚麻可以为一个城市的人提供衣服，但他穿的衣服却是打满补丁的。这样的人，称之为“守财奴”简直一点都不过分。

事情发生在一天深夜，已是夜深人静的时候，突然，静谧的村庄里传来一声枪响。习惯了宁静的人们从来没有听到过这么大的响声，便纷纷出来看是什么情况。直到天蒙蒙亮的时候，人们才知道发生了什么——“守财奴”巴特勒被持枪歹徒枪杀了，他的保险柜中的巨款也被洗劫一空。

警察赶到案发现场时，发现高利贷主巴特勒的胸部挨了两枪，这已经足以致命，然而惨不忍睹的是他的胃也被用刀扎得乱七八糟。警察判断凶手可能跟高利贷主有很深的仇恨，但这种情况大都是发生毁容或其他部位。而此案的凶手为何偏偏去扎被害人的胃部呢？

凶手若是想要钱，只把巴特勒杀死就行了，为什么还要做出如此残忍的事呢？

创新小趣板

因为高利贷主吞下了保险柜的钥匙。吝啬的被害人唯恐钱被抢走，一口将钥匙吞到肚里，所以凶手为取出钥匙，不得已才切开他的胃。被害人死到临头还要护钱，真是十足的守财奴。

24 按时归队

军营的生活总是比较无趣，每天除了训练还是训练，但好在每隔一段时间还有轮休的机会。每个月，每个人都有一次到军营外面去的机会，一般是早晨出去，晚上回来，可以有一个白天的自由活动时间。战士们不仅可以利用这个时间购买一些生活用品，还能在这一天里好好地放松一下，由于这个机会来之不易，大家都非常珍惜，也都尽可能地把时间充分利用起来。

有三个士兵甲、乙、丙轮休出去玩，按照部队规定，他们必须在晚上11点前赶回来。本来部队里是有两辆自行车的，一般每次出去的有三四个人，但无论如何都可以保证至少两个人一辆自行车，这样可以帮助战士们节省不少时间，让大家充分利用这难得的休息时间。但这一天正好不巧，其中一辆自行车坏了，而且事先并没有人发现，直到要用的时候才发现，临时修好已经不可能。无奈，三人只能共用一辆自行车了。

甲、乙、丙三人来到外面，上次出来已经是一个月之前的事了，购买完东西，三个人便开始玩了起来。由于三个人玩得太高兴，以至于忘记了归队的时间。当有人想起来的时候，已经是10点过8分了。此时他们离兵营有10千米的距离。如果跑着回去需要1小时30分，如果骑自行车回去要30分钟。但他们只有一辆自行车，并且自行车只能再带一个人，所以只能有一个人要跑。

你能帮他们想个办法让三人都赶在11点前到达兵营吗？

创新小翘板

首先，让士兵甲跑步，士兵乙和丙骑车，骑到全程2/3处停下，士兵乙再骑车回来接甲，士兵丙接着跑步赶回兵营。士兵乙会在全程1/3处接到甲，然后他们再骑车往营地赶，最后三人就都可以在11点前赶到兵营了。

25 借力填坑

唐朝商人裴明礼，是一个非常懂得创新的商人。在他住所的附近有一块空地，空地的中央是一个大水坑，这片空地的主人觉得这块地实在没有用，打算卖掉算了。于是贴出了告示卖地，但大家看到这里的大水坑，都无人问津。

裴明礼看到后就去找这块地的主人，结果没费多少口舌，花了很少的钱就买下了。当时，卖地的人心里还偷着乐，觉得这个人好傻，花钱要这么一块根本没有用的大水坑。

可是第二天，裴明礼就在这个大水坑的旁边竖起了一根长长的木棍，木棍上吊着一个小竹筐，离插木棍不远的地方划了一条白线。旁边还张贴了一张告示：凡是在白线之外用石块或砖头击中这个竹筐的，一次可以得到赏金100文。

路过的人看到后，都觉得很好奇，世上竟有这么便宜的事情，大家都想试一试。于是，大人、小孩都争先恐后地拥到这个大水坑的旁边，从远处找来石块、砖头不停地投向那个小竹筐。但是，由于这根木棍太高了，竹筐子又很小，能够击中这只竹筐的人很少。

你知道裴明礼这样做的目的是什么吗？

创新小翘板

裴明礼这样做的目的是借力填坑，他借他人之力很快地就把这个大水坑给填平了。这样就能在上面建牛圈、羊圈，租给来往贩卖牛羊的商人们使用，以此赚钱。

26 宾馆里的顺手牵羊

有一家宾馆的经理，对宾馆内的物品经常被旅客顺手牵羊的事情感到头疼，却一直拿不出很有效的对策来。

他嘱咐属下在客人最后离开宾馆到柜台结账时，要迅速派人去房内查看是否有属于宾馆的东西不见了。结果客人都要在柜台等候检查完毕才能离开，这样不但耽误了客人的时间，而且让客人的面子上也挂不住，有些客人决定再也不会选择这家宾馆了，而有些人直接向宾馆经理投诉。

宾馆经理觉得这样下去不是办法，会影响到宾馆的效益和口碑。于是他召集了各部门主管，希望集思广益找个更好的办法，来制止客人们顺手牵羊的行为。

有人分析道：其实我们的宾馆房间价位在同行里并不算低，能选择到我们这里来客人做一些顺手牵羊的事情，可能并非蓄意偷窃，而是喜欢房间内的物品，下意识觉得，既然付了这么贵的房费，为什么不能带走些做纪念品，于是就故意装糊涂拿走了一些东西。

大家听后，也纷纷赞成这人的分析，但是并不能因此让宾馆受到一些不必要的损失。大家再次陷入沉默，突然一位刚上任不久的年轻主管说："既然客人们喜欢，那为什么不让他们正正堂堂地带走呢？"

宾馆经理一听瞪大眼睛，这是什么意思？

年轻主管急忙做出了解释，大家听后，觉得他的建议倒是可行，不妨一试。结果，这家宾馆的生意由于年轻主管的这项建议反而越来越好了。

你能想到，这位年轻主管给出的什么建议吗？

创新小翘板

他建议：在房间内每件东西上标上价格，这样客人们看到这些东西的价格就明白它们是出售的，如果喜欢又觉得价格合适就会在离开时直接拿着去柜台登记了。这不仅制止了客人们顺手牵羊，还为宾馆带来一项额外收入。

27 售卖“大海”

法国一名商人皮埃尔在航海时发现，海员十分珍惜随船携带的淡水，因为大家都知道辽阔无垠的大海尽管气象万千，但海水却只能看不能喝，因为它又咸又苦，与清甜的泉水是不能相提并论的。

皮埃尔来自内陆地区，在他的家乡很多人都没有亲眼见过大海，更别提去尝海水的味道了。他看着美丽的大海想：难道海水的味道真的只能被人们所厌恶？那些没有见过大海的人可能不一定会这么想吧？皮埃尔突然想到了一个妙计，让那些没有见过大海的主妇们愿意花钱来买苦咸的海水。

你能想到皮埃尔用的什么妙计吗？

创新小翘板

皮埃尔用一些精巧漂亮的器皿盛满海水，作为“大海”出售给家庭主妇们，可以在烹饪时，加入煮过的海水，来增加海的味道。

28 与“风”有关的生意

1956年，松下电器公司与日本另一家电器制造厂合资设立了大孤电器公司，专门制造电风扇。当时松下幸之助委任松下电器公司的西田千秋为总经理，自己则担任顾问。

这家公司的前身是专门做电风扇的，后来又开发了民用排风扇。但即使如此，产品还是显得比较单一。西田千秋准备开发新的产品，试着探询松下的意见。松下对他说：“只做风的生意就可以了。”当时松下的想法是让松下电器的附属公司尽可能专业化，以期有所突破。可是松下电器的电风扇制造已经做得相当卓越，完全有实力开发新的领域，而松下给西田的却是否定的回答。

然而，聪明的西田并未因松下这样的回答而就此罢手。他的思维极其灵活而机敏，他紧盯住松下问道："只要是与风有关的任何产品都可以做吗？"松下坚定地点头。

5年后，松下又到这家工厂视察，看到厂里正在生产的产品并非电风扇，他有些不悦，问道这是怎么回事？

西田忙上前解释："这些都是和风有关的产品，您说过我们只做与风有关的生意。"

原来松下的一句"只做风的生意就可以了。"被西田千秋利用拓展创新思维发挥到了极致，围绕风开发出了许许多多适合不同市场的优质产品，为松下公司创造了一个又一个的辉煌。

你知道西田做的都是哪些和风有关的产品吗？

创新小翘板

西田除了做电风扇外，还做起了排风扇、暖风机、鼓风机，以及果园和茶圃的防霜用的换气扇等。这些都是与风有关的产品。

29 就地取材

南极洲是地球上最后一个被发现的大陆，很多人都希望去了解这块神奇的土地。于是越来越多的探险队来到这里考察。

曾经，有一支探险队成功抵达南极洲，经过一段时间考察后，决定继续留下来进行探险，探寻未知的能源。因为需要在这里停留相当长的一段时间，就让留在本国的后勤服务人员加运一船的汽油以作为燃料。当汽油运到后，队员们想用输油管将汽油输送到建立在南极洲上的基地里。可是，因为后勤人员计划不够完善，带过来的输送汽油的管道长度不够，而一时无法将汽油成功输送到基地。大家想尽了各种办法，可是就差那么一段距离。

探险队的队员们个个愁眉苦脸，因为返回去再运输一批油管过来花费的时间太长，不仅仅只是耽误工作进度，还可能会影响到他们生存。

就在大家正冥思苦想解决办法时，突然有人不小心把一杯水洒了，而洒出来的水恰好泼在一张卷成筒状的稿纸上。由于南极洲气温非常低，那几张被泼湿了的稿纸很快就结冰了。这些全部被探险队队长看在了眼里，他拿起那几张结冰的稿纸看了一会儿，微笑说道："大家不用发愁了，可以试试这个办法！"

你知道探险队队长想到了什么办法吗？

创新小翘板

队长让大家多找些纸，并卷成筒状，连在一起，然后淋上水，利用南极洲的低温，使其结冰，这样就制作成了一根输油管。

30 冰激凌的容器

1904年，世界博览会在美国的圣路易斯举办，有很多游客来这里参观。在世博会上有很多售卖小吃的摊贩，欧内斯特·汉威就在一个摊位上出售自己制作的查拉比饼，是一种很薄的鸡蛋饼，可以同其他甜食一起食用。他旁边是朋友的一个卖冰激凌的摊子。由于游客很多，他们俩的生意都特别好。

当时的冰激凌还都是用小盘子来盛，没多久卖冰激凌的小贩就遇到麻烦了，因为顾客太多，带来的盘子都用完了，而小摊的前面还站着许多顾客，眼看就要失去赚钱的大好机会，这可把他急坏了。旁边好心的欧内斯特·汉威看着朋友着急一时也想不出来对策。他一边卖着自己的查拉比饼，一边帮朋友想着办法。就在欧内斯特看着自己的客人津津有味地吃着自己的饼时，他突然想出了一个好主意，不仅能帮朋友把冰激凌卖出去，还能增加自己的利润。

你知道欧内斯特想出了什么办法吗？

创新小翘板

欧内斯特·汉威把自己的查拉比饼卷成一个圆锥形，形成一个容器，来装朋友卖的冰激凌。游客们觉得这种查拉比饼和冰激凌"组装"而成的甜品样式新颖，味道也特别，都非常喜欢。这样就既解决了朋友卖冰激凌没有容器可装，又增加了自己的查拉比饼的销量。

31 稳操胜券的放硬币游戏

汤姆和杰瑞两人一起玩放硬币的游戏。游戏规则是，两个人轮流把硬币放在一张16开的纸上，每人每次只放一枚，并且放在纸上的硬币不能重叠，最后在纸上无处可放者就输了。

如果你参与了这个游戏，你知道怎样放才能保证在游戏中稳操胜券吗？

创新小翘板

这个游戏的奥妙是利用平面几何中的中心对称原理。要想稳操胜券，那就一定要先下手，因为先放者可以首先抢占“对称中心”，即纸的中心。然后，不论对方把硬币放在什么位置，你每次都根据中心对称原理，把硬币放到对方硬币的对称位置上。这样，只要对方有地方放，你就必定有放的地方，直到你占满最后一处空白，逼得对方无处可放，你就获胜了。

32 三世同堂

民间非常讲究“三世同堂”“四世同堂”，而老人家对此尤为重视。古代时候，人们结婚、生子都比现在早，因而会出现“四世同堂”的情况，一般老人六十多岁可能就有重孙子或重孙女出生了。到了现代，人们掌握了更多的自然科学，认识到了早婚、早育的危害，便提倡适龄结婚、适龄生育，如此，“四世同堂”的情况也比较少见，好在现代人们的平均寿命延长了好多，但一般也得到七十多岁才可能有第四代出生。总而言之，“四世同堂”虽然会有，但也并不常见。退而求其次，“三世同堂”由于多数人都能实现，便经常被大家称道。

老王家就是“三世同堂”，他们家的一个邻居家也是“三世同堂”，老王想考考自己的小孙子亮亮。他对亮亮说：“这一家人中有一个人是爷爷，一个人是奶奶，有两个人是妈妈，有两个人是爸爸，有四个人是孩子，两个人是女儿，有两个人是儿子，一个人是哥哥，有两个人是妹妹，三个人是孙子或孙女。你能算出他们家一共有几口人吗？”亮亮算了几次都没有算对。

那么根据老王说的这些信息，你能帮亮亮判断出这家到底有多少人吗？

创新小翘板

共有7个人，有一对老年夫妻，他们的儿子和儿媳，他们的一个孙子和两个孙女。

33 开关与电灯

老李家刚装修好房子，却发现电工把甲、乙两个房间内的线路弄错了。甲屋有3个电灯开关，乙屋有3个灯泡。在甲屋看不到乙屋，而甲屋的每一个开关控制乙屋的其中一个灯泡。怎样可以只停留在甲屋、乙屋各一次，就知道哪个开关是控制哪个灯泡的呢?

创新小翘板

打开一个开关，等几分钟后再关掉，再打开另一个开关，马上走到乙屋里。亮着灯泡的开关就是第二次打开的开关：然后用手摸两个没有亮的灯泡，因为有一个灯泡事先已经打开了一会儿，所以那个灯泡会是热的，因此它就对应第一个开关。而剩下的一个开关就对应另一个没有亮的灯泡。

34 乡村教师

李老师、袁老师和彭老师三人是一所乡村中学的老师，他们每人分别担任物理、体育、英语、生物、历史和数学6门科目中的两门教学任务。已知彭老师、生物老师和体育老师三个人经常一起下班后回家；李老师在三人中年龄最小；物理老师和体育老师是邻居；生物老师比数学老师年龄要大些；周末的时候，英语老师、数学老师和李老师喜欢打篮球。

那么，你能推算出三位老师各担任哪两门课程的教学工作吗?

创新小翘板

彭老师教数学和物理，袁老师教英语和生物，李老师教历史和体育。

35 不滚动的火柴

小平和大军是一对好朋友，两个人家离得近，从非常小的时候开始，就认识了，而且两个人上了同一所幼儿园，现在又上了同一所小学，可以说，两个人是“穿开裆裤时”就在一起的小伙伴。两个人平时一起上学，一起做作业，做完作业还一起玩，好多不明情况的人还以为这是兄弟俩儿呢！

小平和大军不仅在一起玩游戏，两个人都喜欢思考一些问题，这些问题多数都是通过课堂上的学习琢磨出来的，也有的是通过看课外书发现的。虽然两个人现在只是小学生，但他们想出来的一些问题即使是他们上初中的哥哥、姐姐都回答不了，最近，他们对于一些物理现象非常着迷。

小平和大军两个人有一次玩火柴棍儿，玩的过程中，小平突然被大军叫住了，小平知道大军又有新问题了，便仔细地听大军把话讲完。原来，大军发现，每次火柴棍儿从高处掉在地上的时候，都会在地上滚动一点距离，于是，如何让一根火柴从高的地方自由下落到地上后不滚动，便成了他们二人的攻关课题。但无论他们怎么试，火柴棍落地后都会滚动一点。终于，小平找到了一个方法，将火柴在同样高的地方落下后，不再滚动。

那么，你知道小平是用的什么办法吗？

创新小翘板

火柴棍从高处落地后会滚动，是因为火柴棍的形状细长，稍有侧力就会滚动。所以小平只是改变了一下火柴棍的形状，把火柴从中间折弯，落地后就不滚动了。

36 克服重力的弹球

物理课上，老师拿出一个容积较大玻璃杯和一个小弹力球。现在他要做一个实验：将玻璃杯倒扣在桌子上，把弹力球放在杯子里，现在让弹力球始终在杯子里，在不借助任何外物的情况下，将这个杯子连同里面的弹力球挪到距离此桌子2米的另一张桌子上。

台下的学生们都觉得这不可能，太像变魔术了。但物理老师的确做到了。你知道他是怎么做到的吗？

创新小翘板

这个实验最大的困难就是怎么让弹力球不受地球重力影响而从杯子里掉出来。其实只有给它一个横向的速度，这样它就不会掉下来了。既然是弹力球，那么它肯定可以弹起来，摇动杯子，将这个弹力球弹起来，这样弹力球就会在杯子的壁上弹来弹去，然后在此过程迅速地将杯子移到另一张桌上就可以了。

37 哪个球不同

现在有8个同等大小的球，其中7个质量相等，只有一个轻一些。给你一个天平称重，找出那个质量较轻的小球，但条件是仅能使用天平两次。你知道该如何称吗？

创新小翘板

假设质量小的那个球为球A。从8个里面任意拿出3个放在天平左端，再拿3个放在天平右端。这时会有两种情况，情况一：如果天平不平衡，则天平向哪方倾斜，相对的一方3个里必含球A，任拿出对立方3个其中的两个放在天平上，若平衡，则剩下的那个为球A，若不平衡，则轻的那一方为球A。情况二：如果天平平衡。则球A必在剩下的2个里，可以直接称出，轻的为球A。无论哪种情况，都只用天平称了2次。

38 被污染的药丸

王爷爷是个老中医，年轻的时候治病救人，医术高超，非常受人们的尊敬。现在，王爷爷已经退休在家，但一辈子悬壶济世的王爷爷却并不愿意闲着，自己还声称“离职不离岗”，没事儿的时候，还是经常到以前上班的诊所去给大家听诊。后来，王爷爷年纪大了，家人便不愿意让他辛苦了，王爷爷知道孩子们的好意，虽然仍然认为自己身体硬朗，不会出问题，但还是打算呆在家里。

为人民服务了一辈子的王爷爷，即使在家里，也没闲着，他经常自掏腰包去买一些中药材，然后把它们做成各种药丸子，谁家有个头疼脑热的，他就免费送给人家，效果非常好，而且中药还没有副作用。另外，由于王爷爷好说话，人缘好，而且会讲故事，附近的小朋友们放了学就跑到王爷爷家来，一边看王爷爷做药丸子，一边听王爷爷讲故事。

王爷爷可不是单纯地讲故事，他不仅把一些历史事件改编成故事，讲给小朋友听，还经常在讲故事的间隙出一些小问题考一考这些小朋友。这不，今天他又就地取材，给小朋友们出了一个问题：

有四个装药丸的罐子，每个药丸都有一定的重量，且知道他们正常情况下的重量。现在已知道其中一个药罐的药丸被污染了，但具体是哪个罐子里的不清楚。而且还知道被污染的药丸是没被污染的重量+1。如果你只能称量一次，如何判断哪个罐子的药被污染了？

创新小翘板

先给四个药罐标上1、2、3、4号。1号罐取1丸，2号罐取2丸，3号罐取3丸，4号罐取4丸，称量该10个药丸，因为被污染的药丸是没被污染的重量+1，所以比正常重量重几就是几号罐的药有问题。

39 长辈的红包

在大多数地区的习俗中，过年给红包都是相同的，这个红包有个特殊的名称，叫压岁钱，是古人们防止传说中的妖怪——岁在大年夜出来伤害小孩子而做出的一种辟邪纳福的措施，因而一般也就只有小孩子才能获得压岁钱，当然，刚结婚的新郎、新娘子在第一年也是可以获得压岁钱的。

大多数地方都有这样的习俗，但有一个村落却尤为特殊，就是每到重大节日时，长辈都要给晚辈红包，无视晚辈的年龄，只要辈分低，就能够获得红包。有两个父亲给自己的儿子红包。其中，一个父亲给了自己的儿子1500元，另一个父亲给了自己的儿子1000元。但最后的结果是，这两个儿子所得到的钱总共也不超过1500元。你知道这是怎么回事吗？

创新小翘板

题中说的两个父亲，两个儿子，实际上是祖父、父亲和儿子。祖父给了父亲1500元，父亲从这1500元中又给了自己儿子1000元，所以说两个儿子所得的钱的总和也没有超过1500元。

40 燃香计时

我们现在在看电视节目时经常听到电视上的人说“一炷香的时间”，可见，在没有钟表的古代，人们是通过燃香来计时的。

中国人燃香计时的习俗大约可以追溯到唐朝，当时宫廷中用来计时的叫做香篆钟。即在梅花形黄铜盘的五瓣梅花中，各点燃一圈盘香，用以焚薰计时，叫做“五朵祥云”。后来流传到民间，一直沿袭下来。

到了宋代的熙宁年间，人们不满足于香篆钟粗略地记录时间，便研究出了一种更为科学的“午夜香刻”，这可说是中国古人的创举，古代的中国人仿佛有无穷的智慧，他们尝试了各样办法来计时。最初时，他们用水计时，所以有了铜壶滴漏的发明。但到了旱季，没有水了，于是，人们又想起了用香计时。利用点燃的香，人们分出了“一炷香”“两炷香”等的时间间距。

现在，我们当然不再燃香计时了，但小红却通过老师讲述的有关燃香计时的历史想出了一个问题，并把这个问题出给其他同学，难住了好多同学。问题是这样的：有两根粗细不均匀的香，全部烧完的时间是一个小时。现在就用古代烧香计时的方法，你知道如何能用烧香确定一段45分钟的时间吗？

后来，这个问题还是被聪明的小明解决了，你知道小明的答案是什么吗？

创新小翘板

将两根香同时点着，但其中一根要两头一起点，当两头一起点的香燃尽的时候，时间正好过去半个小时。那么，只点一头的香正好燃烧了半小时，也就是说燃尽剩下的半根还需要半个小时，那就再两头点，燃尽剩下的香所用的时间是15分钟。两根香全部烧完的时间就是45分钟。

第二章

逆向创新——反其道而思之，必能出其不意攻其不备

41 拿破仑找方向

拿破仑·波拿巴在历史上是个非常有名的人物，他在法兰西第一共和国执政，后来还成了法兰西第一帝国的皇帝。拿破仑出生在法国科西嘉岛，他的父亲是一名贵族，拿破仑是一位卓越的军事天才，在众星云集的世界历史上也占有一席之地。它不仅是一位杰出的军事家，还是一名杰出的政治家，他颁布的《民法典》成为了后世资本主义国家的立法蓝本。他执政期间多次对外扩张，形成了庞大的帝国体系，创造了一系列军事奇迹。

拿破仑的聪明才智从小便被人们所称道。据说拿破仑刚满16岁时，便成为了炮兵少尉。当时的拿破仑便被人们认为是头脑灵活，做事情不拘一格，总能在别人束手无策的时候想出新的点子。

据说有一天，拿破仑带领他的几个手下要去拜访一位贵客。然而他从来没有去过这位贵客的住所，只是大概知道方向。他坐着马车，当来到一个十字路口时，车夫发现路口指路的路标已经被撞倒了，这样就没有人知道哪个方向是对的了。

拿破仑下了马车，看看路标和原来摆路标的位置，就命令随行的士兵把路标按照他的意思摆回了原处。然后拿破仑看了下摆好的路标就知道了方向，继续他们的行程。

那么你知道拿破仑是如何找对方向的吗？

创新小翘板

其实拿破仑只是运用了逆向思维。他让人把标有他们刚刚来时路过的一个城镇

名的牌子指向他们来的方向，这样就知道他们要去的那条路的方向了。

42 巧施妙计进城堡

从前，一座城堡发生重大盗窃案，案件一时无法侦破。城主不得不颁下一道命令：城堡外面的人不许进来，而里面的人也不许出去。

看守城门的人非常负责，每隔几分钟就在城门周围巡视一番，看看是否有人想偷着出去或进来。偏偏麦克有急事要进城去找他的朋友商量，可是有看守城堡的人严守城门，那怎样才能趁守门人不注意时，偷偷进入城堡呢？于是，麦克想到一条妙计，很顺利地就进入了城堡。你知道麦克是怎样做的吗？

创新小翘板

麦克趁守门人还没出来巡视时，快步走进城门，当守门人出来巡视时，又转身向外走。守门人误认为他想溜出城去，于是就把他赶进了城堡。

43 抓阄判生死

从前有一个昏君，不分忠奸。他手下有两位大臣，一个是忠臣，一个是奸臣。那个奸臣为了独自掌权，总想把忠臣害死。

这一天奸臣在国王面前讲了忠臣的很多坏话。昏君偏听偏信，决定第二天用抓阄的办法来决定忠臣的生死。也就是让这个忠臣从盒子里任意抓一个纸条，而盒里只有两个纸条，一个写着“生”，一个写着“死”。抓到“生”就活，抓到“死”就处以死刑。

当天夜里，奸臣暗地里收买了做纸条的人，把两个纸条都写成“死”字。这样，忠臣无论抓到哪个纸条都得死。奸臣走了以后，忠臣的卧底得知了这一消息，便偷偷地给这位忠臣送了信，告诉他这一情况，请忠臣自己想办法。

第二天，忠臣如期去抓阄，结果真的免于一死。那么你知道忠臣在抓阄时，用了什么办法免于被处死呢？

创新小翘板

忠臣随便抓了一个，立即吞到了肚子里。这样只能知道剩下那个纸条是“死”，那么忠臣抓到的按理说就是“生”了。

44 巧妙地说服

曾有一段时期，雅典的老百姓因不满当时政府的一些政策而发起了一场游行示威活动。很多年轻气盛的年轻人都纷纷出去参加游行。

这一天，青年里约要跟随伙伴出去游行，但母亲不同意。母亲劝阻里约道：“你如果是个正直的人，就会被歹人伤害；如果不是正直的人，就会冒犯神灵，遭受报复。不管怎样，你都要遭受不幸。所以你还是在家里呆着别出去了吧。”听了母亲的话，里约一时无言以对，但他又希望母亲能理解他。为了说服母亲，他左思右想，终于用母亲的逻辑说服了母亲，使母亲同意他出去。

你知道里约是怎么巧妙地说服他母亲的吗？

创新小翘板

里约对母亲说：“如果我是正直的人，上帝就不会惩罚我；如果我不是正直的人，就不会受到歹人的伤害。因此，不管怎样，我都会平安无事的！”

45 大法官马尔斯的判决

马尔斯是法国历史上以公正、严厉而著名的大法官。他对许多棘手案件的判决都成为了司法经典。

一次，一对离婚夫妇为两个亲生骨肉的抚养权和住宅居住权都互相不让步，最后，只好对簿公堂。法官马尔斯面对这对态度坚决的夫妇，知道不可能说服一方做出妥协。最终他庄严地宣布了让当事人和公众都大吃一惊的判词。

马尔斯当庭宣布：“鉴于父母离婚的最大受害者是孩子，为了保护儿童的合法权益，本庭判决如下：父母归两个孩子所有；原有住宅的居住权也归孩子所有，而不判给离婚的母亲或父亲……”

同时，马尔斯法官对离异的父母也做出了要求，那么你知道马尔斯对这对夫妇做出了怎样的判决吗？

创新小翘板

马尔斯法官的判决是，父母定期轮流回到孩子身边居住，履行义务，直到孩子长大成人。

46 柏拉图理发

柏拉图自古以来便是睿智和博学的代名词，而关于柏拉图的传说也数不胜数。而关于他的传说则多发生在他年轻的时候，因为那段时间，柏拉图为了求学曾经有一段时期常在海外漫游。

这一天，柏拉图来到西西里岛的一个镇上小住。由于一直在漂泊，居无定所，当然也就没有镜子，来到这家旅店后，一照镜子，柏拉图才发觉自己的头发有些长了，便打算去理发馆理一下头发。但是，这家小镇只有两位理发师，他们各开了一家理发馆。两家理发馆的环境可谓有天壤之别：一家窗明几净，理发师也仪表整洁，发型大方得体；而另一家理发馆则是又脏又乱，理发师自己也不修边幅，头发更是乱糟糟的。

该选择哪家理发馆去理发呢？柏拉图想了想走进了那家脏兮兮的发廊。你知道柏拉图为什么要选这家脏理发馆吗？

创新小翘板

因为这个小镇只有两名理发师，而理发师是不能给自己理发的，所以那家干净的理发师的头发就是脏理发师给理的了。所以柏拉图最终走进了不修边幅的理发师的理发店。

47 园艺师巧放巨岩

老王和老郑是一对好朋友，他们都是园艺师，也都非常热爱园艺。他们俩都有各自的团队，但在不少问题上却见解相同，若是碰到相同的问题，两个人的解决方案竟能够完全一样。说起老王和老郑的相识，还有一段直到现在都为人们津津乐道的小故事呢！

大约在几年前，当时的老王和老郑还都只是刚刚踏入园艺界，两人互不相识，但两人的灵气却都受到了圈子当中的前辈的赏识。有一次，市中心公园的一处庭院准备整修，正好老王和老郑都在那里工作。这时，出现了一个比较棘手的问题，庭院中有一个重达10几吨的大岩石和两个100多公斤的小岩石。已定好的规划设计是要把那块10几吨的大岩石放在两个小岩石上。但是他们根本没有吊车之类的工具帮忙。老王和老郑都感觉到了问题的严重性，便开始想办法。大约思考了两分钟后，老王抬起头来，此时老郑也刚抬起头来，两个人看到对方的表情后，相视一笑，然后便互相交流彼此的方法。两人你一句，我一句，想出的方法竟然完全一致，很快，两人便根据相同的方案完美地解决了问题。

每当有人们说起这段往事的时候，老王和老郑都会说："那件事算不了什么，重要的是我找到了一位知己。"说完，两人都会哈哈大笑。

你知道他们想出的是什么办法吗？

创新小翘板

既然大岩石无法移动，那就在大岩石的下方土地上找两个合适的地方挖两个坑，把两个小岩石分别放进去，这样出来的效果就如同将大岩石放在两个小岩石上一样了。

48 马克·吐温的"推荐信"

马克·吐温曾在《密苏里州报》报社当过编辑，然而由于当时他独特的思维和自行其是引起了主编霍金斯·柯里利的不满。于是主编亲笔写了封解雇通知书给了他。而主编由于事务繁忙，写这封信时写得十分潦草，旁人几乎无法看清楚他写了些什么，唯有签名还比较清楚。

马克·吐温在接到这封解雇信后，什么也没有说便离开了报社。数年之后，马克·吐温出版了《黄金时代》一书，成为了美国著名的批判现实主义作家。主编很后悔当初解雇了马克·吐温，希望能有机会向他道歉。然而这一天，马克·吐温路过这家曾就职过的报社时，主动拐了进去，并找到霍金斯·柯里利。

“霍金斯先生，我是来向您道谢的。”马克·吐温很诚恳地说道。

“道谢？”霍金斯很不安地看着马克·吐温，然后问道：“我一定给您造成了伤害吧，你离开以后还好吗？”

“好极了，霍金斯先生，这要多亏您给我写的推荐信。”马克·吐温高兴地说，“我由此得到了一个比这里更好的工作。”

“我的推荐信？”霍金斯很奇怪，“我给你写了一封解雇的信啊。”

而马克·吐温事实上就是凭着这一封信，找到了那份更好的工作。你知道是怎么回事吗?

创新小翘板

马克·吐温在收到那封解雇信后，看到字迹难以辨别，而签名却还能看出是“霍金斯”的签名，于是他就利用霍金斯当时的名声对人家说，这是霍金斯先生亲笔写的推荐信，而对方不好意思说看不懂，便信以为真了。

49 葡萄酒保鲜技术的意外发现

巴斯德是法国的生物学家、化学家。那时葡萄酒还没有保鲜技术，巴斯德发现葡萄酒在贮存过程中会因为细菌起作用而变酸，那么如何既消灭细菌，又不影响葡萄酒的质量，就成为一个非常难以解决的问题。巴斯德使用了好几种方法，都没有得到理想的效果。

有一年冬天，巴斯德请了几位朋友来家中做客，他想用红酒来招待朋友。但考虑到天气很冷，大家应该不想喝冰凉的酒，于是巴斯德就将葡萄酒倒在铜壶里，然后放在炉子上稍稍加热以后才让朋友饮用。这一次，热情的巴斯德温热了许多葡萄酒，尽管朋友们开怀畅饮，却没有喝完。朋友走后，巴斯德将剩下的酒重新装进瓶子里，放在了一个角落，后来也就慢慢地忘了这事。

到了第二年夏天，巴斯德收拾屋子的时候，一下子发现这些剩酒，他回想起这是去年和朋友一起喝的，他想一定早就变质了。可当他打开的时候，惊奇地发现，这些酒居然一点也没有变质！巴斯德脑子里突然闪过一个念头，这就是保鲜后的葡萄酒。可我做了什么让它可以保存至今能不变质呢？巴斯德很兴奋，他觉得自己离找到葡萄酒保鲜的方法越来越近了。最终，通过不懈努力地做实验，发现了保鲜技术，不仅挽救了葡萄酒业的生产，同时也给各种饮料行业带来了勃勃的生机。

那么你知道巴斯德是以什么思路找到葡萄酒保鲜技术的吗？

创新小翘板

巴斯德回忆去年他都对这些葡萄酒做了些什么，然后一点点沿着这个结果顺藤摸瓜地研究当时自己的做法。终于他发现如果将葡萄酒加温到55摄氏度左右，就既可以消灭细菌，同时又能保持原有的美味。而对不同种类、不同度数的葡萄酒的加温程度只要进行实验研究，就能确定更精确的标准，从而达到保鲜。

50 国王的鞋子

很久以前，在一个古老的国家，人们还没有发明出鞋子穿，所有人都赤着脚。国王也像大家一样光着脚走路。这个国王是个昏君，谁更会谄媚，谁马屁拍得好，国王便给谁更高的职位，更多的财富，于是人们便变着花样地讨好国王，以求得更大的官，更多的钱财。

此时，国家边境正面临别国的入侵，但国王却只顾着自己吃喝玩乐，连前方战士们的军饷都克扣不发，前线的军队马上就要断粮了，国王仍然不管不顾。这时，前线的大元帅不得已只能觍着老脸回到国都来找国王要钱。谁知道，国王竟然完全不听他那一套，还拉着他一块儿玩乐。大元帅非常着急，可是，心里边再着急，面子上也不敢得罪国王啊！后来，经过一位智者的点拨，大元帅终于找到了解决问题的办法。

这一天，大元帅在朝堂上对国王说了比他前半生加起来还要多的好话，国王非常高兴，大元帅趁机便邀请国王到他家中做客，国王欣然答应。国王去他家里光顾时，他将所有的房间都铺上了牛皮，国王走在上面的时候，感到十分舒服。后来，回到王宫后，国王便重重地赏赐了大元帅，不仅封了它更高的官职，还给了他大量的金银财宝，这些财富多到可以供前线的官兵们一个月的军饷。情况总算是稳住了，大元帅心里想着，赶紧派人将这些钱财购买成粮草运往前线。

后来，国王回到自己的皇宫后，一直很留恋那种脚踩在牛皮上的感觉，于是就召集所有大臣们商议，能否将全国所有的土地全部铺上牛皮，这样大家在上面走都会感觉很舒服了。大臣们听了，觉得这简直是不可能的事！到哪儿去找这么多的牛皮！即使有足够多的牛皮，也无法把国王要走的路全部铺满呀。大臣们全慌了，他们抓耳挠腮，一筹莫展。

这时，大元帅来到了王宫中，他是准备向国王辞行去前线的，看到大家都愁眉苦脸的样子，便问发生了什么情况。了解了事情发生的经过后，大元帅敏感地意识到另一个机会来了。于是，想了想，大元帅便想出了一个好主意，他跟国王说他有办法让国王走到哪里都感觉像走在牛皮上一样舒服，而且并不需要将全国所有的土地全部铺上牛皮。后来的结果果然令国王非常满意，便赏赐给了他更多的金银财宝，因为他的官职已经不能再高了，便用财宝作为补偿，这次的财宝足够前线的战士们五个月的军饷。

后来，大元帅回到前线，吃饱喝足的战士们在大元帅的带领下成功击退了边境上的侵略者。

那么，你知道大元帅想出的令国王满意的办法是什么吗？

创新小翘板

问题的关键在于，开始时，脚和地面直接接触，后来在脚和地面之间加了一层牛皮，而牛皮是跟地面在一起的。其实，可以反过来想，只要将牛皮包在国王的脚上，走到哪儿就都如踩在牛皮上一样舒服了，这也是鞋子由来的传说之一。

51 巧拼世界地图

一天早晨，牧师迈克尔正在书房里准备他第二天的演讲。可是小儿子约翰睡醒后就开始吵闹不休，严重影响了他的工作状态。几次训说他也不听，终于迈克尔无法忍受约翰的吵闹了，干脆停下手头的工作，无聊地拾起一本旧杂志，一页一页地翻着。当他翻到其中一页有一个明星头像的特写时，他停了下来，这页的背面是一幅色彩鲜艳的世界地图。

屋子里依旧充斥着约翰的叫喊声，迈克尔索性把杂志上的世界地图撕下来，并把它撕成了碎片，丢在客厅的地板上，说道："小约翰，如果你能拼拢这些碎片，我就给你5美元。" 迈克尔认为这样就能让这个吵闹的小家伙安静下来了，因为他觉得这件事起码会使约翰花费一上午时间。但是没过10分钟，小约翰就来敲他的房门。迈克尔惊愕地看着约翰，没想到他会如此之快地拼好了一幅世界地图。"孩子，你怎么做得这样快？" 迈克尔问道。"啊，因为我有一个很容易的办法。" 小约翰机灵地答道。

请问，你知道小约翰是用了什么方法在10分钟内拼好那一副世界地图的吗？

创新小翘板

地图的另一面是一个明星的头像照片，小约翰就把这个人的照片拼到一起，然后把它翻过来，就是一副完整的地图了。

52 起死回生的坦克

二战时，苏军的一辆坦克迷路，并误闯了敌军的阵地。更倒霉的是坦克陷入一个水坑里，发动机也熄了火，怎么也出不来。而里面的坦克手们除了手枪就再也没有任何武器。这时候，德国兵一窝蜂地冲上来，他们狂妄地敲打着坦克的铁甲，喊着："赶快投降吧！"

苏军的坦克手们当然不愿选择投降，他们绝不做法西斯的俘虏。然而出来硬拼，无疑是白白送死。坦克手们彼此安慰着，要镇定下来，想一个办法。而此时外面的德军找来了柴草和汽油，准备把坦克里的苏联士兵活活烧死。

就在这个时候，坦克里传来了几声枪响和几声惨叫。接着，就再也听不到任何声音。

"他们一定自杀了。"一个德国士兵说。于是几个德兵爬上了坦克，想要打开坦克仓门看个究竟。可是，仓门从里边扣死了，怎么也打不开。

"干脆把坦克拖回去，到军营里了怎么也有办法把仓门打开的，然后这坦克就是我们的了。"一个德兵说。于是他们回去开来一辆德国坦克，将苏军的这辆超重型坦克从泥潭中拉了出来。

可就在此时，那辆苏联坦克突然发动起来了，并连连向那些德兵射击。最终这辆苏军坦克从德国阵地中跑了回去。

你知道这是怎么回事吗？

创新小翘板

因为陷入泥潭的苏军坦克手们怎么也从泥潭中出不来，而此时也毫无外力可借，于是他们急中生智，利用逆向思维，假装自杀，借助敌军的力量从泥潭中出来，获得了生的机会。

53 不攻自破的伪证

艾瑞克是一个有名的律师，由他来打官司几乎从来没有输过。这一次，他受一家保险公司委托作为被告方出庭为其辩护。原告方是一位参加了这家保险公司的人身保险的小伙子。这个小伙子说自己在一个大风天出行时，肩膀被路边刮掉的广告牌砸伤了，而且伤得很重。据他自己说现在手臂都抬不起来，于是他向保险公司提出了巨额的赔偿请求。

保险公司的理赔人员凭着多年的从业经验，认为原告的要求是无理要求，甚至有诈保嫌疑，于是拒绝赔偿他。而那位小伙子并不甘心，双方因此闹到了法庭。

保险公司的相关负责人向律师艾瑞克详细地描述了下案情。艾瑞克仔细分析案情后，又从多方面收集了原告相关资料，并对原告进行了观察，很快就看出那位小伙子所说的伤势有假。

开庭时，艾瑞克律师先以一种关心的口吻对原告说："你的伤势现在是什么情况，请你给在场的陪审员们看看，你的手臂能举多高？"那个小伙子慢慢将手臂举到齐肩高时脸上就露出痛苦不堪的表情，不能再高了。看样子伤得着实不轻。然而接下来艾瑞克又问了一个问题，结果原告的回应让其伪证不攻自破。

那么你知道艾瑞克是怎样问原告，让他的伪证不攻自破的吗？

创新小翘板

艾瑞克问他："那么受伤以前，你能举多高呢？"原告就下意识地很快把手举过了头顶，这说明他之前的举动是装出来的。

54 替上司找工作

菲利普在一家上市公司做高级主管，工作业绩很不错。他非常喜欢自己的工作，也很满意这份工作带来的丰厚薪水；但是，有一个他一直以来都很头疼的问题，那就是他非常讨厌他的直属领导，经过多年的忍受，最近他发觉已经到忍无可忍的地步了。终于，菲利普在经过慎重思考之后，决定找猎头帮他重新谋一个别的公司的职位。猎头公司的人告诉他以他现在的资历，再找一个类似的职位并不费劲。

菲利普把他要换工作的想法也告诉了妻子，妻子则认为菲利普跳槽是有一定的风险的。他的妻子是一位大学教师，那天她刚刚教学生如何重新界定问题，也就是把正在面对的问题完全颠倒过来看，不仅要跟你以往看这个问题的角度不同，也要和其他人看这个问题的角度不同。她把上课的内容讲给丈夫听，希望能给菲利普一些启示，帮他留在公司，因为毕竟他在现在的公司有一定的威望。菲利普听了妻子的话后，有了一个大胆的想法。他决定自己不跳槽，但同时也要解决他的上司的问题。最终他的上司在他计划之内自愿离开了公司，而他自己也成功上任。

你知道菲利普是如何做到让他的上司离开公司的吗？

创新小翘板

菲利普来到猎头公司，请猎头替他的直属上司找工作。不久，他的上司果然接到了猎头公司打来的电话，请他去别的公司高就。尽管上司完全不知道这是他的下属和猎头公司共同努力的结果，但正好上司对于自己现在的工作也厌倦了，没有考虑多久，他就接受了那份新工作，离开了公司。

55 难以攻克的地堡群

二战时期，美军和日军因为太平洋一个岛屿的归属，展开了激烈的争夺战。日本人为这次战役在岛屿上修建了大片地堡群，由于位置很低，设置巧妙，外加日军将这些地堡群修建的坚固无比，所以易守难攻。美军投入大量的兵力也一直没有办法彻底铲除这些地堡群。消灭不掉这些地堡，美军就无法进一步攻打日军。

就在大家束手无策时，美军指挥官召集高层军官开会，要求大家集思广益，共谋良策，以攻克地堡群。一位工程技术人员出身的军官献计说：“这些地堡是连环堡，出口处非常狭小，既然日本人的这些地堡很难攻克，我们何不反过来想一想。”

这位军官的一番话，倒是起到了抛砖引玉的作用，给了大家一个很好的启示。最终美军想到了一个绝妙的方法，基本没有投入什么兵力，就攻克下了日军的这些坚固的地堡群。

你能想到美军是用的什么方法吗？

创新小翘板

既然无法直接攻克日军的地堡，美军便不攻克，直接用坦克改装成的推土机，将快凝结的水泥填在地堡的出口处。将这些地堡口堵死，那这些地堡就变成了日本人的“活棺材”了。

56 6岁小孩巧租房

埃里克斯一家是非常幸福的一家人，埃里克斯今年六岁，他的母亲安妮是家庭主妇，父亲卡特在城里的一家公司供职，一家人在城镇上生活得非常幸福美满。但这么美满的生活很快便被打破了，原因竟然是因为埃里克斯的父亲卡特在公司中表现得太好了，从而导致老板决定让卡特到位于乡下的工厂中担任厂长一职。这也就意味着六岁的埃里克斯和母亲也要跟着搬到乡下去，显然这个大人们听起来的好消息，在埃里克斯的耳中并不怎么美妙。但埃里克斯别无选择，只能跟着前往，因为他的父亲告诉他，一家三口如果他不乐意搬家，那就只能辞职，而辞职后，全家可能连饭都吃不上了。埃里克斯权衡利弊，最终认为还是同意搬家比较好。

这一天，卡特、安妮带着埃里克斯出发去新的工作地点找房子，他们需要在这个周末之前找到合适的房子并搬进去。他们跑了整整一天，好不容易找到了一套合适的房子，于是就兴奋地跑去看房。

礼貌地敲门过后，接待他们的房东太太看上去并不很友好，对这三位客人从上到下地打量了一番。丈夫很期待地问道：“这房屋出租吗？”房东太太遗憾地说：“啊，实在对不起，我们的公寓不租给有孩子的住户。”卡特和安妮听了，目瞪口呆，他们完全不能理解这种想法，但还是一时不知如何是好，直到“砰”的一声，房门关上了，他们才默默地走开了。

此时，六岁的埃里克斯一直在一旁安静地听着他们的谈话。看到自己爸爸妈妈失望的神情，埃里克斯非常着急，而且他也非常不情愿再跑上这么一天了，心里就在想：真的就没办法了吗？直到卡特和安妮要带着他离开那栋房子时，他挣脱掉卡特的手说：“爸爸，我有办法。”于是转身跑了回去，又去敲房东的大门。夫妇两人疑惑地回头望着。门开了，这次是房东开的门，那孩子跟房东说了几句话，房东听了之后，大笑起来，就这样决定把房子租给他们住了。

请问，这个6岁的小孩说了什么话，说服了房东？

创新小翘板

那孩子说：“老爷爷，这个房子我租了。我没有孩子，我只带来两个大人。”

57 吝啬鬼的遗产

若是没有读过巴尔扎克的名篇《欧也妮·葛朗台》，相信很多人根本不能理解一个活生生的人会对金钱痴迷到这样的地步。在巴尔扎克的描述中，葛朗台是法国索尔城一个最有钱、最有威望的商人。他利用1789年的革命形势和种种手段使自己的财产神话般地增长了起来。这个老头的财富简直可以说是富可敌国，但他却异常的吝啬，他为了省钱，家里整年不买蔬菜和肉，由佃户送来，比较重的家务活由女仆那农做。寒冬腊月舍不得生火取暖，平时还要克扣女儿和妻子的零用钱。他做木桶生意，计算得像天文学家那样准确，投机买卖从不失败。更不可思议的是，他从没有吃过任何人的亏，区里的所有人都吃过他的亏。

现实当中也有像葛朗台这样的守财奴，吝啬鬼老约翰便是一个，他吝啬的程度不说赶得上葛朗台，但也绝对不比他差。现在老约翰患了重病，而且即将不久离开人世。他认为所有的财富都是他一个人的，因此，在他还清醒的时候，他在遗嘱中声明，要与自己的财产一起火化，不留给他的亲人们一点财产。

然而在遗嘱公布的时候，老约翰所有的亲戚们声称，老约翰立遗嘱时神志不清。但法官的判定是：这个吝啬鬼立遗嘱时神志清醒，所立的遗嘱是有效的，要亲人们按照他的遗愿执行遗嘱。可在实际执行遗嘱的时候，法官还是找到了一个解决问题的方法，既遵守了老约翰的遗嘱，同时又使亲戚们非常满意。你知道法官是怎么做的吗？

创新小翘板

法官的判决是，将吝啬鬼的财产平均分给各位亲戚，但是，每个亲戚都要给吝啬鬼开具一张相应款额的汇票。如果这些汇票在老约翰火葬后一年内没有人来兑现，那么这些亲戚就可以拥有这些钱。

58 演员的现场应变

小王和小李同在一家剧团工作，两个人的演技都非常不错，但都有同样的一个毛病，那就是年轻气盛，两人都认为自己是最棒的，因而便对“竞争对手”产生了敌意。

在一次话剧演出中，主演的两个演员正是小王与小李，由于之前刚刚闹了点儿矛盾，再加上这次小李被定为男一号，而自认为比小李强的小王却只能扮演男二号，虽然都是主演，但小王却认为大家都偏向小李，甚至认为领导瞧不起他或者小李走了后门，对此小王很是不甘心。出于报复心理，小王就想趁着演出的机会让小李在台上出丑。

终于，小王想了一个办法，在演出时，他应该按照剧情将一份写有台词的纸交给小李来念的，但他偷偷地将这张有台词的纸换成了一张白纸。这样一来，当小李发现自己手里拿着的是一张白纸的时候，就已经来不及了，而小李在台下也没有背这段台词，台下的观众并不了解情况，正等着看剧情的发展。

就在这时，机敏的小李用最快的时间想出了对策，不仅使自己摆脱了窘境，还惩罚了那个试图让自己出丑的人。

请你想一想，小李到底用了什么对策呢？

创新小翘板

小李在台上只是对小王说："这里的光线实在太暗，我的视力又不好，还是请你代替我来读吧。"说完这句话，就又把那张空白的纸塞回了小王的手里。而此时的小王就只能自食恶果了。

59 法官的推断

法院正在开庭审理一起盗窃案件，三名嫌疑犯甲、乙、丙被押上法庭。法官先问甲："你是怎样进行盗窃的，要详细地说出来！"

甲回答了法官的问题，但他讲的是很难懂的方言，法官根本听不懂他讲的是什么。就只好再问乙和丙："刚才甲是怎样回答我的提问的？"

乙说："甲的意思是说，他不是盗窃犯。"而丙说："甲刚才已经招供了，他承认自己就是盗窃犯。"

听了乙和丙的话之后，这位法官马上断定：乙是无罪的，丙肯定是盗窃犯。

请问，这位法官为什么能根据乙和丙的回答，作出这样的判断？

创新小翘板

法官的逻辑是，肯提供真实情况的不可能是盗窃犯，与此相反，真正的盗窃犯为了掩盖罪行，是一定会编造口供的。因此，如果甲是盗窃犯，那么甲是说假话的，这样他必然说自己“不是盗窃犯”；如果甲不是盗窃犯，那么甲是说真话的，这样他也必然说自己“不是盗窃犯”。在这种情况下，乙如实地转述了甲的话，所以乙是说真话的，因而他不是盗窃犯。丙有意地错述了甲的话，所以丙是说假话的，因而丙肯定是盗窃犯。

60 动物公共汽车

和谐森林的管理委员会为了方便居民生活，特地开通了森林公共汽车，由于这在森林中尚属首次，森林大学里的教授狒狒博士便带领着他的学生金丝猴和小猩猩找来森林公共汽车的运行路线做调研，希望能够推而广之，把和谐森林的成功先例推广到其他森林中，以方便更多的森林居民。

一辆动物公共汽车从始发站开出时车上有一头大象、两条蛇和一头河马。这辆车一共停了六站，每一站都有乘客上下。

第一站时，下了一头大象，上来一头老虎；第二站时，下了一头河马，上来一匹马；第三站时，下了两条蛇和一头老虎，上来两只老鼠；第四站时，下了一匹马，上来一只兔子；第五站时，下了一只老鼠，上来一只鸡；第六站时，下了一只老鼠，上来一条狗。

这时，狒狒博士便提出了问题，最一开始开车时，车上有哪几种动物？大象是在哪一站下的车？题目中一共出现过几种动物？但是由于开始时金丝猴和小猩猩并没有引起足够的重视，因而没有认真听讲，当然也就回答不出狒狒博士提出的问题了。看着两个顽皮的学生抓耳挠腮，狒狒博士是哭笑不得。

你们能帮金丝猴和小猩猩说出答案吗？

创新小翘板

一开始车上有一头大象、两条蛇和一头河马；大象是在第一站下的车；题目中一共出现过9种动物。

61 寻找病狗

在某个村子中有50个人都养狗。一段时间，在这50条狗中有狗生病了（这种病不会传染），于是人们就要找出病狗。

每个人可以观察其他的49条狗，以判断它们是否生病，只有自己的狗不去看。观察后得到的结果不得交流，也不能通知病狗的主人。主人一旦推算出自己家的是病狗就要枪毙自己的狗，而且每个人只有权利枪毙自己的狗，没有权利打死其他人的狗。

第一天，第二天都没有枪响。到了第三天传来一阵枪声。你知道这50条狗中有几条病狗吗？如何推算得出？

创新小翘板

3条病狗。可以利用逆向思维去推断，先假设有1条病狗，病狗的主人会看到其他狗都没有病，那么就知道自己的狗有病，所以第一天晚上就会有枪响。因为没有枪响，说明病狗数大于1。

假设有2条病狗，病狗的主人会看到有1条病狗，因为第一天没有听到枪响，是病狗数大于1，所以病狗的主人会知道自己的狗是病狗，因而第二天会有枪响。既然第二天也没有枪响，说明病狗数大于2。

由此推理，如果第三天枪响，则有3条病狗。

62 射击练习

甲、乙、丙三人在训练场上练习射击。训练结束后，3个人各自数出了自己射中的环数，然后每个人说了3句话。

甲说："我打中了180环，比乙少40环，比丙多20环。"

乙说："我打中的环数不是最少的，我的环数和丙的环数相差60环。丙打中了240环。"

丙说："我打中的环数比甲少，甲打中200环。乙打中的环数比甲多60环。"

射击场的管理人员数了数3个靶子上的弹洞，分别是240环、200环和180环。

如果3个人每人都说了一句假话，那么他们各自打中多少环呢？

创新小翘板

如果甲的第一句话是真的。那么他打中了180环，在这个前提下。他说的其他两句话不可能为真，因为另外两个环数是240环和200环；而如果第二句、第三句成立，显然另外两个环数应该为220环和160环。可见甲的第一句话是假的，而第二、

第三句话是真的。由甲的第二句话可知，他打中的环数比乙少40环，那么显然丙的第三句话是假的，第一、第二句话是真的，可以推算出甲打中了200环。相应地，很容易得出乙打中了240环、丙打中了180环的结论。

63 多少压岁钱

每到过春节，阳阳就会收到长辈们给的压岁钱。这一年，过完春节，阳阳把大人们给他的压岁钱都存进了银行。他的4个表兄妹开始猜测阳阳今年到底收了多少压岁钱。

哥哥说：“阳阳有500元压岁钱。”

姐姐说：“阳阳至少有1000元压岁钱。”

弟弟说：“我猜阳阳哥哥的压岁钱不到2000元。”

妹妹说：“阳阳哥哥的存折上最少有100元。”

如果这4个人中，只有一个人猜对了。那你能推断出阳阳到底收了多少压岁钱吗?

创新小翘板

如果哥哥猜对的话，那么弟弟和妹妹都对；如果姐姐猜对的活，那么妹妹也对；如果妹妹猜对的话，那么哥哥也对。因此，无论你怎么假设，最后只有一个人猜对，这个人就是弟弟，即阳阳的压岁钱少于2000元。

64 电影评论协会的规则

A大学有各种团体协会，大学生电影评论协会是其中的一个。而且这个协会很受欢迎，所有校学生会的委员都参加了这个协会。

小张、小李和小王都是校学生会委员。然而大学生电影评论协会有一条规则就是，不吸收大学一年级的学生参加。

现在根据上面给出的信息，这里有三项选择：

Ⅰ.小张、小李和小王都不是大学一年级学生；

Ⅱ.所有校学生会委员都不是大学一年级学生；

Ⅲ.有些大学生电影评论协会的成员不是校学生会委员。

那么，从以下选项中找出一定成立的选项会是哪一项?

A、只有Ⅰ；B、只有Ⅱ；C、只有Ⅲ；D、只有Ⅰ和Ⅱ；E、Ⅰ、Ⅱ和Ⅲ。

创新小翘板

是D。由“所有校学生会委员都参加了大学生电影评论协会”和“大学生电影评论协会不吸收大学一年级学生参加”可推出Ⅱ“所有校学生会委员都不是大学一年级学生”；再结合“小张、小李和小王都是校学生会委员”，即可推出Ⅰ“小张、小李和小王都不是大学一年级学生”。Ⅲ是推不出的。

65 警察的判断

四个小偷甲、乙、丙、丁被警察都抓到了警局，他们每人都分别偷了一种东西。在接受警察的盘问时。甲说：我们四人每人只偷了一块表；乙说：我只偷了一颗钻石；丙说：我没偷表；丁说：我们中间有些人没偷表。

经过警察的进一步调查，发现这次审问中只有一个人说了实话，而且在下列结果中，只有一项判断是正确的。那么，你知道哪一项是正确的吗？

A. 所有人都偷了表；

B. 所有人都没偷表；

C. 有些人没偷表；

D. 乙偷了一颗钻石。

创新小翘板

A是正确的。假设A正确，则甲说了实话，乙、丙、丁三人没说实话，故A正确；假设B正确，则丙说了实话，乙可能说了实话，甲、丁两人没说实话，故B不正确；假设C正确，则丁说了实话，乙、丙可能说了实话，甲没说实话，故C不正确；假设D正确，则乙、丁说了实话，甲没说实话，与文中一人说了实话相矛盾。

66 会说话的猴子

在猴子之家，其中有甲、乙、丙、丁4只猴子，年龄从1～4岁各不相同。它们中有两只说话了，无论谁说话，如果说的年龄比它自己大的话都是假话，说的年龄比它自己小的话都是真话。猴子甲说：“猴子乙3岁。”猴子丙说：“猴子甲不是1岁。”

你能推断这4只猴子分别是几岁吗？

创新小翘板

甲、乙、丙、丁分别为：2岁，4岁、3岁、1岁。如果丙猴子说的话是假话，丙就比甲年龄小，而且甲就是1岁，这是不可能的。所以丙猴子的话是真实的，甲不是1岁，丙比甲年龄要大。如果甲的发言是真的话，就是乙3岁，甲比乙年龄大，即甲4岁，这与上面的分析是矛盾的。所以，甲的话是假的，乙也不是3岁，甲比乙年龄要小。根据以上分析，乙是4岁，丙是3岁，甲是2岁，剩下的丁就是1岁。

67 谁偷吃了点心

星期天，李阿姨家来了四个小朋友甲、乙、丙、丁，还有一个朋友没有到。李阿姨就拿出准备好的点心，跟四个小朋友说：等最后一个小朋友到了的时候大家再一起吃点心。接着，李阿姨正巧有事情就走开了，回来的时候发现点心已经被吃了。李阿姨问是谁吃了点心的，没有一个小朋友承认。甲说是乙干的，乙说是丁干的，丙说他没干，丁说乙在撒谎。他们四个当中，有三个说了假话。

那么你知道是谁吃了点心吗？

创新小翘板

是丙吃的。乙和丁讲的话明显矛盾，因而乙和丁中一定有一个小孩在说谎，假设乙没有说谎，那么这件事就是丁做的，而丙说的话也同样正确，因为只有一个孩子说真话，所以乙在说谎。也就是说，这4个孩子中，只有丁说了实话。因此可以断定，是丙吃了。

68 老实人与骗子

甲、乙、丙、丁、戊5个人当中，有2个从来不说谎的老实人，另外3个人是总说谎的骗子。下面是他们所说的话：

甲：“乙是骗子。”

乙：“丙是骗子。”

丙：“戊是骗子。”

丁：“甲和乙都是骗子。”

戊：“甲和丁都是老实人。”

根据以上的对话，能找出老实人是哪两位吗？

创新小翘板

甲和丙。先假设乙是老实人，那么，把丙说的话颠倒过来，戊就成了老实人。接着，甲跟丁也是老实人，这样就超过只有两个人的限制了。那假设丁是老实人的话，把甲说的话颠倒过来，乙就成了老实人。但是照丁的说法，乙应该是个骗子，这样就产生矛盾了。再假设戊是老实人试试看，加上甲和丁，老实人变成了三位，所以也行不通。那么就是乙、丁、戊是骗子。所以甲和丙为老实人。

69 向老虎提出决斗的猪

一场大火烧毁了建在山脚下的农场，一群本来衣食无忧的猪奋力逃了出来，但却无家可归了。这时，一头年轻的猪挺身而出，担起了头领的责任，带领它们走进了深山。

走到半山腰的时候，它们遇到了一只老虎，猪群骚乱不已，猪头领却显得很淡定。

老虎看见猪群，趾高气昂地吼道：“你们这群笨猪，难道不认得我吗？”见面前的这群猪都吓得瑟瑟发抖，老虎接着吼道：“难道你们不知道我是百兽之王老虎吗？本大人来了，你们这群家伙怎么还不退避三舍？”

很多猪被吓得拔不动腿，还有一些可能根本就没听清楚老虎说的是什么，不过猪头领显然不在此列。它往前一步，面对着老虎说：“我们不知道什么百兽之王，想让我们一群给你一个让路，那是不可能的。除非你能用决斗的方式打败我。”

老虎看起来很费解的样子，它说道：“哦？你真的有胆量跟百兽之王的我进行决斗吗？现在反悔还来得及。”

猪头领走到一个泥潭旁边说道：“我现在正想和你出决斗，让我穿上我的盔甲。”

老虎瞪大了眼睛说道："那好吧，你自寻死路，我也没法阻止，不过，你这最后的请求我还是会满足的，你去穿吧。"

猪头领并没有返回猪群中，而是跳进了泥潭里，在里面打了几个滚儿，使身上沾满了污秽之物，然后走到了老虎面前，说道："开始吧！"

老虎见满身都是脏东西的猪头领向他冲来，赶紧往旁边一跳，无奈地说道："我是百兽之王，我是高贵的王族，怎么能与你这么污秽的家伙决斗呢？"说完，见那头猪又冲了过来，便赶紧跑开了。

创新小翘板

弱者的弱点当然是比强者更多的，所以，在更多的时候，弱者与强者在实力上的差距是非常巨大的，就像前面稳重的猪与老虎的差距一样。但有时候，这种巨大的鸿沟并非不能逾越，因为，强者也有弱点，弱者也有强项，古人云"尺有所短，寸有所长"，说的就是这个道理。弱者的劣势中也包含了他的优势，弱者没有名气，没有高贵的出身，也就没有那些繁文缛节的限制，而强者却要时时刻刻注意这些问题。因而，在对决时，弱者就可以不受限制，采取任何手段，而不必担心面子问题。当弱者这么想的时候，"强"和"弱"其实已经悄然发生了转变。

70 大海上的冒险者

9个冒险者在海上漂泊了很多天。他们所带的饮用水只够喝5天，所以一直希望能发现有别的船来救他们。

第二天，他们就发现了船的踪影，等他们追上以后，发现这只船上的人也已经没有水喝了，两批人合用他们自己的这些水，只够喝3天。那么，你能推算出第二批船上共有几个人吗?

创新小翘板

第二批船上是3个人。9个冒险者见到第二批人的时候，剩下的水只够9个人喝4天了。与第二批人合在一起后，水只够喝3天的，因此可知道第二批人在3天中喝的水等于9个人一天喝的水，那么第二批肯定是3个人。

71 几个人谈生意

小韩今年七岁，每个见到小韩的人都会夸他聪明，每到这时，小韩的父亲老韩便会非常高兴。他认为小韩的聪明与自己平时不遗余力的悉心教导密切相关。老韩对小韩的教导可谓是随时随地、见缝插针，老韩从来不会错过任何教导小韩或者能让小韩开动脑筋的机会。但老韩对小韩的教导却并非平常家长对孩子的那种老生常谈的说教。

这不，老韩带着小韩来到一家餐厅中，老韩今天约了两个铁哥们儿一起吃饭，他们也都带着自己的老婆孩子过来的，三家人将一个包间占得满满当当的。酒足饭饱后，大家唠起了家常，有小朋友在，大家的声音也都不大。但隔壁却好像并非如此，估计是喝得差不多了，隔壁包间的声音也打了起来，一阵一阵地传了过来，声音大得已经有点影响老韩这边的气氛了。其中一个老韩的哥们儿想要过去提醒他们一下，却被老韩制止了。

老韩制止自己的哥们儿当然另有深意，因为大家都知道老韩绝对不会做没有意义的事情，不出大家所料，老韩又开始适时地教育起自己的儿子等三位小朋友。老韩让他们仔细倾听隔壁一桌人边用餐边谈生意的话，通过倾听，他们知道了，其中一个人是哈尔滨人，两个人是北方人，一个人是广东人，两个人只做电脑生意，三个人只做服装生意。这时，老韩的问题便新鲜出炉了：

根据以上的信息，这一桌最少可能是几个人？最多可能是几个人？这个问题不仅难住了朋友家的两位小朋友，也把平时“足智多谋”的小韩小朋友给难住了，你们能帮一下三位小朋友解决这个问题吗？

创新小翘板

最少可能是5人，最多可能是8人。从来源上来看只能是3人。这是因为“一个哈尔滨人”和“两个北方人”之间具有真包含于关系。从职业上来看是5人。因为“只做电脑生意的两个人”与“只做服装生意的三个人”之间具有全异关系。由于从来源上来看的“3个人”又可以真包含于从职业上来看的“5个人”之中，所以，这一桌人最少是5人，最多是8人。

72 应该找多少零钱

吉冈太郎是一个日本会计，他非常精于算计，而且善于算计，无论什么东西，他都能第一时间权衡出它们在经济上的差距和利弊，因此他的朋友们送给他一个外号——“精明的吉冈太郎”。吉冈太郎对这个外号颇为满意，他常说，吉冈太郎在日本可能有成千上万个，但“精明的吉冈太郎”却只有我一个。言语间颇为自豪。

这天，“精明的吉冈太郎”来到美国旅游，吉冈太郎虽然精于算计，但却并不吝啬，相反，他还比较喜欢逛商店、买些新奇的东西，只是，他总是能用更便宜价钱买到比别人的同类商品更好的东西。初到美国，吉冈太郎便走进了一家礼品商店，他看到了一架照相机，虽然这种照相机在日本国内也有卖，但从美国买一架回去送给朋友显然更能脸上增光。这种照相机在日本连皮套共值3万日元，可这家商店卖310美元，折合日元约为4万多日元。照相机的价钱比皮套贵300美元，剩下的就是皮套的价钱。看过一眼价钱，吉冈太郎便打消了买照相机的想法，他现在只打算买一个照相机的皮套，“精明的吉冈太郎”当然早就已经算出了皮套的价格。于是，吉冈太郎拿出100美元交给老板，打算买一副照相机皮套。

你们知道那老板应该找给他多少零钱吗？

创新小翘板

假如皮套是10美元，那么照相机比它贵300美元，即310美元。加在一起就成为320美元。正确答案应该是皮套5美元，应找零钱95美元。这样，照相机为305美元，加皮套共310美元，才符合计算。

73 领到多少钱

在英国的一个小镇，好心的贵族卡罗尔夫人每周都会在福利院为一些特别困难的流浪者捐救济款。她对福利院工作人员说，如果减少5个人的话，每人就可以多得到2元。流浪者们听到卡罗尔夫人的话后，每一个人都希望其他人没有来。但是，第二周领救济款的时候，不仅没有缺一个人，而且还多了4个人，这样他们每人领到的救济款就比以前少了1元。

那么你知道最初去福利院领取救济款的流浪汉有多少人吗？他们每人得到了多

少钱呢？

创新小翘板

最初共有20人，每人应得到6元，共计向他们分发120元。如果少来5个，每人能得到8元。如果多来4个，每人能得到5元。

74 最接近的答案

姐姐给小华出了这样一道题目：她用火柴棒先拼出一个等式，然后问小华怎样移动一根火柴棒，就可以让等式成立（ = 可以是≈ ）。小华第一次移动了一根火柴，只差一点就完全相等了。而第二次，小华乙同样是移动了第一次动过的那根火柴，竟使答案更接近了。（姐姐用火柴棒表示的都是罗马数字，V=5，X=10）

你知道小华是怎么移动火柴的吗？

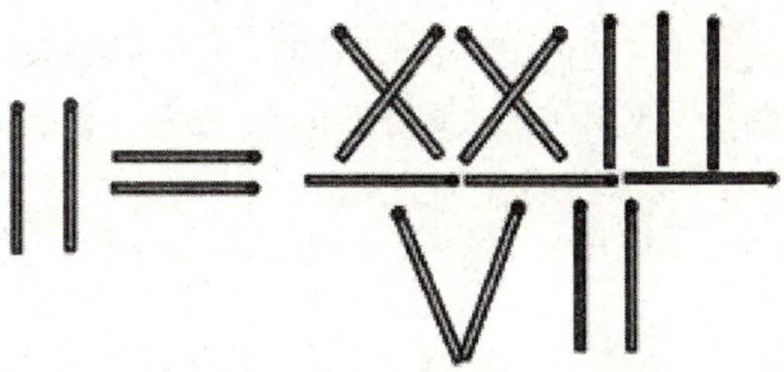

创新小翘板

3 = 22 / 7，但π = 22 / 7更接近正确答案。

75 伪造高手

从下列四种选项中选出与下面这段话类似的推理。

真正高明的伪造家制造的钞票从不会被发现，所以一旦他的作品被认出是伪造的，则伪造者不是位高明的伪造者，真正的伪造家从不会被抓到。

A. 查理是一个玩魔术专家，他的魔术总能掩人耳目，从未被揭穿，所以他是一个高明的魔术师；

B. 大卫是一个玩魔术的人，他的魔术一般不会被看穿，偶尔有一两次被人看穿，但这不妨碍他是一名优秀魔术师；

C. 皮特是一个玩魔术的人，他的魔术一般不会被人看穿，偶尔有一两次被人看穿，说明他并不是一个高明的魔术师，因为高明的魔术师不会被人看穿；

D. 迈克的魔术很好，从不会被看穿，所以他是一个优秀魔术师。

创新小翘板

选C。题干的推理过程是：高明的伪造家不会被发现伪造，一旦被发现了伪造，即证明该伪造者不是高明的伪造家。C项过程类似：高明的魔法师不会被人看穿，一旦被看穿的话，就说明不是高明的魔法师。

76 U型管的水位

如图，把水倒入一个透明的U型管中，这时，U型管两端的水位是等高的，如左图所示。现在问题是，不用任何工具的情况下，该怎样做能使U型管中的水在竖直放置时，如右图所示不在同一水平面上呢？

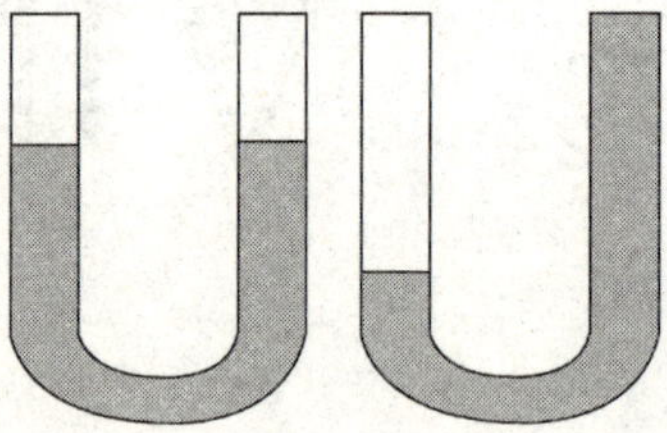

创新小翘板

只要用大拇指封住U型管的一个开口，然后小心地倾斜U型管，使其中的水碰到你的大拇指。然后压紧大拇指，使管的这端密封。当你重新把U型管直立起来后，水面还将保持与你的大拇指接触。这样大拇指阻止了空气从U型管这端流入，而开口的一端有空气流入，会把水面往下压，大气压把水面压了下去，阻碍水面回升，就会使U型管中的水位不在一个水平面了。

77 谁是偷瓜的人

一天，一个小伙子路过一块西瓜地，看着满地成熟的西瓜，而周围又没有人，他便起了贼心，跑到西瓜地里偷了两个大西瓜。正抱着往回走时，突然西瓜地的主人过来了，那小伙子赶忙把西瓜放到地下，恰巧这时也有个抱着孩子的女人从他们身边路过，于是，那个偷瓜贼污蔑道："这个女人刚偷了你的瓜，被我发现了，我便把西瓜抢了过来。"而那西瓜地的主人也的确没有看到谁偷摘的瓜。

你能帮西瓜地主人判断是谁偷的瓜吗？

创新小翘板

可以让那小伙子抱着两个瓜然后再抱一个孩子试试，如果他都无法同时抱起，那就证明那个抱孩子的女人根本无法偷瓜，也就是说他在撒谎。

78 家有四兄弟

张先生有4个儿子，是四胞胎，老大、老二、老三性格都很调皮顽劣，只有最小的弟弟为人实在，不会撒谎。不过老二也还算诚实，有时也会说实话。

兄弟四个在同一个班里上学，因为村里只有一个学校，学校里每个年级只有一个班。这天，班里新来了一位老师，由于以前的老师退休了，便由新老师接替班主任的职务。新老师很快便搞清楚了班里同学的名字和年龄大小的一些具体状况，却唯独对这四胞胎有些束手无策，若不是在上课时间，他还真不知道哪个是哪个。

有人向老师报告四胞胎中的其中两个跟别的同学发生了矛盾，应该是其中的老大和老三，但四胞胎仿佛要给老师个下马威，就是不告诉老师谁是谁，即使最老实的老四说的是实话，老师也不好判断。

无奈之下，老师只能把四胞胎统统叫到办公室中，然后对他们一一询问。但无论老师怎么问，他们每人都只说一句话。下面就是四个兄弟关于年龄所讲的话。

A："B比C年龄小。"

B："我比A小。"

C："B不是老三。"

D："我是长兄。"

老师听了他们的话后，琢磨了一下，便知道他们的大小顺序了，接着老师便问老大和老三是不是惹祸了，老大和老三见鬼把戏被老师识破了，也只能乖乖认错。

根据以上的信息，你能判断A、B、C、D中兄弟四人的大小顺序吗？

创新小翘板

四个兄弟的年龄顺序为A、B、D、C。说真话的（老二和小弟弟）不可能说“我是长兄”，所以，D的话是假的，可知D不是长兄，而是老三。那么，B就不是老三了，C的话就是真的，C就是老二或者小弟。假设A说的是真话，C和A就是老二和小弟，B就是长兄了，则A又在撒谎，这是相互矛盾的。所以，A是长兄。从A的话中可知，B是老二，C是小弟。

79 计算作案时间

罗斯探长正在一个凶杀案的现场调查。他发现地上有一堆手表的残物，被砸得支离破碎。但还是可以看到手表的长针和短针指着的刻度，而长针恰比短针的位置超前一分钟。除此以外，他再也找不到更多的线索。可罗斯探长还是从中找到了凶犯作案的时间。

你能猜出凶犯作案的时间是几点几分吗？

创新小翘板

我们知道短针的一个刻度间隔，相当于长针的12分钟。所以短针正对着某一个刻度时，长针可能是0分、12分、24分、36分或48分中的任一位置上。由于现场的表针状态是“长针恰比短针的位置超前一分钟”，所以只能是2时12分。

80 混乱的水果筐

小强是个小马虎，做事情总是丢三落四的，为此小强没少挨父母的骂。但他仍然我行我素，而且每次因为做了马虎的事情后总能找到解决的办法，事后处理得都还不错，因此，长辈们想批评他却也无从出口。

小强家在水果批发市场开了个批发水果的门市部，课余时间，小强没事就在市场上帮着父母忙活。人们都夸小强人不大却非常懂事，小强听了，心里美滋滋的。但每当这个时候，小强的母亲总是适时地站出来开始揭小强的短。这天，小强又来到市场上帮忙，正好邻居家的大婶儿也来水果市场买水果，看到小强忙里忙外的，就过来对着小强的母亲说道："你们家的小强可真懂事，才十几岁，就知道帮大人分担了，长大了一准儿是个孝顺孩子。"

小强的母亲撇撇嘴说道："嗨，可别夸他了，来了尽是帮倒忙，现在就自以为是的不得了，您再夸他，那尾巴还不得翘上天啊！"

小强却是一言不发地在旁边坐着，好像还真是犯了错误一样。

大婶儿看出点儿门道，便问道："怎么回事儿啊？"

小强的母亲才一五一十地把小强今天丢三落四的"光辉事迹"说了出来。

原来，今天他们家进了三筐水果，一筐装的全是苹果，第二筐装的全是橘子，第三筐是橘子与苹果混在一起的。当时嘱咐小强把水果搬进去，顺便贴上标签，可最后，水果倒是搬进去了，可标签却忘了贴了，里面装的水果和筐上的标签都没有对应。虽说这并不是什么大事儿，可急着想让儿子改掉坏毛病的父母却狠狠地批评了小强一顿。可是小强仍然狡辩，说贴不贴都一样。

小强的父亲气急，便给小强出了一道题，若是他能解决这个问题，那今天的事就算过去了，若是解决不了这个问题，那晚饭就别想吃了。题目就是：如何在不看的情况下只选其中一筐，从里面只拿一只水果，然后就辨别出哪个筐装了什么水果呢？

小强冥思苦想，你们能帮小强想想办法，使他晚上不挨饿吗？

创新小翘板

首先从标着"混合"标签的筐里拿一只水果，就可以知道另外两筐装的是什么水果了。如果拿出的是苹果，标着"橘子"标签装的是混合水果，标着"苹果"标签装的是橘子。如果拿出的是橘子，标着"苹果"标签装的是混合水果，标着"橘子"标签装的是苹果。

第三章

平面创新——由点及面的思维导图

81 合理地分钱

有一个大庄园的庄主准备在自己的一片空地里种上花。他需要雇用两个肯努力干活的年轻人。查理和大卫得知后便去应聘，庄园主人对他们很满意，让他们各包一半的土地。

查理和大卫两人各有所长。查理是耕地能手，但不擅长种花；而大卫不怎么擅长耕地，却是一名种花巧匠。于是二人根据各自的特长分配任务之后，就开始干了起来。

查理从东边开始，而大卫则从西边开起工。查理耕地的速度快，只用了大卫一半的时间就耕完了。大卫种花的速度快，时间只用了查理种花时间的三分之一。最终大卫比查理早完工。

收工之后，两人一起去找庄主核算工钱。庄主检查了他们的工作后，根据总的工作量一共给了他们100块的工钱。那么查理和大卫两人该怎么分这工钱才公平合理呢？

创新小翘板

其实庄园主人并没有给他们两人限定时间，所以不用计算工作快慢和时间的长短，只要每人各拿一半的工钱就行了，因为他们完成的土地面积都是一样的。

82 弗洛伊德拆穿谎言

精神分析学说的创始人弗洛伊德有一个聪明的学生皮茨，他很受老师的喜爱。皮茨刚到研究所第三天，弗洛伊德就带他去一间保密室，并交给他一串钥匙。

在密室里，弗洛伊德指着一幅画像说：“世界上有很多名人的小秘密都藏在画像后面的保险柜里。”接着弗洛伊德带着皮茨参观了整个保密室，让他熟悉这里的一切，最后从地上搬起一盆生长茂盛的绿色植物放在了那幅画像前，外面的阳光很好，正好可以照在植物宽大的叶子上。然后弗洛伊德准备离开密室，走之前他对皮茨严肃地说：“这间密室共有两重保险门，只有你一个人可以进出这里，别人没有钥匙，包括我。这里有你生活上需要的一切设施和物质，你要在这里住上5天，寸步不离。5天后会有另外的人替代你，记住，室内的保险箱不能动，必须有我在场才能开启，里面的档案绝对不能偷看。”皮茨诚恳地答应了老师的要求。

5天后，弗洛伊德再次来到密室。他问皮茨：“自从那天我走后，确实没有其他人来过吗？”

“是的，只有我在这里，老师。”皮茨答道。

弗洛伊德走到画像前，那盆绿色植物仍然摆在那里，宽大的叶片都朝向画像一侧。

“你现在把保险箱打开吧。”皮茨按照老师的话打开了保险箱，“是空的！”年轻人喊起来。

“是空的，”弗洛伊德眨了眨眼说，“它本来就是空的，让你失望了吧，没有满足你的好奇心。好了，现在可以告诉我，你一共坚持了几天？”

“您在说什么啊，老师，我没动过任何东西。”皮茨满脸地惶恐。

“好了，年轻人不要撒谎了。”弗洛伊德不屑地笑了笑。

其实这个年轻的学生的确打开过画像后面的保险柜。那你知道弗洛伊德是怎么发现的吗？

创新小翘板

是那盆植物泄露给弗洛伊德的。因为如果5天没有人移动它，它的叶片就应该倾向窗外的阳光，可弗洛伊德看到的是叶片都倾向了画像一侧，说明是被人移动过的。

83 巧倒硫酸

小王和小李是化学实验室的两名工作员。一天，他们共同做一个化学实验，由于实验中间要等的时间比较长，所以他们准备利用间歇做一个游戏来放松一下。

二人站在实验台前，正为不知做什么游戏发愁。小王环顾四周，看见了实验台上的瓶瓶罐罐，突发奇想，决定来玩一个与化学有关的游戏。

小王找来一个形状不规则的透明玻璃瓶，里面装了80毫升硫酸，玻璃瓶上面只刻着50毫升、100毫升两个刻度。小王拿着玻璃瓶给小李出题，要求从玻璃瓶中倒出5毫升硫酸，但前提是不能用带有刻度的瓶子。

小李听了之后，略微思考了一下，很快就完成了任务。那么，小李到底是用什么办法一次就能准确地倒出5毫升硫酸呢？要知道硫酸的腐蚀性很大，这个任务的难度不算太小。

创新小翘板

玻璃是不会被硫酸腐蚀的，所以小李找来一些玻璃球，往瓶里放入大小不同的玻璃球，使液面升到100毫升的刻度处，然后往外倒出硫酸至50毫升刻度处就可以了。

84 盲人巧辨黑、白罐

夏天的午后，烈日炎炎，一个盲人到露天集市上去买瓦罐。盲人来到卖瓦罐的摊位前，问摊主：“瓦罐都有什么颜色的？”

小贩答：“我卖的瓦罐有四个白的，二个黑的。”

盲人问：“多少钱一个？”

小贩答：“白的一个三枚钱，黑的一个二枚钱。”

盲人说：“那我要个白的吧。”盲人从口袋里拿出了三枚钱给了那小贩，小贩接过了钱。

可就当小贩接过钱的时候，他突然发现原来眼前的这位顾客根本看不见。

“反正他也看不见，那我给他拿黑瓦罐和白瓦罐有什么区别呢？”小贩心里生起了邪念，于是他便耍了个小聪明，拿了一个相对便宜的黑罐子给盲人。

盲人接过瓦罐，可却并没有立刻走掉。只见他轻轻放下手中瓦罐，接着又把地摊上的罐子都摸了一遍，然后十分愤怒地说："别以为我是盲人就好糊弄，你竟然用个黑罐子冒充白罐子来骗我，我要带你到官府那儿说理去，你得加倍还我罐子钱。"

听了盲人的话，小贩又惊又怕，一个劲地赔礼道歉。不但把之前的黑瓦罐换回了白瓦罐，还又退给了他一枚钱。盲人看小贩态度诚恳，也就不在和他计较。

可是，盲人根本看不见，他到底是怎么知道小贩给他的是黑罐子呢？

创新小翘板

盲人虽然看不到，但因为是晴朗的夏日，白罐、黑罐在受日晒后，白罐比黑罐温度要低一些，因此盲人只需用手摸就能辨别出不同了。

85 巧测胡夫金字塔

埃及金字塔是至今最大的建筑群之一，大部分建造于埃及古王国和中王国时期，相传是古埃及法老（国王）的陵墓。埃及金字塔是一个金字塔群，是古埃及文明最有影响力和持久的象征，被誉为古代世界七大奇迹之一。

研究显示埃及存在的金字塔有81座到112座，其中最高的金字塔是胡夫金字塔，它坐落于埃及首都开罗郊外的吉萨，是世界上最大的金字塔，它的神秘和壮观吸引了世界各地的游客来参观。

胡夫金字塔的底边长230.6米，由230万块重达2.5吨的巨石堆砌而成。但金字塔塔身却是斜的。人们想了很多办法来测量其高度，但却都被这座"斜塔"难倒了。可是后来，有一位聪明的数学家却轻松地解决了这个难题。那么，你能猜到他是怎么做的吗？

创新小翘板

这个数学家选择一个大晴天，让一个人站在金字塔旁边，当太阳的光线照射在这个人和金字塔时就会投下阴影。在被测量者的影子和身高相等的时候，测量出金字塔阴影的长度，就是金字塔的高度了，因为被测量者的影长和身高相等的时候，太阳光正好是以45度角射向地面。

86 探险队过江

这是一个寒冷的冬天，一支探险队为了完成任务，必须要横渡一条江。这是一条很宽的江，江面上并没架桥，江中也没有可以载他们过江的船只，所以现在他们面对这条江，几乎是束手无策。

这可怎么办？时间紧迫，任务在身，就是没有办法也必须要想出办法。探险队员们虽然各个都是游泳高手，但是江水又深又冷，游过去是不太可能。几名探险队员站在江边绞尽脑汁，可还是束手无策。

他们就这样在江边过了夜，可是半夜突然温度骤降，还下起了雪。此时敏感探险队队长好像看到了意思希望。果然，等到第二天早晨起来，他们发现江面已经结了一层薄薄的冰，冰上还覆盖着一层雪。

看到眼前这种情况，所有人好像都看到了希望之光。他们赶紧检查江面，可是让人大失所望的是，冰层还太薄，根本不足以承受人的重量。这下该怎么办？正当探险队员不知道怎么办的时候，聪明的队长想出一条妙计。探险队只等了一会儿，冰层的厚度就开始变得越来越厚，完全可以让他们安全地走过去。你知道队长想出的是什么妙计吗？

创新小翘板

队长让大家从附近找来水浇在冰面上，没多久冰层就变厚了，探险队踏着冰过了江。

87 让猩猩们带路找水

在非洲南部高原德卡拉哈里盆地边缘的草原地带，降雨量小，水源也不丰富，特别是到旱季，当地居民更是因为缺水而惶惶不可终日。为了摆脱这种状况，很多人都试图出去找水，但最终却都是空手而归。那么，如何找到水源呢？这个问题一直无解，直到有一次，一个善于观察的长者无意间发现了一个有趣的现象。

同样处于缺水地带，当地的大猩猩们却从来不会缺水。它们一直生活在这里，并没有因为缺水而迁徙搬家，既然不搬家，说明它们能够找到水源。受到猩猩的启发，他想到了一个找水源的绝妙方法。

聪明的长者让人把几只大猩猩捉回家中，并要求大家给它们吃些盐。人们看到都很纳闷，不理解长者为什么要这样做。那么你能猜到长者这样做的意图吗？

创新小翘板

长者这样做的目的是，先给这些大猩猩吃盐，然后放了它们，跟着这些猩猩看它们会往哪里走。果然，吃了盐的猩猩口渴难耐，被放以后，马上就沿着坎坷的小路奔到了一个隐蔽的山洞，而那里就隐藏着一股潜流。

88 拿破仑巧测莱茵河宽度

拿破仑一生带兵打仗多次，战绩累累。有一次他率领军队与奥地利在莱茵河畔开始激战。奥地利联军在河的北岸，法军则在南岸。当时战事很紧急，必须在最短的时间内攻到对岸。可由于莱茵河很宽，拿破仑想直接用炮弹攻打敌人是很难命中目标的。他连夜召开会议，商讨攻打对策。有人提议道："不如我们马上集合军队，连夜坐船渡到对岸偷袭他们。"另一个人则提出反驳："不行，他们肯定有夜巡，我们还没登岸就会被敌军发现的。加上他们地势有利，恐怕很难攻克。"大家对攻克敌军的计划意见不一，直到深夜也没商议出一个可行的方案。

第二天，拿破仑一早来到河岸边，在向对岸眺望的同时，脑子里一直在思考着如何打赢这一仗。拿破仑想：如果直接用炮弹攻击，就必须量出河的宽度，才有可能瞄准对方。可这河的宽度该如何测量呢？踌躇良久后，他突然发现莱茵河与对岸的边线，在视线里恰好擦过自己头戴的军帽帽舌边缘。拿破仑顿时灵机一动，想到了测量莱茵河宽度的方法。在测出具体的距离后，他就命令部下准备战斗，向北岸的敌军发起炮击。最终击破了敌军的防线，取得了这场战争的胜利。

那么拿破仑是利用什么方法量得莱茵河的宽度的呢？

创新小翘板

拿破仑以帽檐为测量工具的关联中介物，绕过难以直接测量的困难，将原本互无关系的距离等同起来，从而量出可测距离，推测出不可测距离。这在几何学上是很简单的问题，但在实战思维中，有谁会想到呢？

89 巧测灯泡容积

德里克教授和他的助手克里夫正在实验室里工作，现在他需要知道一个灯泡的容积，但是手头上的工作太多了，他便将一个没有上灯口的灯泡交给了助手克里夫，然后就继续忙别的更着急的事情。克里夫曾是数学系的高才生，对他来说，这个工作应该是轻而易举的事情。他接过教授给的灯泡，就去了另一个房间，开始认真地进行测量演算。

过了一段时间，德里克教授需要用到灯泡方面的数据了，可他还没得到克里夫计算的结果，便亲自去找他。而这时克里夫还在忙着计算，桌上演算的草纸已经放了好几张。

德里克教授站在一边，不满地问道：“你还要多久才能得到结果？”

克里夫赶忙回答：“快了，教授，马上就算出来了。”

德里克凑上前看他桌上的演算纸，这才知道原来克里夫是用软尺测量了灯泡的周长、倾斜度以后，正在用复杂的公式进行计算。

德里克摇摇头，拍了拍他的肩膀说：“你别忙了，小伙子，看我来算。”只见教授拿起那只空灯泡，用了一种简单的方法，仅仅1分钟就得出了灯泡容量的数据。

你知道德里克教授采用了什么方法来获得灯泡的容积吗？

创新小翘板

灯泡还没有上灯口，可以先向灯泡里注满水，然后把水倒在量杯里面，即可知道它的容量。

90 悬赏催还书

艾弗森是一家科研机构的研究员，为了研究自己的课题他要经常去市内一家图书馆借阅资料。这是美国加州的一家公共图书馆，有着悠久的历史，不但规模很大，资料也很全面。可这些天他每次要借阅图书或资料时，总有几本没有，图书馆的管理员都告诉他这些书已被借出去了。

这一天，艾弗森又来到了图书馆，把借书单递给管理员，管理员礼貌地拿着他列出的书单去帮他找，可仍然是空着手回来，并很抱歉地说道：“实在对不起先生，这些书一本没有。”这一次艾弗森急了，于是便去找图书馆的馆长，向他提意见。

馆长听完艾弗森的投诉后，就打了电话让负责人来办公室。管理图书的负责人无可奈何地解释道：“这些书的确没有，因为别人都已经借走了，有的甚至借了很久一直未归还。”

馆长听了，很生气地说：“原来有这样的事，那为什么不催？”

负责人回答道：“催了不止一次两次了，可就是不奏效啊。”

馆长沉默了一会儿，说：“艾弗森先生，我们感到很抱歉，由于我们的失误，今天没能满足您的要求。但我向您保证，如果下周来，我保证您能借到这些书。”

艾弗森走后，馆长已想出了一个让那些借了书的人赶紧还书的好办法，然后他马上交代给他的职员去照办。

结果短短几天内，那些借书逾期未还的人都争先恐后地将书还给了图书馆。而过了一星期后，艾弗森再次来到图书馆时，果然如愿以偿地借到了所需要的书。他好奇地问馆长是用什么办法让那些人这么快就都把书还回来的。馆长笑答：“我只是在报纸上登了一则广告。”

那么你知道馆长在广告上怎么写的吗？

创新小翘板

馆长的广告是这样写的：本图书馆将在一周内对归还借阅时间最久的一本书的读者发超值奖品一份。

97 给马喂肉

一天，青年马里奥骑着马赶路，不料途中突然遭遇大雨。倒霉的马里奥刚巧没有带任何雨具，而且途中也没找到躲雨的去处，所以只好继续冒雨前行。走了很长一大段路后，他终于找到一家小客栈。此时，马里奥已经浑身湿透，冷得浑身发抖了。

马里奥赶紧下了马，走进客店，一眼就被客店中央那盆烧得正旺的火炉吸引了。刚刚在冷雨中饱受折磨的他已经冷得太久了，现在他根本无心吃喝，一心只想凑到火炉边去烤烤火。

可是此时正值营业的高峰时期，再加上外面下雨，所以店内已经人满为患了。尤其是火炉旁边，更是被众人围得严严实实，根本无法靠近。

这可怎么办？一心想赶紧烤到火的马里奥拼命开动脑筋。正在他绞尽脑汁之际，他的马突然在门外嘶吼了一声，这让他瞬间得到了启发。

只见他穿过重重人群，大声地对店主人说道：“老板，请拿点肉去喂喂我的马。”店家以为自己听错了，问道：“你是说用肉喂马吗？可马不吃肉啊！”

“你只管去喂就是了。”马里奥肯定地回答。

店主只好拿着肉出去喂马。那么你知道马里奥为什么要给马吃肉吗？

创新小翘板

马当然是不吃肉的。但店主一去用肉喂马，店里一定会有客人去看稀奇，这样他就可以凑到火炉边烤火了。

92 贷款1美元的犹太富豪

犹太富豪亚当斯要去一个外地城市谈生意。他来到这个城市后第一件事就是先找到酒店附近的一家银行，到贷款部申请贷款。银行贷款部的经理看到眼前这位先生穿着讲究，还带着昂贵的名牌手表和宝石戒指，就想这一定是位大客户。于是赶忙上前彬彬有礼地问道：“您好先生，有什么事情我可以为您效劳吗？”

“我要贷款。”富豪亚当斯说道。

“啊，完全可以，那么您想贷多少呢？”经理很开心，他想这人一定会贷很多钱。

“1美元。”

“您说什么，你只要贷1美元吗？” 银行经理以为自己听错了，惊讶地张大了嘴巴。

“是的，你没听错，我只需要1美元，可以吗？”亚当斯肯定地说道。

银行经理是个工作经验丰富的人，他马上想到：这人一看就是个富豪，但他只贷1美元，一定有什么原因，可能他只是想试探一下我们的工作效率和服务质量。

想到这，银行经理装作高兴的样子说：“啊，当然没问题，只要有担保，您需要多少钱我们都可以为您做到。”

“哦，很好。”说着亚当斯就从自己的皮包里取出了一大堆股票和债券放在了经理的办公桌上。

那银行经理清点了一下，足足价值50万美元，他心里越来越纳闷了，客气地说道：“先生，您的这些股票和债券价值一共50万美元，您真的要只贷1美元吗？”

“是的，我只需要1美元。”富豪亚当斯有点不耐烦了。

“好吧，那就请您跟我来这边办手续吧。”银行经理带着亚当斯办完手续后，满意地离开了银行，因为他的目的确实达到了。

看到这里，你是不是也很奇怪，你能想出为什么这个犹太富豪只贷1美元吗？

创新小翘板

富豪亚当斯来这里谈生意，但他包里携带着一些股票和债券很不方便，放在酒店又怕丢失。但又不知道该把这些东西放在哪里。于是他就想到了用贷款的方式将这些股票和债券寄存在银行里。所以只要贷1美元就可以达到自己的目的了。

93 在北极找淡水

美国的一支北极考察队，在历尽艰险后，终于到达了目的地北极。可是，正在欢呼雀跃的时候，队长突然告诉大家，他们随身携带的淡水马上就快用光了，现在剩下的水源最多只能维持5天。

听到这个消息后，一部分人面露难色，不过大多数人还是能够保持理智，大家赶紧聚在一起商量起解决办法。

有人提议说发信号给救护船求救，这个方法倒是行得通，但是耗时较长，即便马上发送求救信号，最快也要等10多天才能把水送到。此外还有人说等着雨水，可是众所周知，北极几乎从不下雨，很显然这个提议并不靠谱。又经过了一番商讨后，仍然没有人能提出可行方案。队员们渐渐陷入沉默，一脸愁云，都不知该如何是好。

就在此时，队长亚历山大急中生智，最终想出了个好办法解决水源问题。那么你能猜到他想到是什么好办法吗？

创新小翘板

队长让大家用工具去凿那些漂在水面上的冰川，然后把凿下来的冰块用容器装起来，加热融化后就可以得到淡水了。因为北极海上的冰川是淡水结冰而成的。

94 不得不处理的污水

在一个城镇郊区有一批工厂，这些工厂每天都会排放一些污水，造成周边很多河流严重污染，以致下游居民的正常生活都受到了威胁。时间长了，忍无可忍的居民们组织起来去向当地的环保部门反映，环保局不得不与有关部门联合起来寻找解决问题的办法。

他们决定对随意向河流中排放污水的工厂进行罚款，但罚过几次款之后这些工厂还是会继续偷偷排放污水，不能从根本上解决问题。看来这条路是行不通的。

有人建议立法强令那些排污工厂在厂内设置污水处理设备。这样问题总可以得到彻底解决了，然而在法令颁布后，有些工厂虽然安装了污水处理设备，但由于其运行成本的高昂，很多工厂都不会使用这些机器，照样排出不经过处理的污水。看来这条路也行不通。难道只能下令让这些工厂停产吗？政府首先就不会同意的，因为这直接关系到当地的经济利益。

经过进一步的研究，当地的有关部门转变思路，采取了一个促使工厂自律的方法，使得他们必须对所排污水进行处理。你能想到是什么方法吗？

创新小翘板

当地部门下令让工厂的水源输入口，必须建立在它自身污水输出口的下游，这样假如工厂自己排出的是污水，那么输入的将也是污水，所以他们必须净化输出的污水。从而解决了当地河流遭受污染的厄运。

95 借钱不还

有一天，戴尔和罗宾两个人来见法官。

戴尔抢先开口，指着罗宾说道："法官大人，您得为我做主，这个人借了我的钱不还。"

罗宾马上跑到戴尔面前，嬉笑地说："法官大人，别听他胡说八道，我根本就不认识他，怎么能赖他钱呢？"

法官听了两人的话，先问罗宾道："你到底欠了人家钱没？"

罗宾回答："大人，我对天发誓，我绝对没欠他的钱。"

法官又转身问戴尔：“你说他欠你钱了，你有证据吗？”

戴尔挠了挠头，委屈地说：“当时以为他挺讲信用的，就把钱借给他了，谁知道他竟然是这样的人，我真是瞎了眼了，当时连欠条都没写，也没有证人在场。”

听了这话，罗宾暗自发笑。法官发觉罗宾的笑里似乎隐藏着什么，他心想这里一定有隐情，于是，他接着问戴尔：“你还记得你在哪里把钱借给他的吗？”

“在镇东口的一棵核桃树下。”戴尔答道。

“好，你现在马上过去，到核桃树下摘两个核桃过来，我要把它们当做证人，它们一定会告诉我实情的。”

“用核桃做证人？天大的笑话！”戴尔心里虽然疑惑，但想到法官自有办法，只好照办。

戴尔走后，法官又对罗宾说：“你先在这里等会儿，等他回来，我再审理你们的案子。”

半小时后，法官审完一个案子，抬起头来问道：“都半小时了，他还没有回来吗？”

罗宾坐在那里，渐渐有些迷糊了，听到法官问话，他自然地答道：“估计他现在还没走到那棵树下呢！”

又过了一小时，法官再次审完一个案子，又问道：“都一个半小时了，他应该回来了吧？”

“是的，大人，他很快就该回来了。”罗宾答道。

话音刚落，戴尔大汗淋漓地跑了回来。他将两个核桃递给法官，哭丧着脸说道：“这下它们应该可以为我作证了吧？”

“是的，年轻人，它已经为你作证了。”

最后，法官果然为戴尔要回了属于他的钱。那么，这真是两个核桃的功劳吗？

创新小翘板

法官是用试探的方法审理此案的，他想，戴尔说是在镇东口的一棵核桃树下将钱交给罗宾的，假如是假话，那么戴尔根本不可能摘到核桃，于是他让戴尔去摘核桃。当戴尔走了半小时后，法官试探地问罗宾：“他怎么还不回来？”罗宾并不知道法官这样问的用意，便回答道：“估计他现在还没走到那棵树下呢！”这恰恰暴露了罗宾知道有这么一棵核桃树，也由此证明了戴尔说的是实话，罗宾的确欠着戴尔的钱。

96 猴子的论文

一只猴子正在山洞前写论文，时而抬起头来思考，时而又低下头奋笔疾书。一只饥饿的大灰狼不怀好意地走了过来，问道："猴子啊，你在干什么？"猴子回答说："我在写论文。"狼又问："写的论文题目是什么啊？"

"《谈猴子是如何吃掉狼的》。"猴子认真地答道。

狼听了哈哈大笑，表示不信。猴子说："不信的话，你就跟我来吧。"于是猴子把狼领进了山洞。过了一会儿，猴子独自走出山洞，继续写文章。

过了一会儿又有一只狐狸看到了猴子，走过来问："猴子你在写什么？"猴子答道："写论文。狐狸不相信地问："题目是什么？"

"《谈猴子是如何把狐狸吃掉的》。"猴子依旧一本正经地回答。狐狸也不信，于是同样的事情再次发生。狐狸随着猴子进了山洞后，狐狸就再也没有出来。而猴子大摇大摆地走了。

难道猴子真的把狼和狐狸都吃了吗？你知道这是怎么回事吗？

创新小翘板

在山洞里，其实有一只狮子在那里等待着食物的到来。它很满意地和猴子聊着天："看来一只动物的能力大小，有时是要看它是否懂得巧借外力。"

97 明成祖立碑

在南京东郊紫金山南麓的玩珠峰下，建有明太祖朱元璋的陵墓明孝陵。游人拾级而上，就会见到一座正方形的城堡建筑，这就是四方城。在城市中有赞颂朱元璋功绩的《御制大明孝陵神功圣德碑》。碑高三丈余，碑首盘着6条龙，碑下是一个形似龟状的兽。

这个巨大的石碑，约有十几米高，在当时的条件下，没有任何机械设备，那是用什么方法将碑立到这龟背上去的呢？据说，当时明成祖在四方城为他父亲朱元璋建碑时，因为龟太高，石碑又大，碑怎么也站不到龟背上去。直到一位道长见此情况后，给了明成祖一个暗示：想立此碑，必须使龟看不见碑，碑看不见龟。明成祖仔细揣摩那道长的话，最终想到了一个立碑的办法。

你知道他想的是什么办法吗？

创新小翘板

明成祖叫人往龟背上运土把龟先埋了起来，然后顺土坡将碑拉上去，待碑立稳后，将土挖掉，就可以了。这就是古代建筑上使用的“推土法”。

98 被偷的灯泡

B城是一座繁华都市，人口众多，商业发达，环境优美，很多人都对此心生向往。可是在这座大都市里，唯一美中不足的就是它的地铁。B城的地铁由于年代久远，所以照明设备采用的仍是最传统的灯泡，与这座城市崭新的摩登外表很不搭调。

这还不算什么，更让人郁闷的是，最近地铁里频频出现灯泡被偷的事件，严重影响了地铁的正常使用。旅客们频频投诉，铁路部门不得不派人前来调查。

铁路派来的调查员大卫对地铁里的灯泡进行了一番研究，最终发现地铁里的电灯泡之所以经常被偷跟灯座的位置有关，因为灯座就设在了人们伸手可及的地方。

但是，灯座又无法移动，那该如何解决这个问题呢？大卫动了动脑筋，思考了一会，很快就想出了一个好办法。那么你能猜到他到底是怎么解决这一问题的吗？

创新小翘板

不能移动灯座，但可以改造灯座。让灯泡必须向左旋入，不像一般的灯泡都是以顺时针方向旋进去的。当小偷在偷灯泡时，不知不觉就把灯泡拧的更紧了。

99 绝地逢生

布莱特落到了一个贩毒黑社会组织手中，第二天他将被强迫送到境外贩毒。他被那些狡猾的歹徒脱光了衣服，赤身裸体地被关进一间浴室，想到明天状况，还不如自尽的好。他绝望地看着浴室，约有3米高，只在顶端有一个轮胎大小的换气窗，而浴室里除浴缸外，再没有任何东西。

布莱特想干脆自己淹死在浴缸里好了，于是他把水龙头开到最大，坐在浴缸边等着水注满浴缸。然而他在那里一坐就是两个多钟头，这时他发现浴缸里早满了，水已经溢到外面，浴室地面上的水已经没过了脚面。布莱特很奇怪，房间里怎么会积水呢，他发现浴室的门是密封的，只要一关死了，水一点也流不到外面去。

布莱特看着房间里的水面一点一点上升，突然眼睛一亮，他想到了逃生的办法。你知道他是怎么逃出去的吗？

创新小翘板

既然整个房间是密封的，而只有顶部的那个窗户是通向外面的，那他就可以通过水的浮力浮到顶部，然后从那个窗子里逃出去了。于是布莱特耐心地等着浴室里的水面上升，最终从换气窗逃了出去。

100 用《圣经》自救

英国国王詹姆士六世在位期间因钦定《圣经》而受人爱戴，同时还善于倾听臣民的意见。当时有一个大胆的惯盗，名叫阿奇·阿姆斯特朗，一次他因盗窃王室珍宝而被警察抓获，法庭当即判他偷盗罪并处以极刑。

狡猾的罪犯阿姆斯特朗知道当时的国王詹姆士六世曾钦定《圣经》，就想出了一个自救的主意。他对监狱长说："听说国王钦定的英译《圣经》已经完成了，我到现在还没有见过《圣经》，作为对世界最后的留恋，请容许让我拜读一下国王陛下钦定过的《圣经》，请求您替我向尊敬的国王说一下吧。"为了让监狱长能替他传话，他偷偷地给了监狱长一颗宝石。

监狱长果然把这件事传到国王那里。国王听后，说道："满足他的愿望吧，在他读完《圣经》之前，暂停执行死刑。"

就这样，崭新的《圣经》送到了阿姆斯特朗手上。结果他就凭这本《圣经》而免于一死。你知道这是为什么吗？

创新小翘板

阿姆斯特朗对监狱长说："我得慢慢地品味着读，每天大约一行左右。"监狱长问："那不是需要几百年吗？"阿姆斯特朗狡猾地说道："国王陛下许可我读完《圣经》再被处死，并没有讲读完的期限啊！"

101 黄球与白球的选择

小静把自己的自行车玩坏了，她恳求妈妈再给她买一辆。妈妈考虑了一下，对小静说："我们先玩一个游戏，如果做到了你就可以再有一辆新自行车。"于是妈妈找来两个盆子，其中一个盆子里装着10个黄色的球，另一个盆子装着10个同样大小的白色球。

妈妈对小静说："一会儿要把你的眼睛蒙上，然后我会把两个盆的位置随意调换，你再去随意选一个盆，从里面挑选出1个小球。如果选中的是黄色球，妈妈就给你买自行车；但是如果选中的是白色球，那么你就没有机会了。"

小静听后，想了想对妈妈说："能不能在蒙上眼睛之前，我先任意调换盆里的小球组合呢？"妈妈同意了。原来小静是为了能让自己拿到黄色球的几率更大。

请问：你知道该怎么调换小球才能确保更有把握买到自行车吗？

创新小翘板

可以在装有黄色球的盆里留1个黄色球，把另外9个黄色球倒入另一个盆里，这样另一个盆里就有10个白色球和9个黄色球。如果小静选中那个放1个黄色球的盆，选中黄球的几率是100%：如果选中放19个球的盆，摸到黄色球的几率最大是9/19。小静选中两个盆的几率都是1/2，所以，根据前面的两项几率，得出选中黄色球总的几率是100% × 1/2 + 9/19 × 1/2 = 14/19，这样就远远大于原来未调换前的1/2了。

102 小狗的性别

王磊家养的狗刚生下了四只小狗。一天，几个朋友来王磊家做客，大家被这四只小狗吸引了注意力，于是便开始一起讨论起来小狗的性别情况。

一个朋友说："四只狗每一只都可能是公的，也可能是母的。所以出现的情况，可能是：四只全都是公的；四只全都是母的；有三只是公的，一只是母的；有三只是母的，一只是公的；有两只是公的，两只是母的。"

另一个朋友则说："它们两公两母的几率是50%，因为每只是公是母的几率都是50%。"

经过两人这么一分析，众人都有点蒙了。从表面上听起来，二人说的好像都有道理，可是却又总感觉哪里有些问题。那么第二个人的说法到底对不对呢？如果你认为他说的是错误的，你能找出反驳的方法吗？

创新小翘板

他的说法是错误的。我们假设四只小狗分别为A、B、C、D。那么，它们是公是母就有16种组合。你可以写出这16种组合，之后你会发现，四只小狗全是同一性别的出现两次，概率就是1/8，有一个和其他三个不同出现了8次，所以概率是1/2。有两个是同一性别出现了6次，所以概率是3/8，而这三个数加起来正好是1。所以两公两母的几率不是50%。

103 辨别次品零件

有一家专门生产零件的工厂，它们生产好的零件都要按袋分装。现在有10袋新生产出来的零件，每袋里有若干个。

这天，质检部门派人来抽测检查。原本，按照工厂规定，标准的零件是每个100克，但是质检部门报告却显示，在这10袋零件里面，其中有一袋零件是次品，在这袋零件里面，每个零件的重量都只有90克。

现在要找出装有次品零件的袋子，要用什么方法才能最快地找到装次品的那袋零件呢？

如今可使用的工具只有一个秤，你能只称一次就找到哪袋装着次品的零件吗？

创新小翘板

先把十个袋子编号，从第一袋中拿出一个球，第二袋中拿出两个，以此类推，第十个袋子里拿出十个，如果都是足斤足量的零件，总重应该是1000kg（1+2+3+……+10）=55000kg，比这个重量少多少个100kg，那就是第几个袋子的零件重量轻。比如称重只有54300kg，那就是少了700kg，也就是第七个袋子和别的袋子不一样。

104 “V”形火柴棒

小芳和小云是一对好姐妹，她们每天一起上学、放学，两人几乎形影不离。小芳和小云都是爱思考的小朋友，她们不像其他女孩子，在一起就玩一些洋娃娃、过家家等幼稚的小游戏，她们的共同爱好就是动脑思考，比谁更聪明。因此，两人在一起时最常做的事情就是给对方“出难题”。

这天放学过后，小芳邀请小云到家中做客，并且邀请她一起做一个游戏，说是要考验她的平行思维。游戏具体的流程是这样的：

将一根长些的火柴棒对折成“V”字形，但是不要完全折断，要让它呈藕断丝连状。接下来再找一个广口瓶，将折成“V”字的火柴竖直地放在瓶口上，然后再取一枚比瓶口小一点的硬币放在“V”字形的火柴棒上。

现在，小芳提出的要求是：在不用手或其他工具接触“V”字形火柴棒和硬币的情况下，让硬币落到瓶子里去。那么，读者朋友们，你们说小云能够按照要求完成任务呢?

创新小翘板

想要不用手或其他工具接触“V”字形火柴棒和硬币的情况下，让硬币落到瓶子里其实并不难，只需在火柴棒上滴几滴水，火柴吸水之后，火柴弯曲处的纤维受潮后膨胀，火柴棒自然就会渐渐伸直。这样，硬币就会自动掉进瓶子里去了。

105 三胞胎姐妹的辨认

韦德一家有三个双胞胎姐妹，长得几乎一模一样。当她们穿一样的衣服，梳一样的发型时，连她们的父母都经常分不清哪个是哪个。这天，家里雇用了一个新保姆，韦德想考验一下新保姆够不够机灵，于是便给她出了一道难题。

这天午饭过后，韦德夫妇带着三位双胞胎姐妹一起来到自家小花园的长椅上乘凉、消遣。韦德特意把保姆也喊了过来，让她陪大家做游戏。韦德让保姆给三姐妹分别分配任务，可是保姆发现，这三姐妹今天打扮得完全一样，她根本分不清哪个是哪个?

“这下怎么办?很明显这是主人故意刁难，想要考验自己。”保姆看破了主人的心思，但是现在也别无他法，自己必须凭借自己的才智来渡过难关。聪明的保姆略微思考了一些，突然计由心生。

她自信一笑，然后对韦德说："先生，现在三位小姐都穿一样，我没法辨认她们。但是请允许我分别向她们提出一个问题，我一定能够将她们分清楚。"

韦德先生点头默许。于是保姆便开始发问。

保姆先问左边的姑娘："谁坐在你旁边？"

左边的姑娘回答："露西。"

接着她又问中间的姑娘："你是谁？"

中间的姑娘回答："莉莉。"

最后她问右边的姑娘："坐在你旁边的是谁？"

右边的姑娘回答："苏西。"

经过这一轮提问之后，保姆便将三位小姐彻底分清了。那么，如果你是这位保姆，你能分清楚谁是露西，谁是莉莉，谁是苏西吗？

创新小翘板

左边姑娘是莉莉；中间姑娘是苏西；右边姑娘是露西。

106 家庭谋杀案

在一个小镇上有个四口之家，父亲、母亲、儿子和女儿。他们彼此间的关系都不好，经常互相吵架。终于在一天晚上，这一家发生了谋杀案。是家庭中的一个成员杀害了另一个成员；其他两个成员，一个是目击者，另一个则是凶手的同谋。

（1）同谋和目击者性别不同。

（2）最年长的成员和目击者性别不同。

（3）最年轻的成员和被害者性别不同。

（4）同谋的年龄比被害者大。

（5）父亲是最年长的成员。

（6）凶手不是最年轻的成员。

你能判断出在父亲、母亲、儿子和女儿这四人中，谁是凶手吗？

创新小翘板

凶手是：母亲，死者是：儿子；父亲是：同谋；目击者：女儿。根据1、2、5推出目击者是女性；同谋是男性。再根据3，假设：女儿比儿子大，即他们的年龄排序：父亲、母亲、女儿、儿子，即儿子是最年轻的，所以被害者肯定是女性。然后根据4，而同谋是父亲或者儿子（男性），所以同谋是父亲，所以被害者是母亲或者是女儿，而此时根据6，那么儿子不是凶手，也不是同谋，更不是受害者，那么儿子只能是目击者，这个又与前面的结论：目击者是女性相矛盾，所以，此推论错误。因此得知，儿子比女儿大，正确的年龄排序：父亲、母亲、儿子、女儿；所以被害者是男性，而同谋也是男性，年龄又比被害者大，所以被害者是儿子。再根据6，得知女儿不是凶手，那么女儿只能是目击者，所以凶手是母亲。

107 今天是星期几

查理一家有兄弟七人，老大、老二、老三、老四、老五、老六、老七。一天，这七兄弟坐在一起争论起了“今天星期几”的问题。

老大先说：“后天是星期三。”

紧接着老二说：“不对，今天是星期三。”

听了老大和老二的话，老三也赶紧反驳道：“你们都错了，明天才是星期三。”

老三话音刚落，老四一跃而起，愤怒地说道：“胡说！今天既不是星期一，也不是星期二，也不是星期三。”

就在这兄弟四人争论的面红耳赤，不可开交之际，老五突然开口道：“我确信昨天是星期四。”

“不对，你弄颠倒了，明天是星期四。”老六接着老五的话头，又提出了自己的观点。

最后轮到老七发言了，只见他一脸无所谓地说道：“不管怎么说，反正昨天不是星期六。”

虽然这一家七兄弟各执一词，人人都有理有据，但其实在这七人之中，只有一个人讲的是对的。那么，你能根据他们的对话猜出到底谁说的是对的，今天又究竟是星期几吗？

创新小翘板

七个人说的话，可以分别用另一种方式来表示。老大：今天是星期一。老二：今天是星期三。老三：今天是星期二。老四：今天是星期四或星期五，或星期六，或星期日。老五：今天是星期五。老六：今天是星期三。老七：今天是星期一，或星期二，或星期三，或星期四，或星期五，或星期六。只被提到一次的日子是星期日。如果这一天是别的日子，那么讲对的就不止一个人了。因此，那天一定是星期日。老四所说的是正确的。

108 谁成为了宇航员

小张、小王、小刘、小李是四位非常优秀的飞行员，他们都想报名参加宇航员的竞选。根据航天局的规定，优秀宇航员应具备三个条件：第一，丰富的知识；第二，熟练的技术；第三，坚强的意志。现在知道这四个人的条件如下：

（1）小张和小王意志坚强程度相同；

（2）小王和小刘知识水平相当；

（3）小刘和小李并非都是知识丰富；

（4）四人中三人知识丰富、两人意志坚强、一人技术熟练。

最后，航天局在对四人进行认真考察之后，发现在四人之中只有一人完全符合优秀宇航员的条件。那么，你能根据上面给出的信息，推断出这四个人最终谁会被选拔上了吗？

创新小翘板

小刘。由条件（2）（3）（4）可得，小张、小王、小刘三人知识丰富。又因为小李至少符合条件之一，故小李为意志坚强的人。再由条件（1）可得知，另一意志坚强的人为小刘。又因为只有一个人完全符合条件，故小刘为技术熟练的人。综上所述，全部符合条件的为小刘。

109 地理考试

在一次地理考试中，有这样一道题目。试卷上分别改成了五大洲的图形，每个图形都编了号，题目的要求是，在五大洲的图形中，任意选填两个洲名。

同学甲、乙、丙、丁、戊在看了试图之后，分别给出了以下答案。

同学甲选填了3和2，他给出的答案是：3是欧洲，2是美洲；

同学乙选填了4和2，他给出的答案是：4是亚洲，2是大洋洲；

同学丙选填了1和5，他给出的答案是：1是亚洲，5是非洲；

同学丁选填了4和3，他给出的答案是：4是非洲，3是大洋洲；

同学戊选填了2和5，他给出的答案是：2是非洲，5是大洋洲。

结果，老师看了他们五个人的试卷后，给出的结论是，他们五个人每个人只对了一半。那么，下面的问题是：根据以上条件，你能判断下列正确的选项是哪一个吗？

A.1是亚洲，2是欧洲；　B.2是大洋洲，3是非洲

C.3是欧洲，4是非洲；　D.4是美洲，5是非洲

创新小翘板

C。此题用假设法。假设同学甲“3是欧洲”的说法正确，那么2就不是美洲。同时，2也不是欧洲，5是美洲（由戊所说推出），再根据同学丙所说知道1是亚洲，然后根据同学乙所说得出2是大洋洲，最后根据同学丁的说法知道4是非洲。答案：为C。

110 四个外宾的房号

某公司要研究一项跨国项目，其中涉及到许多专业问题，于是便特意从韩国、法国、英国和德国邀请了四位专家帮忙解决难题。

负责接待专家的工作人员查理把来自韩、法、英、德四国的四位外宾安排到了同一家宾馆，他们分别住在宾馆的同一层以及同一侧，房号为1、2、3、4四间客房里。

这天，公司要临时召开一个紧急会议，需要赶紧去宾馆将四位专家接到公司。

可是由于之前负责接待四位专家的工作人员查理临时有事，因此公司便临时指派了另一名接待员杰瑞代替。

杰瑞接到任务后火速赶往宾馆，可是他却忘了问四位专家的房间号码分别是多少。不过还好，杰瑞来到宾馆的时候，发现这四位专家正围坐一桌，一边喝茶，一边闲聊，气氛十分融洽。

杰瑞赶忙走过来打招呼，做过一番自我介绍之后，他冒昧地向四位专家询问他们的房间后，想记下来，以备不时之需。可是四位专家都是爱难为人的性格，所以并没有痛快告诉杰瑞答案，而是分别绕着圈子，给出了一下答案。

（1）韩国人说：“我的房号大于德国人，且我不会说外语，也无法和邻居交流”；

（2）法国人说：“我会说德语，但我却无法和我的邻居交流”；

（3）英国人说：“我会说韩语，但我只可以和我的一个邻居交流”；

（4）德国人说：“我会说我们这四个国家的语言。”

那么，杰瑞能否根据以上对话判断出他们的房间号呢？按房间号从小往大排列，说说房间里住的人的国籍依次是什么。

创新小翘板

1、2、3、4号房间依次是德国、英国、法国、韩国。

111 三个人的专业

小张、小王、小赵三人同在一个城市工作，他们一个出生在北京，一个出生在上海，一个出生在广州，他们所学的专业，一个是金融，一个是管理，一个是外语。已知：

（1）小王不是学外语的；

（2）小王不出生在广州市；

（3）小赵不出生在北京市；

（4）学习金融的不出生在上海市；

（5）学习外语的出生在北京市。

根据上述条件，你能推出小张所学的专业是什么吗？

创新小翘板

小张学的是外语。题中确定的条件只有：（5）学习外语的出生在北京市；与条件（5）相关的词项是：外语、北京。条件中涉及“外语”和“北京”的是（1）和（3）。再根据条件（1）知道“小王不学外语”，根据条件（3）推知小赵也不学外语。于是推出小张学外语。

112 球赛记者的推论

作为唯一一支留在世界杯决赛的南美球队，下一场比赛巴西将迎战淘汰了丹麦的英格兰球队。巴西队教头斯科拉里不愿谈论如何与英格兰队较量，而他的队员也保持着清醒的头脑。在击败顽强的比利时队后，斯科拉里如释重负：“我现在脑子里想的第一件事就是好好放松一下。”

一个记者从以上的信息中推出了四项结论：

A. 巴西队本届世界杯中再也不会与南美球队比赛；

B. 由于没有做好充分的准备，斯科拉里不愿意谈论与英格兰的较量；

C. 与比利时的比赛很艰苦，所以赛后斯科拉里如释重负；

D. 英格兰在与巴西比赛之前必须要战胜丹麦。

但这位记者的推论中有一项是错误的，你知道是哪一个吗？

创新小翘板

B项是错误的。本题有三个信息，已知巴西队是唯一一支南美球队，可推出A；由第三句话可知选项C；由第一句话可推出选项D；只有B项在陈述中找不到依据。

113 真假牧师之谜

沃莰监狱的看守瑞德气喘吁吁地跑来对警官史瑞克说：“真糟糕！格兰德下班时留下一张便条，说他昨晚下班时抓获了两个打扮成牧师模样的罪犯，一个是小偷，一个是诈骗公司的老A。可是今天早上我去巡查时，发现三个牢房里关着的都是牧师打扮的人。我想，牧师应该是在来监狱探望这两个家伙时被不小心关进去的。可我实在分不清哪个是真正的牧师。”

“别着急，待我来问问他们，真正的牧师是会讲真话的。”警官史瑞克劝瑞德保持冷静。

“可假如问到的那个人正好是诈骗公司的老A呢？他是天生的谎言家，说话没一句真的。那个小偷是个见钱眼开的势利鬼，说不说真话要看情况对他是否有利。”

说着，瑞德和史瑞克便一起来到牢房里。

聪明的史瑞克先问关在1号牢房里的“牧师”：“你是什么人？”

“我是小偷。”

史瑞克再走到2号牢房门前问道：“关在1号牢房的人是谁？”

“诈骗公司的老A。”

史瑞克又问3号牢房里的“牧师”：“你说关在1号牢房里的人是谁？”

“他是个牧师。”

问完这三个问题，史瑞克对沃茨说：“结果已经出来了，你可以释放牧师了。”

那么，史瑞克是如何判断出三个牢房里的真正牧师的呢？

创新小翘板

因为牧师说真话，所以1号牢房里的人不是牧师。既然1号牢房里的人不是牧师，那么，3号牢房里的人说的一定是谎话，从而判定他也不是牧师。既然1号牢房和3号牢房里的人都不是牧师，那么，2号牢房里的人就是牧师。根据牧师说的真话判定1号牢房为诈骗公司的老A，3号牢房为小偷。

114 泰勒斯的过河计策

古希腊哲学家泰勒斯曾经在吕底亚王克劳苏部下做过士兵。一次吕底亚王率领大部队出征，不料在途中遇到一条大河，河水深且湍急，河面上既没有桥梁也没有渡船，他的士兵们又都不会游泳，所以大军只能滞留在对岸，无法前行。

面对眼前这种情况，就连一向足智多谋的吕底亚王也不知所措了。他绞尽脑汁，想出很多办法，可是却都没法实行。他想造船，可是附近没有森林、根本没有木材可用，很明显不能实施。这可如何是好？吕底亚王彻底无计可施了，如今他也只有愁眉紧锁，望洋兴叹。

不过常言道：“天无绝人之路”，就在吕底亚王心如死灰，几乎准备放弃的时刻，他手下的士兵，哲学家泰勒斯主动为他献上了一条妙计。吕底亚王听过之后立刻舒展了愁云，心情大好，当即下令依计渡河。而最终，这一整支大部队也确实在一无桥梁、二无渡船的情况下，顺利地渡过了大河。

那么，你知道泰勒斯的计策是什么吗?

创新小翘板

如下图所示，泰勒斯让大部队挖一条很深的弧形沟渠，使其两端与河水沟通。这样，湍急的河水就分成两股而流，原来河道的河水就变得浅而缓慢了。然后大部队就能涉水过河了。

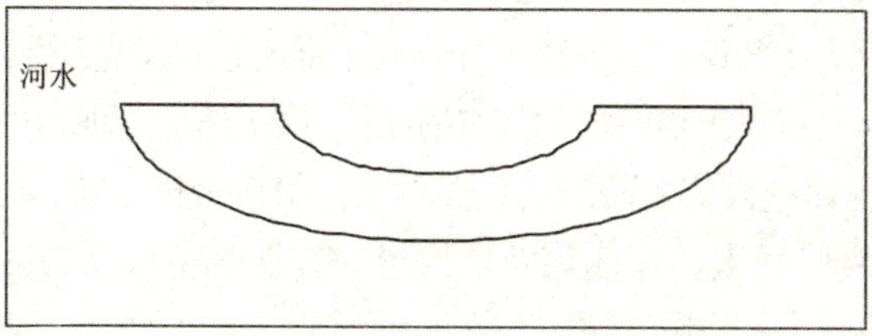

115 被大火熏过的香蕉

吉诺·鲍洛奇是美国的一位传奇商人。一次，一家贮藏水果的冷冻厂发生了火灾。等到人们把大火扑灭时，库房里的18箱新鲜的香蕉已经在大火中变成了烤香蕉。直接扔掉那就损失更大，可是这样的香蕉也难卖出去吧。水果店老板很犯愁，不知该怎么办。这时，年轻的吉诺·鲍洛奇自告奋勇地跟水果店老板说：“我可以试试把这些香蕉卖出去。”水果店老板将信将疑地把这些丑陋的香蕉交给了吉诺·鲍洛奇。

第二天一大早，鲍洛奇就开始出售这些香蕉。他耐心地向顾客解释，这些香蕉并非变质而是因为火灾变成了这样，但并不影响食用。可是无论他怎么说，还是没有人去光顾这些“丑陋的家伙”。无奈之下，鲍洛奇面对着这些变色的香蕉，仔细观察，并剥了一根尝了尝，他发现这些香蕉由于经过烟熏火烤，吃起来反而别有风味。这一来，鲍洛奇突然找到了售卖香蕉的好点子。

他重新站在水果摊前，这一次他不再向顾客们解释这些香蕉丑陋的原因，而是换了一种叫卖，结果没过多久，这18箱香蕉就销售一空。

你能猜到鲍洛奇用了什么办法吸引了大家来买这些丑陋的香蕉吗？

创新小翘板

鲍洛奇索性不再提这些香蕉的来历，只是向大家说：这是风味独特的烤香蕉，全城独此一家，你从来都没有尝过如此美味又与众不同的烤香蕉。

116 旅馆的电梯

杰瑞有一家旅馆，由于生意一直不是很好，他索性就不再经营了，而是把旅馆房间出租出去。很快原来的旅馆入住了很多租客。正当杰瑞得意之际，他开始不断地接到房客们的投诉。房客说：“电梯太破旧了，而且上下速度太慢，每次坐电梯的时候要等很长时间。”所以房客们都希望杰瑞能换一下电梯，否则他们将会搬离这里。

可是换一部电梯的代价太高昂了，杰瑞在把旅馆出租之前，已经装修了一下，现在成本都还没有收回来，让他再花钱换电梯，这是不可能的。可是如果不换，万一房客们都退房，那他损失就更大了。

杰瑞决定亲自去乘坐一下电梯，每一层都感受下，他一边等电梯一边在想如何处理这个棘手的问题。当他在每一层等过一遍电梯后，他想出了一个好办法，不需要去更换新电梯，就可以让房客们不再去介意等电梯的时间漫长。

你能想到杰瑞想的是什么办法吗？

创新小翘板

杰瑞只是在每一层电梯间外的墙面上都安装了很大的穿衣镜，这样大家在等电梯的时候，注意力都会集中在镜子里自己的仪表，而忽略等电梯的时间。

117 猜匣为婚

伦敦有一位富商，他有一个名叫伊丽莎白的漂亮女儿。十七岁伊丽莎白美艳绝伦而又才华出众，引得无数青年小伙子倾慕，求婚者更是络绎不绝。但是，美貌的伊丽莎白当时已悄悄爱上了一位英俊的小伙子保罗。然而伊丽莎白的父亲并不开明，他虽然很爱自己的女儿，但却坚持要通过一种“猜匣”的方式确定自己的女婿。

伊丽莎白的父亲为求婚者准备了三只匣子，分别是金匣子、银匣子和铅匣子，其中只有一只匣子里放着一张伊丽莎白的肖像。为了帮助求婚者找到肖像，富翁还分别在这三只匣子的外面刻上了三句话。

金匣子上刻的是：肖像不在此匣中；银匣子上刻的是：肖像在金匣中；铅匣子上刻的是：肖像不在此匣中。这三句话中，只有一句是真话。伊丽莎白的父亲许诺：如果有哪一位求婚者，能通过匣子上刻着的这三句话猜中肖像放在哪只匣子里，就把女儿嫁给他。

那么请问，求婚者应该选择哪一个匣子，才能顺利找到肖像所在，娶到伊丽莎白呢？

创新小翘板

求婚者应选择铅匣子。因为选金匣子或银匣子都不能满足题中“这三句话中只有一句是真话”这个条件。

118 巧开数字保险柜

一份关系到国家重大工程建设的图纸被间谍窃取了，现在福尔摩斯奉命前往间谍所在处，将图纸“偷”回来。

福尔摩斯一路追踪间谍，经过一番辛苦之后终于找到了间谍落脚的宾馆。他乔装易容，住进了这家宾馆，又经过几天的监视，摸清了间谍的作息规律，更重要的是，他还发现了图纸的“藏身之所”。原来间谍随身携带了一个小型的数字保险柜，而图纸就藏在保险柜里。

既然已经找到了目标所在，接下来的任务就是锁定时机，再将图纸“偷”回来。福尔摩斯一直守候在间谍身旁，伺机行动，可惜间谍行事谨慎，福尔摩斯一直没有机会动手。

终于有一天，宾馆举行舞会，而间谍又是舞蹈的热衷者，所以吃完晚饭后，便没控制住，在舞厅多留了一会儿。如此难得时机，福尔摩斯岂能错过？他赶紧趁这个空当，秘密潜入间谍卧室，找到保险箱。福尔摩斯本想将保险箱盗走，无奈，间谍老谋深算，早在保险箱上安装了报警设备，一旦移动，就会发出警报。所以，福尔摩斯别无他法，只得在间谍回来之前破译保险箱密码，才能拿到图纸。

福尔摩斯仔细研究了保险箱，发现这个精密的保险柜有两圈密码锁，普通人根本无法轻易破解。不过还好，他之前对数字保险箱有过一定研究，他知道破解该保险柜要点就在于：在开保险柜之前，要先转动密码锁里圈的数字盘，只有当里圈的数字与外圈的数字相加，每组数字之和都相同的时候，保险柜的门才能被打开。

沿着这个思路，福尔摩斯开始研究保险柜上面的数字。保险柜里圈的数字盘上的数字依次是3、7、12、8、10、9、6、5，外圈数字盘上的数字依次是5、3、4、7、8、10、6、1。福尔摩斯用最快的时间进行调试，终于赶在间谍回来之前打开了保险柜，取走了图纸。

那么，下面也让我们来开动一下脑筋，猜一猜福尔摩斯究竟是怎么解开数字保险柜密码的呢?

创新小翘板

假设外圈上的第一个数字是固定不动的，然后依次用里圈上的数字进行尝试。比如说假定外圈上的5不变，如果里圈的数字3与5重合，那么，数字之和为8，接着，顺次累加，里圈上的7与外圈上的3和为10，不符合，可排除。然后顺次尝试，排除7、12，当8与5重合时，数字之和为13，顺次累加，10与3之和也为13，9与4之和也为13，因此可确定，当外圈的5和里圈的8重合时，里外的每组数之和才能都相同。

119 错误的账面

老张是一名退休工人，儿子女儿都不在身边。为了打发寂寞时光，他便和邻居老王在小区里合伙开了一个小超市，卖点烟酒、零食、日用品。

老张和老王两个都是老好人，在社区里人缘好，做生意厚道又实惠，所以小超市在小区里的口碑一直很好，生意日益兴隆。

就这样，小超市一直有条不紊的经营着，虽然谈不上挣什么大钱，但也还算经营平稳，一直没出什么大的差错。

这一天，老张在忙碌了一天之后，一如既往地准备打烊。可是就在他查账的时候却发现收款机里的现金比账面少180元。钱的数目虽然不大，可是这件事情却让老张很不开心。

老张是个谨慎认真了一辈子的人，怎么会犯这么低级的错误呢？老张仔细回想，肯定实际收钱是没有问题的，可能是记账时小数点点错了，而当天每一笔交易均为10元以上。

那么，怎么才能从当天几百笔账中找到记错的账呢？

创新小翘板

如果是小数点错了，那么账面多出来的钱数应该是实际钱数的9倍或90倍，180/9=20，180/90=2，那么错账应该是20或2的10倍，即200或20。然后再去查账就快捷的多了。

120 房间里的间谍

二战期间，西班牙保持中立，位于首都马德里的一家酒店经常有战争双方的间谍居住，而马德里警察署也会派便衣警察秘密监视他们。以下是某天夜晚，一位便衣警察了解到的各客房的人员分布情况，你能从如下信息中找到被间谍占用的房间情况以及他们分别为哪个间谍机构而工作吗？

已知线索是：

（1）这几名间谍分别是：查理斯、戴恩、马尔克斯、布鲁斯、杰克逊、戈多。

（2）这几家间谍机构分别是：V9、FJC、DUY、HHH、BOO、WSA。

（3）美国DUY间谍的房间在戴恩先生的正对面，两者房间号是挨着的，后者的房间号要比杰克逊先生的房间小2。

（4）6号房间的英国BOO间谍不是马尔克斯。

（5）日本的那家间谍机构V9的间谍行动要非常小心，因为房间2、3、6的人都认识他。

（6）布鲁斯先生的房间号要比苏联FJC间谍的房间号大2。

（7）法国WSA间谍的房间位于戈多和德国HHH间谍的房间中间，德国HHH间谍的房间号是三者中房间号最大的。

创新小翘板

根据便衣警察提供的线索，可先找问题的突破口，由于6号房间住着的是英国BOO间谍，所以线索（7）中所说德国HHH间谍的房间号应是5号。法国WSA间谍在3号房间，戈多在1号房间。由于间谍戴恩不在1号房间，美国DUY就不会在2号房间，根据线索（5），2号房间的间谍不可能来自V9，那么他只能是FJC的间谍。据线索（6）可知，布鲁斯先生的房间是4号，据线索（3）知，杰克逊不可能在3号房间，也不可能在2号房间，因为戴恩不在4号房间，所以，杰克逊也不可能在6号房间，他只能在5号房间。由此，戴恩在3号房间，美国DUY间谍在4号房间。6号房间的BOO间谍不是马尔克斯，则肯定是查理斯，剩下的马尔克斯一定是2号房间的FJC间谍。最终，通过排除法可确定，1号房间的戈多是V9的间谍。因此，总的答案就是：1号房间，戈多，V9。2号房间，马尔克斯，FJC。3号房间，戴恩，WSA。4号房间，布鲁斯，DUY。5号房间，杰克逊，HHH。6号房间，查理斯，BOO。

121 罗迪斯的警报

昨天，罗迪斯警察署一连接到来自镇上4家店铺的报警电话，这4家店铺分别位于查理街、伦敦街、巴黎街和求知街上，警车立即赶到事发现场。从如下所给线索中，你能推断出每家店铺名称，所在街道，所经营物品及报警的原因吗？

现在已知的线索是：

（1）位于查理街的店铺主要经营化妆品生意。

（2）吉森店铺打来的电话声称店铺发生了火灾，结果被证实为假消息，真正原因是另一家店铺发生了火灾。

（3）伦敦街上的那家店铺不是卖日用百货的，报警的原因是它的地下室被水淹了。

（4）斯哲店铺不卖水果。

（5）巴黎街上的温纳店铺不是五金店铺，五金店铺的报警原因是该店铺被一辆失控的车辆撞坏了门面，门面所在的墙壁快倒塌了。

（6）最后一家店铺名为蒂娜。

创新小翘板

根据线索（1）、（3）、（5）可知，卖化妆品的店铺在查理街，水灾发生在伦敦街，发生车祸的五金店不在巴黎街上，因此一定在求知街上。日用百货店不在伦敦街，因而只能是巴黎街上的温纳店。而伦敦街上被水淹没的店铺一定是卖水果的，根据线索（2）、（4）和（6），这家店铺既不是斯哲店，也不是吉森店，吉森店发生的是错误报警，因此，它只能是蒂娜店。我们知道，求知街上的五金店的报警电话不是假的，因此，它不可能是吉森店，只能是斯哲店，吉森店必定是查理街上的化妆品店。通过排除法，巴黎街上的温纳店铺发生了火灾。因而得出答案：

①吉森，化妆品店，查理街，错误报警。②斯哲，五金店，求知街，车祸。③蒂娜，水果店，伦敦街，水灾。④温纳，日用百货，巴黎街，火灾。

122 廷达柔斯的倒霉事

“廷达柔斯”是一家集酒吧和KTV于一体的娱乐场所，虽然它为来这里消遣的人们带来了欢乐，但这里的员工却发生了许多倒霉的事。以下是最近5个月内发生在5个人身上的一些稀奇古怪的事情。从给出的线索中，你能说出哪个月中谁受到了怎样的伤害，以及他在店里的职位吗？

已知线索是：

①大堂经理欧文的腿被老板养的狗咬了一口，这事虽不稀奇，但的确让人烦恼。这件事发生在迪恩受伤之后的一个月。

②果格泰是在4月底受伤的，那时正值当地旅游最旺盛的时节。果格泰并不是廷达柔斯的出纳员。

③一位神经质的女客人在黑暗中误将廷达柔斯的工作人员当成图谋不轨的入侵者，对其施以一阵棒打，这位受伤者不是店里的服务员。

④清洁工是在5月份受伤的，他不是奥里亚，奥里亚是被那个自行车压倒的人。

⑤7月份，店里的一位职员在送餐路上，被一条活的鲤鱼绊倒。还有一位员工则狠狠地在地上摔了一跤。

⑥普里泽斯是刚来工作不久的前台接待。

创新小翘板

4月份意外事件的主角果格泰不是大堂经理或前台接待，也不是出纳员，而清洁工是在5月份受伤的，所以，果格泰应该是店里的服务员。既然他没有被狗咬到，没有被自行车压倒，也不是被客人击倒，而被鱼滑倒的事件发生在7月份，所以在4月份，他应该是狠狠地摔在地板上那位。现已知三个人的工作，所以不叫奥里亚的清洁工一定是迪恩。根据线索①推知，大堂经理欧文是在6月份被狗咬伤的。最后可知，奥里亚是个出纳员，又由于他是被自行车压倒的，且不可能在7月份受伤，所以，他应该是在8月份发生意外事件的。前台接待普里泽斯是在7月份发生滑倒事件的，而清洁工迪恩在5月份被客人袭击。

因此可得出答案：①果格泰，服务员，4月份，摔在地板上。②迪恩，清洁工，5月份，遭客人袭击。③欧文，大堂经理，6月份，被狗咬伤。④普里泽斯，前台接待，7月份，被鲤鱼滑倒。⑤奥里亚，出纳员，8月份，被自行车压倒。

123 血型破案

软件公司董事长的大儿子美迪斯被发现死在健身俱乐部的更衣室里，警察们接到报案后立刻赶到现场。警方发现，美迪斯衣服上留下的血迹，不仅有他自己的A型血，还有另一个人的AB型血，显然，这个人很可能就是凶手。也就是说，只要找到这个AB型血的人就可能找到凶手。

为此，警方马上对与美迪斯有过接触的人进行一一调查，美迪斯的妻子珊妮是B型血，董事长詹姆斯是O型血，他的妻子是AB型血，均可排除作案嫌疑。美迪斯的弟弟美乐斯正在同他暗里争夺父亲公司总裁的位置，并且为此闹得不可开交。但美乐斯在事发当天就失踪不见了，他的血型无法确定。珊妮的弟弟劳尔在案发的第二天也神秘消失了，他的血型也是无法确定的。

那么，凶手到底是谁呢？

创新小翘板

凶手是劳尔。由于詹姆斯是O型血，他的妻子是AB型血，所以美乐斯就只可能是A型血或B型血。根据血型学的研究，父母的血型与子女的血型之间存在如下关系：

父母血型	子女血型
A型和B型	A型B型O型AB型
A型和AB型	A型B型AB型
B型和AB型	都是AB型
O型和AB型	A型和B型
都是A型	A型和O型
都是B型	B型和O型
都是O型	都是O型

所以，美乐斯不是凶手，凶手只可能是珊妮的弟弟劳尔。

124 狂欢游行的彩车队

小镇上举行一年一度的游行狂欢，参加游行的一列彩车车队共30辆，每辆车长4米，前后每辆车相隔5米。那么你能算出这列车队共排列了多长吗？如果车队每秒行驶2米，当这列车队要通过535米长的一个广场时，需要多长时间？

创新小翘板

车队长265米，车队每秒行驶6分40秒。车队间隔共有30–1 = 29（个），每个间隔5米，所以，间隔的总长为：（30–1）× 5 = 145（米），而车身的总长为30 × 4 = 120（米），故这列车队的总长为：（30–1）× 5+30 × 4 = 265（米）。由于车队要行265 + 535 = 800（米），且每秒行2米，所以，车队通过广场时需要（265 + 535）÷ 2 = 400（秒）= 6分40秒。

125 爱因斯坦谜题

迪克兰、彼得和罗纳德三个人住在一幢公寓的同一层上。三个人中一个人的房间居中，其他两个人分住在这个人房间的两侧。三个人因为有着相似或相同的爱好而住在一起，他们都爱养宠物，所养宠物类型为秋田犬和北海道犬两种。三个人都爱喝饮料，所喝饮料类型为咖啡和茶两种。三个人都爱抽烟，所抽烟的类型为万宝路和雪茄两种。但是，三个人都各自只养一种宠物，喝一种饮料，抽一种烟。

具体情况如下：

迪克兰住在抽雪茄者的隔壁；

彼得住在养秋田犬者的隔壁；

罗纳德住在喝咖啡者的隔壁；

抽万宝路香烟者从不喝咖啡；

至少有一个养北海道犬的人抽万宝路香烟；

至少有一个喝茶者住在一个养秋田犬者的隔壁；

任何两个人的相同嗜好不超过一种。

根据以上线索，你知道住在中间房间的人是谁吗？

创新小翘板

这道题可先判定哪些嗜好组合可以符合三个人的情况，然后判定哪个组合与住在中间的人最相符。根据题中的已知条件，可归纳出每个人的嗜好组合类型，有如下几种：

①茶，秋田犬，雪茄

②茶，北海道犬，万宝路香烟

③咖啡，秋田犬，万宝路香烟

④咖啡，北海道犬，雪茄

⑤茶，秋田犬，万宝路香烟

⑥茶，北海道犬，雪茄

⑦咖啡，秋田犬，雪茄

⑧咖啡，北海道犬，万宝路香烟

根据“抽万宝路香烟者从不喝咖啡”可排除上面的③、⑧，根据“至少有一个养北海道犬者抽万宝路香烟”可知②是某个人的嗜好组合。由此，根据“任何两个人的相同嗜好不超过一种”可排除⑤、⑥；④和⑦不可能分别是某两人的嗜好组合，因此，①必定是某个人的嗜好组合。由此可排除⑦，于是，余下的④必定是某个人的嗜好组合。

再根据“迪克兰住在抽雪茄者的隔壁；彼得住在养秋田犬者的隔壁；罗纳德住在喝咖啡者的隔壁”这三个条件可知，住在中间房间的人满足以下条件：这个人既抽雪茄又养秋田犬，或者既抽雪茄又喝咖啡，或者既养狗又喝茶。既然这个人的嗜好组合分别是①、②、④，那么住在中间房间者的嗜好组合必定是①或④，三个人的相互位置如下所示：

②①④或②④①

再根据“至少有一个喝茶者住在一个养秋田犬者的隔壁”可知，④不可能是住在中间房间者的组合，最后根据“罗纳德住在喝咖啡者的隔壁”可判定罗纳德住在中间房间。

126 到底是哪一间房

星期天早上，查尔斯探长剃掉杂乱的胡须，穿上笔挺的西装去参加好朋友安迪和莉莉的婚礼，就在他刚刚到达酒店门口时，却临时得到一个线报：有一对警方通缉多时的夫妇，正投宿在该酒店的三楼。为避免打草惊蛇，查尔斯决定悄悄行动，亲自捉拿他们。查尔斯探长首先来到酒店的前台处，向服务人员出示了自己的证件，然后向其询问了解饭店的住宿情况。服务人员告诉查尔斯，酒店共有三层，三层有三个房间，且都住满了人，他们分别是两男、两女及一男一女，服务人员边说边给查尔斯看登记簿上显示的记录："301——男、男"；"302——女、女；303——男、女"。

查尔斯心想，这对鸳鸯大盗一定是住在303房间，于是，他火速冲上三楼，准备来个突然袭击，将他们一举擒住。然而，事情并不像查尔斯想象地那么简单，就在他冲到303房间准备行动时，酒店经理突然跟上来将他拉住，悄声对他说："其实，住宿记录已经被他们篡改过了，登记簿上的记录和房间实际的住宿情况是完全相符的。"

听完经理的描述，查尔斯眉头一皱，计上心来，他只敲了其中一间房，听到里面的一声回答，就完全搞清楚房间里的人员情况了。

那么，查尔斯到底敲了其中哪间房呢?

创新小翘板

查尔斯采用了归纳推理的方法，经过归纳他所了解到的信息"①301——男、男"；"302——女、女；303——男、女；②酒店经理说登记簿上的记录和房间实际的住宿情况是完全不符的"得出：303房间的房客一定是男男或女女。只要敲303房间的门，根据声音辨认是男声还是女声，就可确定303住的是男男还是女女。

如果303房间的房客是男男，那么原本的301房间住着的一定是女女，而302房间的房客就是那对鸳鸯大盗；如果303房间的房客是女女，那么原本的302房间住着的一定是男男，而301房间的房客就是那对鸳鸯大盗。

127 换病房顺序

有一家私立医院的特护病房区共有五间单人病房。最右边的急诊病房现在空着。剩下的几个病房里分别住着A、B、C、D四位病人，他们的房间号分别对应着4、3、2、1（如下图所示）。

病人们已经在病房里住了一段时间，但医院为了便于管理存档，需要将病人D与A换一下病房，同时C与B也换一下房间。这样一来所有病人的位置就会按字母顺序排列，便于管理了。

由于所有的病人都为住私人病房付过了费用，所以，不能把两位病人同时安排在同一间病房里，而且也不能在一位病人搬家时，将另一位病人留在风大的走廊里无人照管。为了执行护士长的命令，护士们最少要为病人搬几次家？

<table>
<tr><td colspan="5">走廊</td></tr>
<tr><td>1
D</td><td>2
C</td><td>3
B</td><td>4
A</td><td>急诊</td></tr>
<tr><td colspan="3">走廊</td><td colspan="2">走廊</td></tr>
</table>

创新小翘板

必须搬10次，顺序依次为：A到急诊病房，C到 4号，D到 2号，B到 1号， A到3号，C到急诊病房，D到 4号，B到 2号，A到 1号，C到 3号。

128 寻找代言人

5位知名女性刚刚分别同5家制造商签下了价格不匪的广告合约，成为不同品牌的代言人。请从以下信息中，找出她们各自的职业、所要代言的产品及对应的制造商。现在已知的各种条件是：

①梅丽尔和阿丽娜系列产品的制造商签了合约。和玛丽签合约的不是温普拉制造商，也不是金娜制造商。

②伊文思将为一个针织品类产品做广告，但她不是流行歌手。

③流行歌手没有代言摩托车和化妆品，也没有和温普拉制造商签约。为欧莱雅化妆品代言的不是那位电影演员。

④电视主播格莱斯将为一种软饮料产品做广告，但她没有同金娜制造商签约，金娜制造商的产品不是洗发水。

⑤网球运动员将为阿尔泰公司的产品做广告。

⑥莱德斯不是电影演员，她是出演电视肥皂剧《我和春天有个约会》的明星，在剧中扮演富有魅力的HR经理。

创新小翘板

根据线索④，电视主播格莱斯将为一种软饮料产品做广告，根据线索③，流行歌手不代言化妆品和摩托车，她不是伊文思，因此，流行歌手是为洗发水代言的。根据线索③④，欧莱雅化妆品不是由电影演员、电视主播和流行歌手代言的，同时，它也没有同网球运动员签约，因此，欧莱雅的代言人一定是电视剧演员莱德斯。梅丽尔和阿丽娜签约了，而玛丽没有同温普拉和金娜签约，那么，她一定是和阿尔泰签约的，她就是网球运动员。根据线索②③，温普拉不制造摩托车、化妆品、针织品和洗发水，因此，它制造的是软饮料。阿尔泰公司不制造软饮料、洗发水、针织品和化妆品，因此，它是制造摩托车的厂家。电影演员是伊文思。金娜是针织品制造商。根据线索③，流行歌手代言的洗发水，一定是阿丽娜的产品，因此，流行歌手就是梅丽尔。通过排除法，温普拉一定是和格莱斯签约。因此可得答案：①梅丽尔，流行歌手，阿丽娜，洗发水。②伊文思，电影演员，金娜，针织品。③莱德斯，电视演员，欧莱雅，化妆品。④玛丽，网球运动员，阿尔泰，摩托车。⑤格莱斯，电视主播，温普拉，软饮料。

129 不完备的电话线路

最初洪山县由于没有配备齐全电话交换系统，县里的六个小镇之间的电话线路很不完备。其中A镇同其他五个小镇之间都有电话线路；而B镇、C镇却只与其他四个小镇有电话线路；D、E、F三个镇则只同其他三个小镇有电话线路。如果有完备的电话交换系统，上述现象是不难克服的。因为，如果在 A镇装个电话交换系统，A、B、C、D、E、F六个小镇都可以互相通话。但是，电话交换系统要等半年之后才能建成。在此之前，两个小镇之间必须装上直通线路才能互相通话。现在，我们还知道D镇可以打电话到F镇。

请问：E镇可以打电话给哪三个小镇呢？

创新小翘板

A、B、C三个镇。

130 黑石头与白石头

一天国王拿着一个瓶子跟他的两个爱臣们说：“这个瓶子里装着大小、重量、触感均相同的石头，一共有101个。其中黑石头50个，白石头51个。你们可自取几个，但要先蒙住眼睛，假如取出的黑石和白石数目相同，便赏给你们同等的钻石。”两个大臣听后左思右想，难以决定。国王的随从在一旁献计说：“不要贪心，只要拿出两个，便有50%的几率，可以有机会得到钻石。”

但是，这真的是最好的办法吗？你能找出更妙的方法吗？

创新小翘板

可以选择从瓶中取出100个石头，剩下一个。剩下的石头为白石的概率为51/101，即得到钻石的概率为51/101；剩下的石头为黑石的概率为50/101，即得到钻石的概率为50/101。这样成功率更高，并且取出的石头数目更多，得到钻石的数目也可能更多。

第四章

减法创新——苹果被咬了一口，才与众不同

131 “文具盒”的诞生

在20世纪80年代中期，日本青年玉村浩美开发设计了一种小型组合文具盒。她的灵感来源于顾客的购买行为。玉村浩美注意到顾客一次购买好几种文具用品，于是有了一个创意——将常用的几种文具组合在一起出售。

有了这个想法后，其所在公司马上就投入了实际的设计生产。首先设计了一个漂亮的盒子，将常用的文具放进去，组合出售。这种组合式文具在投入市场后，大受欢迎，因为有一个设计精美的盒子作为文具的包装，人们觉得既方便又划算。但是，没过多久，这种文具组合销售量就慢慢下降了。经过调查发现，原来这种组合套装有一个弊端，那就是顾客有时候只是缺少一种文具，并不需要这个“套装”，而且组合文具是生产商设计的，顾客不能选择每种文具的款式。

一个年轻的创业者发现了这种产品形式的弊端，于是他开始尝试改变产品形式，在满足顾客的自由选择基础上进行思考。最终他取得了成功。

你能想到这个创业者对这种文具套装组合做了什么改变吗？

创新小翘板

这个创业者放弃了组合式文具里的各种文具，而只是在装文具的盒子上加以改进，然后单独将其推向市场。这就是我们后来用的文具盒。

132 圆珠笔的漏油问题

有所弃方有所得，这是从棋术迁移过来的理论。而事实上这个理论在很多方面都有所应用。1938 年，匈牙利人拜罗发明了圆珠笔。但是由于写不了多久就会漏油，这种笔风行了几年，就没人再用了。到了1945 年，美国人雷诺兹又在原来的基础上发明了一种新型圆珠笔，但是用它写了两万多字之后，还是会因为笔珠自然磨损而蹦出来，随之油墨也就流了出来。于是很多圆珠笔商都开始投入大量经费进行研究，想解决圆珠笔用久了就漏油的问题。甚至有人尝试用耐磨性能极好的不锈钢和宝石来做笔珠。最终虽然笔头耐磨性能的问题得到了解决，但由于笔芯头部内侧与笔珠接触的部分被磨损，又产生了漏油的问题。

日本发明家中田藤山郎也一直在关注着圆珠笔的发展。大家都纠结在如何让圆珠笔写更多的字而不漏油，而中田藤山郎却突然想到为何不从另一个角度去思考呢？最终他运用减法思维将圆珠笔漏油的问题成功解决。

那么你知道中田藤山郎具体用了什么办法吗？

创新小翘板

既然市场上的圆珠笔一般都是在写到两万字后开始漏油的，那么只要在生产圆珠笔时，做到控制笔的油墨量，使其只能写到两万字内，比如只能写1万8千字油墨就已经使用完了，而只需再换一支新的笔芯就可以了，这样就不会在书写的过程中出现漏油了。

133 10天吃下100只鸭子

乾隆的两个爱臣和珅与纪晓岚一直是死对头。和珅经常给纪晓岚使坏，最后却反而被纪晓岚捉弄，因此心里总是气不过，很想找个机会报复一下纪晓岚。

一天，和珅把纪晓岚找来，说要和他赌一把，纪晓岚想也没想就答应了。和珅下的赌注是：如果纪晓岚10天吃下100只鸭子，吃下的鸭子不但不用付钱，他和珅还要送他100只；但是若纪晓岚吃不下这100只，那就要赔这100只鸭子的钱，并且还要纪晓岚赤膊负荆请罪。

纪晓岚想了想，要他10天吃100只鸭子，也就是平均每天要吃10只鸭子，显然和珅是在故意刁难他。但聪明的纪晓岚还是接受了和珅的条件，因为他已经有了办法。

第二天，和珅就叫手下人把10天用的日常用品和买来的100只鸭子，全部关在了一个屋子里，然后请纪晓岚搬了进去，并把所有的门窗都上了锁，还派人在外面严守，防止纪晓岚出去捣鬼。

10天后，和珅迫不及待地来看纪晓岚的笑话。他一进屋，就找鸭子，看看纪晓岚吃了几只。结果让他大吃一惊的是，100只鸭子一个也不见了，只剩下一堆鸭毛和骨头。和珅不相信纪晓岚真的把这100只鸭子吃了个精光，那岂不是要撑死。

那么你知道纪晓岚是如何做到的吗？

创新小翘板

纪晓岚当然不可能真的把那100只鸭子吃掉了。在第一天的时候，他杀了30只鸭子，去了骨头剁成了肉丁后喂给剩下的70只鸭子吃；第二天，又杀了20只，给50只鸭子吃；依次类推，到了第十天后，就只剩下了1只鸭子时，纪晓岚把它杀了，美美地饱餐了一顿。

134 小仲马智斗狡猾老板

法国著名作家小仲马在完成他的最重要的著作《茶花女》后，当地就有一所大剧院的老板找到他，想买下这部作品，并排编成歌剧在剧院上演。

狡猾的剧院老板对小仲马许诺道："如果前25场能卖出6万法郎的票，我们就给你1000法郎的报酬。但是如果卖不到6万，我们就只能付您100法郎了。"小仲马很有信心地答应了。

之后，《茶花女》被排成歌剧，并受到前所未有的欢迎，演出获得了很大的成功，每场都是爆满。剧院的老板也赚得盆满钵满。就在《茶花女》第25场演出正在上演时，小仲马去找剧院老板索要之前他许诺给他的报酬。可是狡猾的剧院老板却撒谎说只卖出了59997法郎的票，并没有到之前约定的6万法郎。因此，那老板就只付给了小仲马100法郎的报酬。小仲马听了很生气，但他并没有与那个贪婪的剧院老板争执，他心里知道和这种不讲理的人争吵是没有结果的。他冷静了一下，走出剧院老板的办公室，突然想到了一个办法，让老板不得不给他应得的报酬。

你知道小仲马想到了什么办法吗？

创新小翘板

小仲马来到剧院门口的售票窗口前，买了3法郎的戏票，然后拿着票返回了剧院老板的办公室，他把戏票放在剧院老板的桌子上，不卑不亢地说道："现在可以说卖了6万法郎的票了。"剧院老板一看，呆在那里，没想到小仲马会来这一招，于是他只好乖乖地付给了小仲马1000法郎。

135 智取货款

商人约翰辛辛苦苦地干了一年，最后一批货物终于赶完，交给了客户。客户最初答应地很痛快，说等一收到货物，就把货款电汇过去。然而几天过去了约翰左等右等也不见货款的影。

直到两个星期后，约翰还没有收到货款，这可是10万块钱啊。约翰按捺不住了，便亲自买了火车票连夜坐着火车去找那个客户。约翰在客户那里软磨硬泡最终拿到了一张10万元支票。他拿着这张支票，马上赶到开这张支票的银行，希望能立刻换得现款，这样才心里踏实。然而事情并没有如此顺利，当他把支票交给银行柜台工作人员时，对方却告诉他，这个账号内的存款不足，无法兑现。

约翰一下子就明白是那个吝啬又不厚道的客户故意搞的小动作，就是不让他顺利取到钱。他不想再去跟这种人争执什么，争也没有结果，但这笔钱他是一定要拿到手的。他沉思了片刻，问柜台工作人员，这张支票如果补足了钱是不是就能兑现了？工作人员告诉他，这里面是98000元，与支票金额差2000块钱。

约翰想，先把这笔大头搞定拿到手再说。于是他做出了一个决定，最终顺利地取出了这笔钱。你知道约翰是怎么取成钱的吗？

创新小翘板

从自己身上掏出2000元，存入那个客户的账号内，补足了支票面额的10万元，再从那张支票取出10万元现金。

136 一招取胜

男孩威廉，酷爱柔道，而且有过不错的成绩。但在一次车祸中，威廉不幸失去了左臂，可这并没有影响他对柔道运动的热爱。最终他打动了一位日本柔道大师，成为他的师父，开始独臂学习柔道。由于本来就有些基础，威廉学得很快，可是三个月过去了，师父只教了他一招，威廉很希望能学更多的招式。

新一天的练习又开始了，师父继续让他练那一招，威廉终于忍不住问师父：“我是不是应该再学学其他招？”师父笑着答道：“我知道你怎么想的，但是你只需要这一招就够 了。”威廉并不是很明白，但他很相信师父，于是就继续不厌其烦地练了下去。

几个月后，师父第一次带着威廉去参加比赛。威廉既兴奋又紧张，但他自己没有想到居然轻轻松松地赢了前两轮。第三轮的时候，虽然有些艰难，但他最终还是凭借他学的那一招打败了对手。就这样威廉以赛场上唯一的独臂选手，进入了决赛。

决赛中的对手比小威廉高大强壮许多，而且也更有经验。在快到比赛的尾声时，威廉显得有点招架不住，裁判担心他会受伤，打算就此终止比赛，然而威廉的师父不答应，坚持说：“继续下去。”比赛重新开始后，对手放松了警惕，威廉见机使出了师父交给他的那唯一一招，制伏了对手，最终赢得了比赛，得了冠军。

从赛场上下来后，威廉和师父一起回顾每场比赛的细节，他不解地问道：“师父，为什么我能就凭着一招就赢得了冠军呢？”

你知道这其中原因吗？

创新小翘板

其实原因有两个：第一，威廉几乎掌握了柔道中最难的一招；第二，要对付这一招唯一的办法是对手抓住威廉的左臂，而威廉没有左臂。

137 GLASGOW趣题

如下图所示：有八个圆圈，其中七个圆圈上面依次标着字母G、L、A、S、G、O、W，连起来读作“格拉斯哥”，这是苏格兰西南部 一个城市的名字。按照现在的排列，这个地名是按逆时针方向拼读的。

现在要求你每次移动一个字母，使GLASGOW这个地名最后可以按照正确的方向（顺时针方向）拼读。

移动字母的规则如下：1.如果旁边有一个圆圈空着，可以走一步;2.可以跳过一个字母走到它旁边的空圆圈内去。 这样，按照LSOGAGWAGSOSWAGSO的顺序移动字母，就可以达到目的。但这样一共要走17步。

你能少走几步来实现上述目标吗？（这个词从哪个圆圈开始读都可以，只要是顺时针方向就行）。

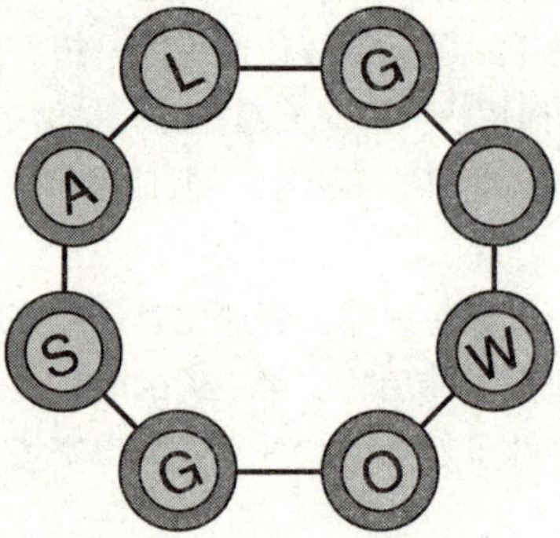

创新小翘板

只需要走8步。两个G哪个作字头都可以。如用下面的G作字头，按下列顺序移动字母就可以达到目的：GASLSAGO。

138 遇见“高手”的小偷

一个职业小偷经常混迹在公交车上作案，且频频得手。这一天，他再次挤上了一辆公交车，他先瞄准了一位穿着时髦的女士，逐渐靠近她，偷了那位女士的钱包，他为自己的顺利得手而暗自得意。等到时髦女士下车后，他又接连偷了一位穿夹克衫的先生和一位白发苍苍的老人的钱包。

这一趟可真是“大获丰收”了，那小偷兴高采烈边想边下了车，然后就躲在一个没人角落里清点他的收获。可是让他失望的是，偷来的三个钱包里总共才不过300元，可是接下来让他又惊叫起来，原来与这三个钱包放在一起的自己的钱包不翼而飞了，那里面可是装着2000多元呢！此外，小偷还在自己的口袋里发现了一张字条，上面写着：“让你尝尝我的厉害，看看你偷到谁头上来了，好好练练吧！”

现在你来猜猜看，那三个人中，究竟是谁偷了小偷的钱包呢？

创新小翘板

时髦小姐。因为如果是另外两个人的话，他们应该连那位小姐的钱包一块偷走才对，就算他们不全偷，他们也不知道究竟哪个钱包是职业小偷的。

139 最后的赢家

在一张3条腿的三角桌上摆放着4个瓶子，如图所示。有3个喜爱射击的朋友想比一比谁的枪法好，他们规定谁能用最少的子弹打倒4个瓶子，谁就是赢家。结果，甲用3枪就射倒了4个瓶子。乙只用2枪就射倒了4个瓶子。最后轮到丙射击，他却只射了一枪，4个瓶子就都倒了，这听起来似乎不可能，但他的确做到了。

那么，你知道丙是怎么射的吗？

甲3枪：

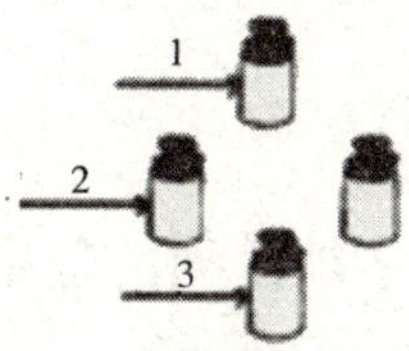

甲2枪：

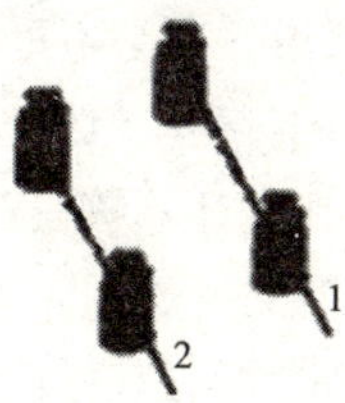

创新小翘板

丙把桌子的一条腿射断了，桌子倒了，桌上的瓶子也自然全部倒了。

140 侦察员招收考试

陆军部队正在招收一名侦察员，为了找到最合适的人选，他们专门设置了一个很特殊的考试。考试的要求是：凡是参加报考的人都会被关在一间条件较好的房间里，每天有人按时送水送饭，门口有专人看守。谁能说服门卫让自己先从房间里出去，谁就可以被录取。

报名的人很多，大家都认为这还不容易吗，于是每个人都胸有成竹地走进在房间里。第二天，每个人都想出各种借口对守门人说要出去。有人说头疼要去医院，守门人请来了医生；还有人说母亲病重，要回去照顾，守门人用电话联系母亲正在上班。其他人也提了不少理由，但守门人都通过各种办法拒绝了他们出去。最后有个人对守门人说了一句话，守门人就放他出去了。而这个人也就成功被录取了。

你知道这个人说了一句什么话吗？

创新小翘板

他用放弃的口吻说：“我不考了！”守门人只好放他出去了。

141 电脑键盘字母排列的秘密

电脑已经成为我们生活中一项必不可少的工具。我们每天都在键盘上敲个不停，或许你注意到键盘字母的排列，但你有想过它们为什么会这样排列吗？

在19世纪70年代，机械工艺还不够完善，但当时已经出现了打字机。肖尔斯公司是当时生产打字机的大工厂之一，因为改进了键盘字母组合的顺序，在打字机业独占鳌头。因为打字机字键的弹回速度较慢，如果打字员击键速度过快就会使两个字键绞在一起，必须很小心才能分开。这样不仅影响了打字的速度，还影响人们工作时的心情。

针对这个问题，肖尔斯公司的设计师和工程师们开始了探讨。就在大家冥思苦想时，一位工程师提议：既然我们不能提高字键的弹回速度，为什么不去降低使用者的击键速度呢？可是这又如何实现呢？这位工程师马上给出了自己的建议，大家听后都拍手赞同。

你能猜到这位工程师是如何做到让使用打字机的人降低打字速度的吗？

创新小翘板

他建议把使用频率较高的字母摆在不怎么灵活的手指下，打字员们的速度就可以在一定程度上降低速度了。由此，“QWERTY”式组合的键盘就这样诞生了。

142 高难度的早餐

老王一家四口人都非常喜欢吃鹌鹑蛋，但每个人对鹌鹑蛋煮熟的程度都有不同的偏好。

这一天，老王家的早餐就是鹌鹑蛋和热汤。但有点麻烦的就是，家里四个人不但对鹌鹑蛋几分熟的要求不一样，就连煮汤时间要求也不相同。老王自己喜欢吃煮了10分钟的蛋和5分钟的热汤；老王的爱人喜欢吃煮了8分钟的蛋和8分钟的热汤；老王的儿子则喜欢12分钟的蛋和6分钟的热汤；女儿喜欢6分钟的蛋和10分钟的热汤。

家里只有一口煮蛋熬汤的锅，但老王还是很快就做好了早餐。那么，要做好能满足一家人口味的鹌鹑蛋和热汤，最少需要花多长时间呢？

创新小翘板

最少需要12分钟即可。先把需要的鹌鹑蛋一起放入锅里煮，根据家里每个人需要的时间长短，在期望的时间为他们夹出鹌鹑蛋和盛出热汤，直到最后到了第12分钟的时候，老王的儿子得到自己喜欢的鹌鹑蛋。这样，一顿早餐就完成了。

143 猜颜色

A、B、C、D、E五人，每个人的前额上都系着一块白色或黑色的圆牌。每个人都能看到系在别人前额上的牌，但唯独看不见自己额上的那一块圆牌。如果某个人系的圆牌是白色的，他所讲的话就是真实的；如果系的圆牌是黑色的，他所讲的话就是假的。他们讲的话如下：

A说："我看见三块白牌和一块黑牌。"

B说："我看见四块黑牌。"

C说："我看见一块白牌和三块黑牌。"

E说："我看见四块白牌。"

根据以上的情况，你能推出D的前额上系的是什么牌吗？

创新小翘板

D的前额系的是白牌。

144 准确的案发时间

一天夜里，一个小区里突然发出一声很响的惨叫声，夜深人静的时候特别刺耳，所以小区里好几家住户都听到了。

第二天一大早，小区里的住户就发现原来昨晚的尖叫是死在花园里受害者的声音。来办案的警察向邻居们了解案件发生的确切时间，就向大家询问听到叫声的准确时间。一位邻居说他是12：08分听到的，另一位老头儿说是11：40分，杂货店的老板说他清楚地记得是12：15分，还有一位王先生说是11：53分。但这4个人家的表都不准确，在这些表里，一个慢25分钟，一个快10分钟，还有一个快3分钟，最后一个慢12分钟。

那么你能帮警察确定作案时间吗？

创新小翘板

这是一个看起来复杂其实很简单的问题。作案时间应该是12：05分。首先可以从最快的表的时间（12：15分）中减去最快的时间（10分钟）就行了。或者将最慢的手表（11：40分）加上最慢的时间（25分钟）也可以得出相同的答案。

145 说谎的村民

有一位旅行家到菲律宾群岛旅行，当到达其中一个风光秀丽的小岛上时，他突然发现自己不小心迷路了。在这里，他精心绘制的地图派不上任何用场，他实在不知道自己该往哪儿走，因为向导地图上压根就没有标出这么一个地方。无奈之下，他只好向岛上的村民请教，这时，他突然想起自己的一位朋友曾经告诉过他，千万不要和岛上的村民说话，因为这里有两个部落，其中一个部落说真话，一个部落说假话。在他正犹豫不决时，一位村民刚好从他身边经过，来不及多思考，他急忙跑上去问，在问明自己要去的地方后，为保险起见，他请求这位村民带自己过去，两人边走边聊，旅行家问道："你是哪个部落的人？""我是甲部落的人。"旅行家记住这位村民的话，然后继续跟着他向前走，半路上，他们遇到了另一位村民。旅行家便请求这位村民去问他是哪个部落的，带路的村民问过之后对他说："他说他也是甲部落的。"此时，旅行家再次想起了朋友的提醒，他就开始疑虑，这个带路的村民到底是哪个部落的呢？

创新小翘板

题中隐藏了一个条件：带路的村民和中途遇到的村民是互不认识的，他们分别是两个部落的人。所以两个人中必然有一个人说真话，一个人说假话。

假设带路的人说的是假话，那就说明他是乙部落的。半路上遇到的村民说的是真话，带路的人问完后说的是："他说他是甲部落的"，但带路人说的是假话，那么，半路上遇到的村民应该说的是"我来自乙部落"。带路的村民也来自乙部落，但两人却互不认识，这种假设显然不成立。

假设带路的村民说的是真话，那么中途遇到的村民说的应该是假话，带路的村民来自甲部落，那么，中途遇到的村民就来自乙部落，带路村民所说的"他说他来自甲部落"，就是真话，而那个人实际上是乙部落的，他说谎了，符合事实，所以带路的村民的确来自甲部落。

146 谁付了假钞

一个商店的服务员发现自己收了1张100元的假钞。并且，当天只有3个熟悉的客人付过钱。这三个客人付的钱分别是：赵先生给他1张100元和24元的零钱，刘先生给他2张100元加19元零钱，李先生给他300元以及74元的零钱。老板知道这个经过后对服务员说，我已经找到付假钞的客人了。

那么，你知道是谁付的假钞吗？

创新小翘板

是赵先生付了假钞。其他两位旅客付2张或3张100元，如果真假钞票混在一起，由于票面颜色深浅不同，值班员很容易就能发现。只有赵给了值班员1张100元的钞票，没有其他钞票对比。所以值班员没有识别出来。所以老板认为赵使用伪钞的可能性最大。

147 谁看了篮球赛

5个朋友都喜欢看篮球赛，但5个人中只有一个人上周看了篮球赛。以下是5个人的对话：

A说：我没有看篮球赛。我上周一次篮球赛也没有看过。D看了篮球赛。

B说：我没看篮球赛。我从篮球场前走过。我读过一篇篮球报道。

C说：我没看篮球赛。我读过一篇篮球评论。D肯定看了篮球赛。

D说：我没看篮球赛。E看了篮球赛。A说我看了篮球赛，那不是真的。

E说：我没看篮球赛。B看了篮球赛。我读过一篇篮球评论。

他们每个人说的三句话中，有两句是对的，一句是错的。根据他们的对话，你知道谁看了篮球赛吗？

创新小翘板

B看了篮球赛。

148 新警察故事

警察甲有两个姐姐，分别是警察乙和律师A，警察甲的女朋友是律师B，律师B有两个哥哥，分别是警察丙和律师C。现在已知，这六个人中，有一个人杀死了另外五个人中的一个，且凶手和死者之间满足如下条件：

（1）如果被害者和凶手是亲戚，那么凶手一定是男性；

（2）如果两者不是亲戚关系，那么凶手一定是警察；

（3）如果凶手和被害者职业相同，那么被害者一定是男性；

（4）如果凶手和被害者的职业不同，那么被害者一定是女性；

（5）如果凶手和被害者的性别相同，那么凶手一定是律师；

（6）如果凶手和被害者性别不同，那么被害者一定是警察；

请问，凶手和死者分别是谁？

创新小翘板

首先，我们理顺题目中的已知条件，警察甲和警察丙为男性，警察乙为女性，律师A和律师B为女性，律师C为男性。满足条件（1）的情况有两种：一、凶手为警察甲，死者为警察乙或律师A；二、凶手为警察丙和律师C，死者为律师B。假设凶手是警察甲，由条件（3）知，死者不可能是警察乙，但根据条件（6）可知，死者亦不可能是律师A，假设不成立。再假设凶手是警察丙，死者是律师B，这下虽然满足条件（4），但并不满足条件（6），假设亦不成立，同理，凶手是律师C，死者为律师B的情况也不成立，可得到结论：凶手和死者一定不是亲戚。

满足条件（2）的情况是：一、凶手是警察甲，死者是警察丙、律师B或律师C；二、凶手是警察乙，死者是警察丙、律师B或律师C；三、凶手是警察丙，死者是警察甲、警察乙或律师A。第一种情况不满足条件（5）、（6），第二种情况中，凶手是警察乙，死者是律师B不满足条件（5），故不成立，而当死者是警察丙时，条件成立。所以，凶手是警察乙，死者是警察丙。

149 赛马会合

有3匹马在同一个赛马场的跑道上赛跑，已知棕色的马能在1分钟之内跑2圈，白色的马能跑3圈，黑色的马能跑4圈。现在这3匹马并排站在起跑线上准备向同一方向起跑，请问，这3匹马同时出发后，再过几分钟，又能并排地跑在起跑线上？

创新小翘板

大多数人可能会毫不犹豫地回答 “12分钟”，但是这并不是最小公倍数的问题。事实上只要1分钟。因为，1分钟后，棕色的马跑完2圈，白色的马跑完3圈，黑色的马跑完4圈，3匹马正好在起跑线上会合。

150 侦探小说家

根据以下线索，你能推断出每个作家的全名，以及与之对应的小说类型和从事小说创作之前的工作吗？

现在已知的线索是：

①亚拉伯罕·马丁是伦敦人，阿奇蓝不姓梅德梅斯，他住在威尼斯；

②科拉迪的小说不是关于医学的；

③阿奇蓝写的历史小说大多设定在第二次世界大战期间；

④姓艾弗里的小说家曾经经营一家餐馆，姓詹姆斯的小说家曾创作出一系列政治小说，内容是一位小人物历经重重磨难成为一位著名政治家的故事。

⑤亚当之前在一家石油公司工作，那位前编曲师写的不是爱情小说。

⑥政治小说的作者从来没当过编曲师或图书管理员。

创新小翘板

根据条件④，詹姆斯写的是政治小说，他不是餐饮老板，不是编曲师，也不是图书管理员，那么，他一定是石油公司的员工，名叫亚当。医学小说不是出自科拉迪之手，也不是出自写历史小说的阿奇蓝之手，那么，它一定是亚拉伯罕·马丁写的。综上所述，科拉迪写的是爱情小说。根据条件①，阿奇蓝不姓梅德梅斯，所以，阿奇蓝姓艾弗里，他以前是位餐饮老板，剩下的科拉迪一定是姓梅德梅斯。现在已知的两种类型的书对应两种之前不同的工作，不写爱情小说的编曲师，一定是医学小说的作者。最后得出科拉迪从事的工作是图书管理员。因此得出答案：①科拉迪·梅德梅斯，爱情小说，图书管理员。②阿奇蓝·艾弗里，历史小说，餐饮老板。③亚当·詹姆斯，政治小说，石油公司员工。④亚拉伯罕·马丁，医学小说，编曲师。

第五章

动态创新——唯一不变的就是永远在变化

151 聚会的麻烦

老赵、老钱、老孙是多年不见的好朋友。算起来，自大学毕业后他们就很少见过面了。这一年，他们终于住到了同一个城市。三个中年人感慨万千，约定以后每个月都要聚会一次。

眼看第一次聚会的日子就要到了，可是三个人都各有着一个特殊的习惯。由于现在正是夏天，阴天、下雨是很常见的天气，问题也就随之而来了。老赵的习惯是在雨天时从来不出门，阴天或晴天都可以出去；老钱的性格比较古怪，他喜欢阴天或雨天出门，天一放晴就非常不愿意出门；而老孙也非常有个性，他最讨厌阴天出去，只有晴天或雨天才肯出门。

这样的情况听起来还真让人有些无奈。现在，如果暂时不知道聚会那天的天气情况，而且假设那天的天气情况一直不变。那么，请你推算一下，他们能顺利地进行聚会吗？应该怎么聚会呢？

创新小翘板

晴天、阴天和雨天三种天气，每一种天气都会有不愿意出门的人，这聚会看起来是不可能的了。但谁也没有规定聚会必须都离开各自的家，也就是说在某一人家里也可以聚会。所以假如是下雨天，老钱和老孙就到老赵家；若是阴天，老赵和老钱到老孙家；晴天，老赵和老孙可以到老钱家。这样一来，矛盾就会迎刃而解，三个老朋友无论在雨天还是晴天都可以如愿以偿地聚会了。

152 涨潮后的变化

在一个夏日的傍晚，一艘名为远航号豪华巨轮缓缓驶入了大连港。这艘满载旅客和货物的轮船刚刚结束了为其十五天的远行，终于回到了起始港口。

随着巨轮靠岸，一条绳梯被从甲板上垂直放下，一直接触到水面。已知绳梯的各条横档之间相距相等，都为35厘米。在水面上方的横梯一共有50条横档。

入夜之后，海水开始涨潮，水位每小时就会上升15厘米左右。

那么，在这些已知条件下，你能计算出在6个小时之后，当海水处于高潮时，仍然处于水面上的横档还有多少条吗？

创新小趣板

即使是在海水涨到高潮时，海面上的横档仍然是50条。这个问题看似是一道计算题，但实际上并不需要计算。因为轮船会随着潮水的涨落而上下浮动，船上的甲板到水面的距离是不会变的，所以，水面以上的绳梯依旧有50条横档。

153 排球比赛中的最佳搭配

两所大学的排球队要举行一场排球赛，每方需要6名队员。其中一所大学的女排教练为了打好这场比赛，他和队员们都做了充分的准备。教练准备从学校12名排球运动员中挑选6个人去比赛。同时，他考虑到比赛时队员间配合默契，对上场队员的最佳配合方案提出了以下8条原则：

（1）1号和3号要么都上场，要么都不上场；

（2）只有4号不上场，7号才上场；

（3）只有8号不上场，11号才不上场；

（4）如果4号上场，则10号不上场，而4号不上场，那么10号就要上场；

（5）除非10号不上场，3号才不上场；

（6）1号和8号两人中，只能上一个；

（7）倘若11号不上场，12号和9号也不上场；

（8）10号和6号也只能上一个。

最终，教练决定7号运动员一定要上场。

那么，根据教练对上场队员的最佳配合原则，在这场比赛中，该由哪几名队员上场呢？

创新小翘板

已知7号是这场必须上场的队员，那么根据原则②可推知4号不上场；4号不上场，又以原则④推知10号必上场；10号上场，又根据原则⑤可推断3号应上场；而原则⑧是“10号和6号只能上一个”，既然10号要上场，6号自然就不能上场了；原则①说：“1号和3号要么都上场，要么都不上场。”现在3号上了场，1号也得跟着上场；1号上场，根据原则⑥，不难推出8号就不能再上场了；而原则③的规定是：“8号不上场，11号就不上场”；原则⑦又规定“11号不上场，12号和9号也不得上场”；另外2号和5号是不受原则约束应该上场的队员，所以，这场比赛，上场的应该是1、2、3、5、7、10号这6名队员。

154 把大南瓜装进小瓷罐里

从前，村子里有一个喜欢捉弄人的李财主。这一天，他无所事事地在自家门口晒太阳。这时恰巧同村的农民老刘头从这里路过，于是那李财主便上前拦住老刘头，说要给他出个难题，如果他能解决这个难题，他就答应给他一两银子，如果没有办法解决，就要让老刘头白给自己家干一个月的农活儿。

老刘头听到这话憨厚地一笑，痛快地答应了李财主的条件。于是李财主一手拿出一个口很小瓷罐，一手掏出一锭银子，说：“你去市场找一个南瓜放进这个瓷罐子里，但两者都不能弄破。如果你能做到，我这一两银子就是你的了。”

农民老刘头一看，这个口小肚大的瓷罐，要放进一个大南瓜，简直是不可能的事情啊！老刘头看着李财主一脸的阴险，忽然急中生智，想出了一个绝妙的主意。老刘头说道：“您给我几星期的时间，到时候我一定能办到。”李财主完全不相信他能有什么办法解决，于是爽快地满口答应。

几个星期过去了，聪明的老刘头果然把放着一整个的大南瓜的瓷罐拿到了李财主面前，李财主非常震惊。

那么，你知道农民老刘头是怎么办到的吗？

创新小翘板

农民找了一个还没长大，正在瓜藤上生长的小南瓜，放进了瓷罐里，然后让它在瓷罐里面生长。这样，大南瓜就轻而易举地装进了瓷罐。

155 袋鼠的生活

袋鼠是一种非常可爱的动物，由于生活在距离我们较远的澳洲，所以我们对它们的了解非常有限。其实，袋鼠是一种脆弱的动物。它们大多生活在原野、灌木丛和森林地带，靠吃草为生。虽然它们过着群居的生活，但由于没有固定的集群，常因寻找水源和食物而汇集成一个较为庞大的群体。

袋鼠在原野上自然也有敌人，老鹰、蟒蛇和人类都有可能捕捉它们。然而对于袋鼠来说，最大的危害莫过于干旱了。在干旱气候严重的时候，幼小的袋鼠很容易就会死亡，母袋鼠则很容易停止孕育。

从上面的描述我们可以得出四项推论：

A.有的袋鼠会选择单独行动；

B.袋鼠常常聚集在一起寻找水和食物等；

C.威胁袋鼠最严重的是人类的捕捉；

D.遇到干旱，袋鼠都会很容易死亡。

不过这四个推论并不都是正确的，你能通过分析，从中挑出正确的一项吗？

创新小翘板

B。题干中已经说了“它们过群居生活”，所以，A可以第一个排除；“对袋鼠来说最大的危害莫过于干旱”，所以C也不对；只是幼小的袋鼠会死亡，而不是所有的袋鼠都会死，排除D；所以，只有B是完全正确的。

156 在商场购物

一个阳光明媚的周末，艾米丽、伊丽莎白、莫妮卡和琳达这四个好朋友相约一起到商场里购物。

她们四个人分别买了一块手表、一本书、一双鞋子和一架照相机。这四样商品分别在一至四层购买，当然，上述四样商品的排列顺序不一定就是它们所在楼层的排列顺序。

现在我们只知道艾米丽是在一层买的东西；手表在商场的四层出售；莫妮卡在二层购物；伊丽莎白买了一本书；而艾米丽并没有买照相机。

现在你能根据上面的这些线索，确定谁在哪一层购买了哪样商品吗？

创新小翘板

想要解决这个问题，就要先从已知条件入手，再逐渐缩小范围。可以得出结论，艾米丽在一层买了一双鞋，伊丽莎白在三层买了一本书，莫妮卡在二层买了一架照相机，琳达在四层买了一块表。

157 水池里有几桶水

一位王爷到一个地方去巡防，当地的一众官员前呼后拥的好生招待。这一天，王爷心情很好，在官员们的陪同下去花园散步。当一行人来到花园里的水池边时，王爷突然心血来潮，想考考这些官员，便对身边的官员们说："你们觉得这水池子里的水有多少桶啊？"大臣们一听，全都面面相觑，没想到王爷会问这样的问题，谁都答不上来。王爷看着众官员们的样子，觉得好笑，便假装严肃地说道："限你们三天时间去考虑，如果回答不上来，你们全都要受到处罚！"

三天的期限很快就要到了，这些官员们还是一筹莫展，不知道该如何测量那水池里有多少桶水。当几个人聚在一位大臣家商量着解决办法时，这位大臣的小孙子听到了他们谈话内容，于是插嘴说："这有什么为难的，我有办法。"大家一听，不相信地问是什么办法，那小孩说："你们带我去见王爷就可以了。"大家一听，觉得这小孩的胆子真是太大了，都不相信他会有什么办法。可是，那位大臣知道自己的小孙子非常聪明，就说："这孩子从小就常常生出常人意想不到的新点子，不如带他去试一试，反正我们也想不出什么好办法来。王爷也不会为难一个小孩子的。"大家只好同意。

三天时间一到，官员们带着那个孩子来到了王爷的住处。孩子的爷爷说："办法我们是真的没有想出来，可我们带来了我的小孙子，他说他有办法。"王爷对这个小孩很好奇，就问："你有什么办法啊？"

“没错，我有办法测出花园池子里的水有多少桶。”那孩子毫无畏惧地答道。

王爷笑着追问道：“那你就说说看，这水池里究竟有多少桶水？”

你知道这个小孩是如何回答王爷问题的吗？

创新小翘板

小孩对王爷说：“我想知道王爷要用多大的桶来装这水池里的水。如果与这水池同样大，那么这水池就能装1桶水；如果桶只有这水池一半大，那么这个水池就有2桶水；如果这水桶只有水池的1/3大，那么，这水池里就有3桶水……”那王爷听到这个回答，哈哈大笑，觉得这孩子太聪明了，重重地奖赏了他。

158 工厂里的出勤安排

有一个羊毛衫加工厂，每当特殊时期的情况下，都会有一套特定的员工出勤的规则。这段时期的规则是这样安排的：

（1）如果A来上班，B必须休息，除非E不出工；若E不出工，B必须出工，而C必须休息。

（2）A和C不能同天出工或同天休息。

（3）如果E来干活，D必须休息。

（4）如果B休息，E必须出工，除非C来上班。若C来上班，E必须休息，而D必须来干活。

为了产品进度需求，工厂的生产必须打破常规，一周七天都要开工。因此，要做出一个安排，使七天之中每天都有一批工人来上班。

按照上述规则，七天中谁什么时候来上班、谁什么时候休息？

创新小翘板

这个问题的关键在于，其实每个人上班的天数不一定一样多。每天上班的人数也不一定一样多。按题目规则分析各种出工的可能情况，得出七天上班人员出勤的安排分别是：AE、ABD、AB、CD、 BCE、BCD、BC。

159 牛奶与水

在学校的实验室里，老师正在给同学们做一个实验。

老师先是拿来两个一模一样的瓶子，在一个瓶子中倒入牛奶，然后在另一个瓶子里则装上相同量的水。

这一步骤之后，老师又用量具从第一个瓶子中取出一定量的牛奶，倒入第二个装水的瓶子中。将其充分搅拌均匀后，再用这个量具从第二个瓶子中取等量的混合液，倒回第一个瓶子中。

一切实验步骤完成之后，老师向搞不清楚状况的同学们提出了问题：请问这时候是牛奶中的水多呢，还是水中的牛奶多呢？

你知道答案是什么吗？

创新小翘板

一样多。第二次取出的水，因为它和第一次取出的体积相等，都设为a。假设这勺混合液中牛奶所占体积为b，那么倒入第一杯牛奶的水的体积为a－b。第一次倒入水的牛奶为a，第二次舀出b体积牛奶，则水里还剩a－b体积牛奶。所以牛奶杯里的水和水杯里的牛奶一样多。

160 犹太商人选助手

一个犹太商人，想找一个助手协助他经商。但是，他要的这个助手必须满足一条，那就是足够聪明。

招聘启事发出三天后，有甲、乙两个人前来联系。犹太商人为了试一试甲、乙两个人中哪一个更聪明一些，就准备考一考他们。

商人把两个人带进一间伸手不见五指的漆黑的房间里进行测试。他打开电灯，把他们带到一张桌子前，说道："这张桌子上有五顶帽子，两顶是红色的，三顶是黑色的。现在，我把灯关掉，并把帽子的顺序搞乱，然后，我们三人每人摸一顶帽子戴在头上。当我把灯开亮时，请你们在最短时间内说出自己头上戴的帽子是什么颜色的。"两个人明白规则后，商人就把电灯关掉了，然后，三个人都摸了一顶帽子戴在头上。同时，商人把余下的两顶帽子藏了起来。待这一切做完之后，商人把电灯重新开亮。这时候，那两个人看到商人头上戴的是一顶红色的帽子。过了一会儿，甲就先喊道："我戴的是黑帽子。"

你知道甲是如何推理的吗？

创新小趣板

甲是这样推理的：如果我戴的也是红帽子，那么，乙就马上可以猜到自己是戴黑帽子（因为红帽子只有两顶）；而现在乙并没有立刻猜到，可见，我戴的不是红帽子。所以甲因为反应更快些，被犹太商人雇用了。

161 谁是窃贼

一天，警方接到了一起报警，有一家小公司的财务室被盗了，保险柜里的现金全部被偷走。警方接到报案后，立刻立案展开了调查。

目前已知的线索又不是很多，只知道当时有甲、乙、丙、丁四个工作人员在场，所以说这四个人都有作案的嫌疑。

然而，经过进一步调查取证，警方发现是这四人中的两个人作的案。警方通过调查和审问，在盗窃案发生的那段时间，找到了如下线索：

（1）：乙和丁不会同时去办公室；

（2）：丁若没去办公室，则甲也没去；

（3）：甲、乙两个人中只有一个人去过办公室；

（4）：丙若去办公室，丁必一同去。

线索就是这么多，那么，你能根据以上线索判断出是哪两个人作的案吗？

创新小趣板

通过上述条件层层推理可以得出，是甲和乙两个人共同作的案。

162 百米决赛

"十一"前夕，一所大学正在举办秋季运动会。今天进行的项目有男子100米决赛，在比赛进行中，跑道上有甲、乙、丙、丁、戊五个短跑运动员，他们已经完全做好了起跑的准备。

在看台上，张明和李磊两人打赌，预测这五名运动员的名次。张明胸有成竹地说："这次比赛名次排序应该是戊、丁、丙、甲、乙。"但李磊却不以为然，说道："根据他们之前预赛中的表现来看，今天的名次排序应该是甲、戊、乙、丙、丁。"

比赛很快结束了，比赛名次表明了一切：张明既没有猜对任何一个运动员的正确名次，也没有猜对任何名次相邻运动员的顺序关系；而李磊要幸运一些，他猜对了两个运动员的正确名次，又猜中名次相邻运动员的顺序关系。

那么，根据上面给出的条件，你能正确推测出五个短跑运动员的名次排序吗？

创新小翘板

根据以上条件，不难推测出，五个短跑运动员的名次是：乙、甲、戊、丙、丁。

163 汤姆家的快钟与慢钟

汤姆家的墙上挂有两块钟表，但由于它们年代久远，两块钟表现在走的都不准了，一个走的比准点快些，另一个则会慢些。

现在我们已知的是，快钟每小时比标准时间快1分钟。而慢钟每小时比标准时间慢3分钟。如果将两块钟表同时调回到标准时间，结果在24小时内，快钟显示10点整的时候，慢钟显示的时间恰好是9点整。

那么，通过这两只钟，你能推算出此时的准确时间到底是几点吗？

创新小翘板

此时应该是9点45分。

由于我们知道快钟每小时比标准时间快1分钟，慢钟每小时比标准时间慢3分钟，则快钟比慢钟每小时多走4分钟。在24小时内，快钟显示10 点，慢钟显示9点，则快钟比慢钟一共多走了1个小时，由此可计算出其所耗的时间为15个小时。快钟每小时比标准时间快1分钟，则15个小时就快了15 分钟，当其指向10点，则真正时间为9点45分。

164 新年聚会

在下个周末，有人组织了一次新年聚会，有5个老朋友约好周末都要参加。但由于大家距离约定地点路途远近不同，他们都不是在同一时间到达约会地点的。我们知道：第一个到达约会地点的不是A；第二个到达约会地点的不是D；B是紧跟在A的后面到达约会地点的；C既不是第一个也不是最后一个到达约会地点；E在D之后第二个到达约会地点。

通过对以上这些条件的分析，你可以推测出他们到达约会地点的先后顺序吗？

创新小翘板

先后顺序是：D、E、C、A、B。由“E在D之后”，可以知道D、E分别是第一、第二到达。由“B紧跟在A后面”得知两个人的顺序是：A、B。由“C不是最后一个到达约会地点”，可以得知这样的顺序：C、A、B。所以，最终先后顺序是：D、E、C、A、B。

165 埋在地下的箱子

小强自小和爸爸相依为命，生活在一个偏僻的小村中。随着小强慢慢长大，迫于生计，他的父亲计划要离开他们生活的村子，外出寻求出路。

离开村子后未来的路是什么样子，谁也不知道。所以有些东西他们不方便随身携带，但也不能丢掉。

于是小强的爸爸就想了个法子，他把这些东西分别装进了两个个密封很好且非常结实的箱子里，然后在家门口数了30步，挖了一个坑，把其中一个箱子埋了进去。然后小强也照爸爸的做法，在家门口数了15步，把另一个箱子也埋了进去。

在外漂泊几年之后，爸爸带着小强回到了家中。房子依旧是老房子，爸爸数了30步，挖出了自己曾经埋下的那个箱子。而小强数了15步去找自己埋的箱子时却怎么挖也挖不出来。他有点着急，难道是被人发现给挖走了？爸爸说你再往回走两步试试，在那里再挖挖看。小强按照爸爸的话做了，果然箱子就在那里找到了箱子。

那么，你知道这是怎么回事吗？

创新小翘板

因为父子二人是几年后再次返回家中，小强已经长大了，步子也变的比从前大了一些，所以他往回走了一段就能找到箱子了。

166 伯爵夫人的名犬

艾尔莎伯爵夫人是伦敦的名流，在上流就会有着一定的影响力。她的兴趣爱好很多，尤其很喜欢养宠物狗。于是，有人为了讨好她，特地从法国买回来一只名贵的长毛牧羊幼犬送给她。伯爵夫人非常喜欢这只幼犬，为了使这只狗变成一流的名犬，与她的身份相符，她决定送它到以训练动物闻名的德国哈根别克大学去接受训练。

一年后，长毛牧羊犬学成后被送回艾尔莎伯爵夫人身边，伯爵夫人迫不及待地想看看这狗训练的怎样。可没想到的是，它连坐、举手等基本动作都没有学会。可之前训练师保证过，说这只狗能够做出主人所下达的所有命令和动作。伯爵夫人为此百思不得其解，你知道这是怎么回事吗？

创新小翘板

从上文中我们得知，艾尔莎伯爵夫人是将小狗送到以训练动物闻名的德国哈根别克大学去接受训练的，所以我们可以得出结论，由于这只小狗受的是德语教育，所以它听不懂艾尔莎伯爵夫人所发出的英文指令。

167 “抢30”必胜法则

在教室里，甲、乙两人在玩“抢30”的游戏。游戏规则很简单：两个人轮流报数，第一个人从1开始，按顺序报数，他可以只报1，也可以报1、2。第二个人接着第一个人报的数再报下去，但最多也只能报两个数，而且不能一个数都不报。例如，第一个人报的是1，第二个人可报2，也可报2、3；若第一个人报了1、2，则第二个人可报3，也可报3、4。接下来仍由第一个人接着报，如此轮流下去，谁先报到30谁胜出。

甲很大度，每次都让乙先报数，但每次都是甲胜出。乙觉得甲之所以让自己先报数，其中肯定有鬼，于是下一轮他坚持要甲先报，结果还是甲胜出。你知道甲必胜的策略是什么吗？

创新小翘板

甲的策略其实很简单，那就是他总是报的3的倍数为止。如果乙先，根据游戏规则，他或者报1，或者报1、2。若乙报1，则甲就报2、3；若乙报1、2，甲就报3。接下来，乙从4开始报，而甲视乙的情况，总是报到6为止。以此类推，甲总能使自己报到3的倍数为止。由于30是3的倍数，所以甲总能报到30。

168 伊索的回答

一个阳光明媚的好天气，寓言作家伊索正在路上一边行走一边思考。这时候，有一位行人上前去向他问路：“请问，到最近的村子还得走多长时间？”

伊索说：“你就向前走吧！”

行人说：“我是要走，但请你告诉我需要多长时间？”

伊索又说了一次：“你就向前走吧！”

行人想，这个人是不是疯子啊，于是不再理他继续向前赶路。

但没走一会儿，伊索便大声地对他喊道：“再过一小时就能走到了！”

行人奇怪地回头大声问：“为什么刚才你不告诉我呢？”

是呀，伊索到底葫芦里卖的什么药。为什么刚才不告诉他，而要过一会儿才告诉他呢？你知道这是为什么吗？

创新小翘板

伊索之所以一开始不告诉他，让他继续走路，是因为他要观察行人走路速度的快慢。所以，等这个行人走了一段路以后，伊索才做出了判断告诉他要用多长时间才能走到目的地。

169 如何分奶牛

在古埃及的一个小村落里，住着一位养奶牛为生的老人。这位老人有3个儿子，他对于这三个孩子都同样非常疼爱，但是由于这兄弟三人各自成家后，家庭状况各不相同，于是，对于遗产的分配，在老人心目中一直是个重要的问题。

老人在临终前留下遗嘱，要把他养的17头奶牛分给3个儿子。他在遗嘱里写明：老大得总数的二分之一，老二得总数的三分之一，老三得总数的九分之一。可是他们怎么分都不对，因为总数17的1/2、1/3、1/9都不是整数，而且按照当地的法律，牛被视为神灵，不能宰杀的。即便是偷偷宰了，按上面算出的数字分配，也会剩下17/18头奶牛。三个儿子很困惑，他们非常尊重父亲的遗嘱，但是却不知道该如何按父亲遗嘱分奶牛。

那么你知道应该怎么分这17头奶牛吗？

创新小翘板

可以先向邻居借一头奶牛，这样牛的总数就成了18头；老大分1/2，可得9头；老二分1/3，可得6头；老三分1/9，可得2头。这样3人就共分去17头奶牛，剩下那头再还给邻居就可以了。

170 哪个儿子有钱

一个老实的农夫，有五个儿子，他们都已各自成家立业。在一个灾荒之年，农夫生活遇到困难，不得不求助于他的儿子们，向他们借些钱来生活。可是这些不孝顺的儿子都说自己也没钱。

农夫并不知道哪个儿子有钱，但是他知道，兄弟之间彼此知道底细，且有钱的说的都是假话，没钱的才都说真话。

老大说："老三说过：我的四个兄弟中，有一个有钱。"

老二说："老五说过：我的四个兄弟中，有两个有钱。"

老三说："老四说过：我们兄弟五个都没钱。"

老四说："老大和老二都有钱。"

老五说："老三有钱，另外老大承认他有钱。"

你能否帮农夫分析一下，他的儿子中哪个有钱？

创新小翘板

没有人会承认自己有钱，因为有钱的人说假话，不会承认有钱，无钱的人说真话，也不会承认有钱。因此，老五说的是假话，有钱，由此可知，老三没钱，说真话。老三所说的“老四说过：我们兄弟五个都没钱”因而是句真话，即事实上老四说过此话，但“我们兄弟五个都没钱”是句假话，因而老四有钱，可进而推知，他所说的“老大和老二都有钱”是句假话，即事实上老大老二两人中至少一人没钱。老大说的不可能是真话，否则老三说的是假话，这和已得到的结论矛盾。因此，老大有钱。又因为老大老二两人中至少一人没钱，所以老二没钱，说真话。

概括起来就是，老大、老四和老五有钱，说假话；老二和老三没钱，说真话。

171 谁参加了运动会

学校举办一年一度的运动会，老师号召大家要积极参与。

现在如果赵明参加运动会，那么钱芳、孙丽和李军将一起参加运动会。那么，以下哪项是正确的？

A. 如果赵明没参加运动会，那么钱、孙、李三人中至少有一人没参加运动会。

B. 如果赵明没参加运动会，那么钱、孙、李三人都没参加运动会。

C. 如果钱、孙、李都参加了运动会，那么赵明参加运动会。

D. 如果李军没参加运动会，那么钱芳和孙丽不会都参加运动会。

E. 如果孙丽没参加运动会，那么赵明和李军不会都参加运动会。

创新小翘板

E。从“如果赵明参加运动会，那么钱芳、孙丽和李军将一起参加运动会”，并不能导出赵明不参加运动会会怎样，所以AB都不对，条件是个充分条件，但并不是必要条件，所以钱、孙、李都参加了运动会，并不代表赵明要参加，所以C不对；李军参不参加和钱芳、孙丽并无联系，D不对，看E，如果孙丽没参加运动会，说明赵明一定没参加，因为“如果赵明参加运动会，那么钱芳、孙丽和李军将一起参加运动会”，所以“赵明和李军不会都参加运动会”是正确的。

172 哪个时间准确

六月二十三号是小方的生日，在今年的这天，爸爸老方买了一只表送给儿子小方做为生日礼物。小方非常高兴，因为这是他人生中拥有的第一块手表。

小方拿到手表第一件事就是想确定一下时间，他先是用手表和自己卧室里的闹钟比较，发现手表每小时要慢1分钟。小方想，新买的表不可能时间不准的，也许是闹钟的问题。于是，小方又拿着闹钟去和电视上播出的时间对比，结果发现闹钟比电视上的标准时间要快1分钟。小方高兴地告诉爸爸说自己的手表时间很准。老方问他怎么知道的，儿子得意地解释了自己得出结论的原因：因为手表比闹钟慢1分钟，闹钟比标准时间快1分钟，所以我的手表时间很准啊。老方听了微微一笑，让小方再好好思考一下，手表的时间到底准不准。

那么你认为儿子小方的结论是正确的吗?

创新小翘板

实际上，小方的想法是错误的，新买的手表走得并不准。因为闹钟快的那1分钟是标准的一分钟，但手表快的那1分钟却不是标准的一分钟，它是以不准确的闹钟的时间为基础的，所以新买的手表走得不准。

173 4个人买衣服

又到了换季的时候，虽然男人们十分懒得逛服装店，但单身汉们，还是要自己动手去为自己添置一些新衣物。欧文、威尔森、特纳和豪森四个人一起来到一家商店选购衣服，这家商店卖很多不同品牌的服装。

售货员介绍道："在我们的夹克衫中，一共有四个品牌。菲尔斯牌每件90美元，丽尼丝牌50美元，齐亚菲牌100美元，艾薇尔牌95美元。"

四个人听了售货员的介绍，经过一番挑选之后，最后4个人分别买了不同品牌的夹克衫。买完后，他们高兴地聊起来。

欧文说："我这件衣服花了90美元。"

"是吗？"买了齐亚菲牌的人说，"我买的比豪森那件价钱要贵。"

"我选择的是最便宜的一种。"另一个对威尔森说。

“而我买的这件比你买的价钱要低一些。”豪森告诉威尔森。

根据上述对话，你可以判断一下他们4个人分别买的是哪种牌子的衣服？

创新小翘板

通过分析对话，可以得出结论，欧文买的是“菲尔斯牌”，威尔森买的是“齐亚菲牌”，特纳买的是“丽尼丝牌”，而豪森买的是“艾薇尔牌”衣服。

174 樟脑丸揭露谎言

在S城的一个小镇里，居住着的一个年迈的富翁。这位富翁的妻子早已经去世了，身边只有一个独生女儿。老富翁非常爱自己的女儿，将其视为掌上明珠。

直到有一天，这样平静安详地生活被打破了。富翁的女儿被人绑架了，绑匪向富翁索要巨额钱款，富翁毫不犹豫地答应了。但凶残的绑匪没有遵守约定，最终还是杀害了富翁的女儿。直到数日后，女儿的尸体才被附近一幢别墅的户主发现。

在警方调查中，这个别墅的户主对办案警察说：“我是做船务生意的，经常外出。我爱人和孩子在国外，这里大概有两年多没住人了。昨晚我才返港，早上特地来这里取一些衣服，打算寄给我爱人。没想到，在衣柜内竟发现了这具女尸。不过，绑匪似乎对这里的环境很熟。我希望能尽早查个水落石出！”

警方听完这个人的供词后，又将衣柜检查了一遍，发现衣柜里放了不少樟脑丸，负责调查的警察什么也没有说，随即逮捕了别墅户主。

你知道这是什么原因吗？

创新小翘板

因为衣柜里放有樟脑丸。如果真像别墅主人所说，两年已没有在这里住过，那么放在衣柜内的樟脑丸早已挥发完了，可见别墅户主在撒谎。

175 不在场的骗局

盛夏的一天，已经退休的侦探比尔去未来城会见朋友，途中经过郊外的一片荒野时，他在一株枯树上发现一个被捆绑着的牧马人，比尔想上前去解救那人，但发现他已经死了。

牧马人的嘴里塞着东西，脖子是用三根牛皮条捆住的，显然是由于脖子被勒住后窒息而死的。比尔解开绳子，把尸体放在马上，运到了未来城的警局。经法医检验，牧马人死亡时间是当日下午4点钟左右。警察立即展开调查。

第二天，一名警察就逮捕了一名杀害死者的嫌疑犯。但是，经过调查，这个人从昨天中午到死尸被发现这段时间一直在未来城里，并且有人证明：他一步也没离开未来城。因为有不在场的证据，尽管嫌疑很大，也不得不释放。

办案警察陷入了调查的困境，再次找来比尔询问当时的情况。比尔从警察那里得知了有个嫌疑人由于有着充分的不在现场证据而被释放。于是便对警察说："警官先生，所谓罪犯不在现场是一个骗局。牧马人一定是被嫌疑人杀害的。并且罪犯是单独犯罪，没有同案犯。"聪明的比尔只用了三言两语，便使整个案件真相大白。

那么，比尔是如何判断牧马人被嫌疑人杀死的呢？

创新小翘板

罪犯是在上午把牧马人绑在枯树上的。那时，被害者还没完全窒息，罪犯是用湿的生牛皮捆住被害者的脖子后扬长而去的。湿牛皮在夏天太阳的照射下，逐渐干缩，直到勒紧牧马人的脖子，使其窒息而死。

176 圆桌上的位置

周末，几个邻居在一起打桥牌。史密斯夫妇、布朗夫妇和格林夫妇以相同的间隔围着一张圆桌就坐。各家的男人们都没有坐在自己妻子的旁边，但是每一位女士的两旁又都坐着一个男人。

三位男子和他们妻子的名字分别是汤姆、狄克、哈里、南希、琼和玛丽（不完全按相应的次序）。男人们的职业分别为建筑师、政治家和机匠（也不按相应次序）。

狄克和史密斯先生，常同建筑师的妻子和格林夫人一起打桥牌。机匠是个独生子，坐在玛丽的左边。政治家的座位离南希座位比离布朗夫人座位近一些。哈里是建筑师的内兄弟，他坐在他唯一的妹妹的右边。建筑师没有姐妹。

请你根据以上的信息推断出三位男子各人的职业、三对夫妇各人的名字以及他们在圆桌旁的位置关系。

创新小翘板

如下图所示。

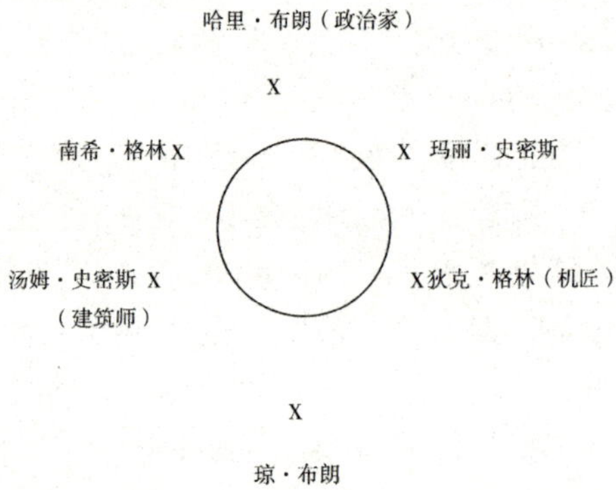

177 谁养鱼

在一条街上，有5座房子，每座房子的屋顶都喷了不同的5种颜色，每个房里住着不同国籍的人，而他们每个人都喝不同的饮料，抽不同品牌的香烟，养不同的宠物。

现在已知下面信息：

1、英国人住红色房子；

2、瑞典人养狗；

3、丹麦人喝茶；

4、绿色房子在白色房子左面；

5、绿色房子主人喝咖啡；

6、抽Pall Mall 香烟的人养鸟；

7、黄色房子主人抽Dunhill 香烟；

8、住在中间房子的人喝牛奶；

9、挪威人住第一间房；

10、抽Blends香烟的人住在养猫的人隔壁；

11、养马的人住抽Dunhill 香烟的人隔壁；

12、抽Blue Master的人喝啤酒；

13、德国人抽Prince香烟；

14、挪威人住蓝色房子隔壁；

15、抽Blends香烟的人有一个喝水的邻居。

那么根据这些信息你能推出谁养鱼吗？

创新小翘板

是德国人养鱼。

推算如下：

颜色 黄 蓝 红 绿 白

国籍 挪威 丹麦 英国 德国 瑞典

饮料 水 茶 牛奶 咖啡 啤酒

香烟 Dunhill Blends Pall Mall Prince Blue Master

宠物 猫 马 鸟 鱼 狗

178 乌龟的逻辑

龟兔赛跑的故事人尽皆知，这让古往今来的乌龟感觉颜面尽失。这一天，一只乌龟不巧又遇到了一只兔子。于是，乌龟便和兔子争论起谁跑的更快这个历史遗留问题。

乌龟对兔子说：你每秒跑10米，速度是我的10倍。但在比赛中，如果我在你前面10米远的地方，当你跑了10米时，我就向前跑了1米；你追我1米，我又向前跑了0.1米；你再追0.1米，我又向前跑了0.01米……以此类推，你永远要落后一点点，所以你别想追上我了。

兔子听了乌龟的话感觉莫名其妙，兔子怎么可能追不上乌龟呢？但是乌龟的分析貌似也有一定的依据，这让兔子一时间对自己都产生了怀疑，那么，如果让你来分析一下，你觉得乌龟说得对吗？

创新小翘板

乌龟的说法实际上是完全错误的。这是因为，乌龟只看到了速度和距离，却没考虑到时间的问题。它忽略了兔子只需要用10/9秒的时间就能与乌龟相遇，然后，兔子就可以飞快地跑到乌龟的前面去了。

179 夏日绑架案

一个炎炎夏日，双目失明的富家少女樱子被人绑架了。所幸的是，绑架犯并未对樱子进行人身伤害，只是索要了一批赎金后就将樱子放了。第三天，樱子平安回到了家里，樱子的父母马上报了案。警察向樱子询问绑架犯的情况，她只能靠感觉来回忆当时的情况，她说绑架犯似乎是一对年轻夫妇，自己当时被关在海边的一间小屋里，并且像是在小屋的阁楼里，她能听到海浪拍岸的声音，还能感觉到潮水的湿味，双手被捆着，天气比较炎热，但到了夜晚能感觉到一点点凉爽的风吹来。

警察立即派人到海边调查，经过一天的搜查，却找到两间小屋。这两间小屋相距不远，且主人均是一对年轻夫妇，不同的是一间小屋的窗户朝北，另一间朝南。如果能确定是哪一间小屋，那么自然就可确定绑架犯了，可如何才能确定她被关在哪里呢？警方一筹莫展，只能去找名侦探亚瑟。亚瑟根据了解到的情况，作出了如下判断：

（1）少女被关的两天都是晴天，而且一点风都没有。

（2）海岸北面对着丘陵，南面是大海。

那么，少女被关在哪一间屋里呢？

创新小翘板

根据少女所说“夜晚有凉风吹来”可判定少女被关在窗户朝北，即面对丘陵的那间小屋里。因为在海岸上，每逢夜晚，陆地上的气温要比海岸上的容易冷却，丘陵上冷却下来的凉风就从丘陵流向海上，因此朝北的窗户能感受到阵阵凉风。反之，白天时陆地升温快，海水升温慢，凉风就从海上吹来。在早晚气温相同的时候，海岸上就处于无风状态了。

180 巨额财富

劳尔是一个精明的美国商人，近来在中东地区淘金致富。他巨额的财富很快被当地的劫匪团伙盯上了，当地政府根本不理会外国人的死活，因此他只能依靠雇用私人保镖来防止劫匪对他造成的损失。

劳尔本人深居简出，依靠现代通讯技术远程操纵下属经营业务，并通过邮递系统处理文件。为了保证安全，他平时除了在别墅的院子里慢跑、游泳和练习枪法，就再也没有其他的活动，也极少在别墅里举行社交宴会。

后来，他终于受不了这种牢笼般的生活，决心回到美国。他委托律师、评估师帮他卖掉了公司。但由于他无法信任当地的银行，便雇用安保公司将现金押送到别墅里。在金钱的诱惑下，他雇用来的当地保镖们开始叛变了。他们不再听劳尔的差遣，开始在别墅里寻找那些现金美钞。他们根本不担心劳尔会告发他们，因为当地警局早和他们串通一气。

然而，精明的劳尔还是在众目睽睽之下转移了现金，并通过当地的产业协会和美国使馆的帮助回到了家乡。

那么，你知道劳尔的财富，都是怎么转移的吗？

创新小翘板

钞票是纸质的，因此它既能以钞票的方式运送，也可以以一般纸张的方式运送。既然劳尔经常通过邮递系统来收发文件，那么他自然也可以用相同的方式将现金以纸张的形式分批邮寄出去。事实上，他正是采用了这种方式转移的财富。

181 牛犊交易

从前有一个养牛的商人，起初他只有几头牛。他利用这些牛产奶、繁殖、贩卖牛皮，慢慢的，他的养殖场的规模发展得越来越大，生意越来越好。

这一年他的养殖场又扩大了规模，他着手贩卖牛犊的生意。这位商人十分聪明勤劳，一天下来他的生意情况是这样的：先用60块钱买了一只牛犊；之后用70块钱卖掉这只牛犊；紧接着再用80块钱买回这只牛犊；又用90块钱卖了这只牛犊。

你觉得商人这样一次次的买进卖出意义大吗？能赚到钱吗？如果能那么请你算一算，他在这只牛犊的交易中赚了多少钱？

创新小翘板

在这桩生意中，商人一共赚了20元钱。直观看来，这样的交易有些麻烦。不过我们可以把问题换个形式，看看这个账该怎么算。先用60块钱买进一匹白马，又用

70块钱卖掉这匹马。再用80块钱买进一匹黑马，又用90块钱卖掉这匹黑马。现在问题大概很容易想清楚了。牛犊贩子在这笔交易中一共赚了20块钱。

182 古董投资

知名的古董商埃尔文几年前还是一名默默无闻的职员，不过他对古董收藏似乎怀着一种深深的热爱。后来，他得到了贵人相助，做起了古董生意。

埃尔文非常有天分，并且精明能干，做古董投资这一行如鱼得水，每一次投资都屡屡得利，生意做得顺风顺水。

有一天，他买到了一个铸铁的喷水龙头：上面有一只鳄鱼，嘴里吞着一只龟。他对这件绝妙的艺术品一见倾心，马上支付了90%的“账面”价值。第二天，一个收藏家看见这件艺术品后，立刻就喜欢上了，他表示愿意支付高出他25%的价格将其买下。埃尔文毫不犹豫地答应了，这样只经过简单转手，他就从这笔交易中赚了105元。

那么，你能根据以上的信息推算出这件诱人的古董的账面价值吗？

创新小翘板

90%的账面价值与125%的账面价值之间差了35%。因为35%相当于105元，所以1%就是3元。因此，原账面价值就等于300元。

183 四口之家的年龄

山田家是公认的幸福家庭，他们在市区有着很大的房子，山田先生和太太有着稳定的工作，家中的一双儿女聪明乖巧。这样的四口之家简直羡煞旁人。

山田家家庭成员的具体年龄情况是这样的：山田先生比山田太太大3岁，家中的孩子姐姐比弟弟大2岁。我们已知四年前，他们全家的年龄和为58岁，而现在是73岁。那么，请问你可以计算这个家庭现在每个人的年龄分别是多少岁吗？

创新小翘板

父亲34岁、母亲31岁、姐姐5岁、弟弟3岁。73−58=15≠4×4，我们知道四个人四年应该增长了4×4=16岁，但实际上只增长了15岁，这说明在4年前，弟弟还没有出生，那么弟弟今年应该是几岁呢？可以这样想：父亲、母亲、姐姐三个人4年增长了12岁，15−12=3，3就是弟弟的年龄。然后很快能得到姐姐是3+2=5岁，父母今年的年龄和是73−3−5=65岁，根据和差问题，就可以得到父亲是（65+3）÷2=34岁，母亲是65−34=31岁。

184 谁偷走了名画

秋季的一天，凯文警探接到报案，说美术馆的一幅毕加索的珍藏版抽象画被盗了。这还了得，那可是世纪珍品呀！凯文警探火速赶到现场。

经过仔细检查，凯文在墙上悬挂的丢失了画作的画框下面发现一丁点废弃的纸屑，他正望着它发呆时，一只苍蝇在耳边嗡嗡掠过。凯文没去理会它，而是立即召来昨晚值班的四位管理员，进行一一询问。四位管理员的证词如下：

管理员甲说："我整理完馆内的资料以后，就离开了。"

管理员乙说："昨晚一做完清洁工作，我就回家了。"

管理员丙说："昨晚可真倒霉，给客人送咖啡时不小心弄撒了咖啡，还烫伤了手。客人走了后，我就离开了美术馆。"

管理员丁说："昨天我就没来上班，因为我请假了；我请假是因为我的妻子，她最近在住院。"

四人都说自己是清白的，但是其中必有一人说谎。根据四人的证词，凯文警探很快就抓到了窃贼。

请问，谁最有可能偷走了毕加索的名画呢？

创新小翘板

根据以上条件，不难判断出是管理员丙偷的。他偷了画后，想用卫生纸揩掉自己的指纹，但时间仓促，他还是露出了马脚，那画框下面发现的一丁点废弃的纸屑就是明证。为什么能够判断这纸屑是他丢弃的呢？因为秋季的时候苍蝇是很少的，一只苍蝇在周围飞舞，说明它发现了"食物"，只有管理员丙丢弃的卫生纸上才可能招来苍蝇，因为他的手上有残留的咖啡，而咖啡中含有糖分。

185 消失的一元钱

有3个朋友一起外出旅游，傍晚来到一家小旅馆投宿。由于这间旅馆房源紧张，他们一起要了一间三人房间，标价是一晚30元。于是，他们3个人每人掏了10元交给了服务员，让他去登记房间。

过了一会儿，这家旅馆老板说今天恰好有优惠，只要25元就够了。于是又拿出5元让服务生去退还给他们。可谁知道，那不诚实的服务生却偷偷藏起了2元，然后把剩下的3元钱分给了那三个人，每人分到1元。

这时候，有一个很奇怪的问题出现了。因为这样算来，一开始每人掏了10元，现在又退回1元，也就是每人只花了9元钱，3个人每人9元，一共就是 27 元，再加上服务生藏起的2元也只有29元，那么还有一元钱去了哪里呢？

3个人每人9元是指他们花出去的钱，共27元，他们现在自己手里有3元，这两者之和为30元。在他们花出去的27元中，老板拿了25元，服务生拿了2元。

186 看书的嫌疑人

这天傍晚，纽约市花园酒店的经理迈尔斯先生接到警方的电话，请求他协助抓捕通缉犯。原来，一个国际甲级通缉犯今日已经抵达纽约，使用伪造的证件入住了他的酒店。

经理积极配合警方工作，提供了最近几日入住酒店的客人的所有资料。警方仔细查阅资料后，锁定了三位符合通缉犯的体态特征的男子。他们分别是来自东京的山田、南非珠宝商洛克以及来自英国的牧师布朗。

一波未平一波又起，这一天，酒店有了新情况：有位客人发现自己放在房间里的现金不见了，于是就报了警。警察马上开始调查，当然山田、洛克以及布朗都被列入了重点调查范围。

在等待警察录口供的时候，布朗坐在休息室的椅子上，从左向右阅读着一本书，借此打发时间。书是用希伯来语写成的，看上去他读得很认真。

谁知警察看到布朗在看书，二话没说就把他带回了警局进行审问。这一审问不要紧，警方发现布朗的证件全都是伪造的，他就是他们要捉拿的通缉犯。

你知道警察是怎样看出破绽的吗？

创新小翘板

希伯来语是从右向左书写的，所以看希伯来语写的书，也应该是从右往左看。但布朗却是从左向右读，可见他根本就不懂希伯来语。由于做贼心虚，他假装看书，而且还装作看书入了迷，却不知这样反而一下子就让他露出了马脚。

187 定时炸弹

谍报员默克躺在床上准备休息时，听到了床下的滴答声，他探头一看，发现床下安放了一颗接在闹表上的定时炸弹，可把他吓了一跳。他猜想一定是白天特务潜进来放置的。再看那炸弹上的闹表，只见定时指针正指着8点15分，距离爆炸时间只剩5分钟！

闹表和炸弹被用黏合剂固定在地板上，根本取不下来，所有的线都被穿在铝带中用黏合剂牢牢粘在地板上，根本无法用钳子取下剪断。闹表的后盖也被封住了，真是个不留丝毫空子的老手。这是一幢6层小楼，他一个人自然能逃离了事，但如果爆炸，必将给楼里居民带来生命危险和财产损失。因此，受过严格训练的谍报员还是极力使自己镇静下来，他用指尖轻轻敲动闹表字盘的外壳，发现外壳是透明塑料而不是玻璃制的，轻易也不容易取下来，万一不小心，还会接通电流，引爆炸弹。他思索了一会儿，突然计上心来，在炸弹即将爆炸的前一分钟将其解除。

那么，你知道谍报员用的什么方法吗？

创新小翘板

这时候，只要让表停下来即可。他用打火机将闹表字盘的外壳烧化，再用速干胶从空缺中伸进去将表针固定住。只要表针不动，它永远到不了8点15分，也就不会爆炸。

188 公交车上的乘客

这一天是周末，马腾腾准备去图书馆看书。他在公交车站乘坐了一辆很有意思的公交车。这辆车只在起点站的时候让乘客上车，而在中途只能下车不能上车。马腾腾上车的时候，公交车上人非常多。在第一站停靠时，公交车上下了所有乘客的1/6，第二站下了剩下乘客的1/5，随后的几站分别下了余下乘客的1/2、3/4和2/3，最后这辆公交车上到终点站还剩3个乘客。

那么，根据这些条件，你知道马腾腾乘坐的这辆车一开始共有多少个乘客吗？在每个站又各下了多少人？

创新小翘板

车上原有108个乘客。第一站下车的人数为18个，第二站下车的人数为18个，第三站下车的人数为36个，第四站下车的人数为27个，到终点站前最后一站下车的人数为6个。

189 运马

牧马人阿郎一共有4匹马，每一匹都是他的宝贝。这其中有1匹马，是他最骄傲的伙伴。因为它的身体素质极好，从A地跑到B地，只需要花1小时的时间。而其他的3匹，则分别要花2小时、4小时和6小时。

现在，阿郎面临着一个问题。他要将这4匹马都从A地带到B地，但阿郎一次只能带2匹，剩下的2匹要留在原地；然后由B地骑一匹回到A地，剩下一匹马留在B地。如此来回，阿郎想把这4匹马全部从A地转移到B地去的话，至少要花多长时间？

创新小翘板

想要把这些马全部转移到B地的话，至少需要3个小时。阿郎只要来回两趟半即可完成迁移的工作；在这期间只要回程选择脚程快的马即可。如此一来，回程只需

1小时和2小时即可。

190 13片花瓣

从前有一对好朋友，他们一起徒步穿行森林去旅行。在穿越森林途中，他们遇到了一名仙女。

仙女从身后拿出一朵花来，对两个人说：“这朵花有13片花瓣，现在给你们轮流摘去花瓣，一个人可以摘去一片或者相邻的两片，谁摘去最后的花瓣就是赢家，他将得到一笔财富。”仙女刚说完，一个人就抢过了那朵花，想要先发制人，迫不及待地想得到仙女说的那笔财富。

而另一个人很聪明，他并不着急行动。而是思考了一下后，知道只要按照一种方式，就可以在这个游戏中获胜。

那么你知道是先摘花瓣的人会赢，还是后摘花瓣的人会赢呢？那个人用什么方法保证自己获胜呢？

创新小翘板

后摘的可以获胜。如果先摘取者摘了一片花瓣，那么后摘取者在花瓣的另一边摘去两片花瓣；如果先摘取者摘了两片花瓣，那么，后摘取者在花瓣的另一边摘去一片花瓣。这时，剩下10片花瓣，而且，后摘取者在第一次摘时保证在摘取后，剩下的10片花瓣分成两组，并且这两组被上轮摘取的3个花瓣的空缺隔开。在以后的摘取中，如果先摘者摘取1片，后摘者也摘1片；如果先摘者摘了2片，后摘者也摘2片。并且摘取的花瓣是另一组对应的位置，这样下去，后摘者一定可以摘到最后的花瓣。

第六章

改革创新——最难革的命是自己的命

191 爱迪生的工具

爱迪生有一次到斯坦福大学给学生们作演讲，演讲主题是“工具时代人类的快速应变思维能力。”

爱迪生为了让大学生明白工具时代的特质，他向大家提出了一个问题：空中有两只燕子一前一后地飞着，你怎么样才能一下子把它们捕捉住？

听到这个问题学生们先是一愣，因为他们有些搞不懂一位大科学家提出这样的问题的用意。不过片刻之后，他们很快展开了讨论。

讨论结束，爱迪生示意大家发言。学生们你一言我一语地提出了各种想法，比如：用大网、用猎枪、用麻袋……说什么答案的都有，可是大家都认为这些方法都难以实现一下子就同时捕捉住两只燕子。

爱迪生微笑着听完了大家的所有想法，最后，他微笑地对学生们说：“这道题其实需要大家打破常规，突破思维枷锁去找到办法。我的题目要求是把两只燕子都捕捉住，并没有说一定要抓在手里或其他什么东西中，因此，只要借助特定工具，就能把两只燕子一下子‘捕捉住’，既轻巧又省力。”有些聪明的学生立刻就明白了，露出受到启发的满意的表情。

那么，你知道爱迪生指的是什么特定工具吗？

创新小趣板

爱迪生给出的条件是“没有说一定要抓在手里或其他什么东西中”，所以，他指的是用照相机拍照的方法，这样就能一下子轻松地“捕捉住”燕子了。

192 把长管子带上飞机

一位工程师要坐飞机出差，他需要随身带一根非常重要的特殊材料制成的管子。可直到工程师要登机的时候，才知道这家航空公司规定随身携带的行李长、宽、高都不准超过1米。而这位工程师所带的这根管子直径虽然只有2厘米，但长度却有1.3米，显然长度是超过航空公司规格的了。这可怎么办呢？

工程师有些焦急，临时办理托运肯定是来不及了，即使托运他也担心这根管子被压断。因为这根管子是一个很重要的实验材料，完全不能有一点损坏，所以他一定要随身携带才行。

眼看着飞机就要起飞了，情急之下，工程师突然想到了一条妙计，并顺利地把这根管子带到了飞机上。他既没有损坏管子，又没有违反航空公司的有关规定，

你知道这位工程师想到了一条什么样的妙计吗？

创新小翘板

这个工程师向乘务人员要了一个长、宽、高均为1米的货运纸箱，然后再将管子斜着放了进去，因为1米的立方体其对角线长刚好超过1.3米，这样就能顺利地把管子带上飞机了。

193 一个特别的游戏

甲、乙、丙三个人准备一起玩一个特别的游戏。这个游戏的特别之处在于，参与游戏的三个人，每个人都要暂时“失去”一种感觉。

游戏开始了，甲被蒙住了眼睛，什么也看不到；乙被贴住嘴巴，不准说话；而丙则被塞住耳朵，什么也听不见。

现在，游戏开始。游戏规则是要让甲、乙、丙三人同时开始行动。但问题是，如果用喊的方式，塞住耳朵的丙听不见；如果用摇旗子的方式，眼睛被蒙住的甲又没办法看见。这可怎么办呢？那么你知道该用什么方法才能让甲、乙、丙三个人都知道游戏开始了吗？

创新小翘板

其实想让三个人同时知道游戏并不难。不要忘了，除了听觉、视觉外，还有触觉，他们三个人还有触觉。所以，这时候就要好好利用触觉，一边喊“开始”，一边同时拍打三个人，这样三个人就会同时收得到口令了。

194 王子讨地

在古代欧洲，两个国家之间发生了一场战争，其中的一个小国被另一个国家灭亡。国王和王后为了让王子先逃走，都被侵略者杀害。年轻的王子为了保存实力，强忍住心里的悲伤，带领一些武士突围出来后，逃到了一个不知名的海岸。然而这片海岸是归一个当地的部落管辖，他们要想在这里生存下去，必须得到部落酋长的同意。

年轻的王子带着身上仅有的一些金币，去拜访酋长，希望从酋长那里要一点土地能让他们在这里生存下去。可是傲慢的酋长并没有把这点钱放在眼里，他轻蔑地说道：“才这么一点儿金币就想买我们的土地？那你只能买下用一张牛皮所圈出的土地。”王子和武士们听了都难过起来，以为无法在这里生存下去了。可是聪明的王子并没有灰心，他想到一个好主意，最后真的用一张牛皮划出了供他们生存的土地。

你知道王子用了什么方法得到了自己想要的土地吗？

创新小翘板

王子向酋长买来一张牛皮后，用小刀把它割成细细的牛皮条，然后把这些牛皮条一条条都连接起来。接着，在海岸上选好一个点作圆心，以海岸线作直径，在陆上用牛皮绳圈起了一个半圆来。而这个半圆已经足够他们生存下来。

195 移动卡片

如下图所示，盒子里放有印着○和×记号的卡片各3张。卡片的大小、形状完全一样。盒子中间空出了一张卡片的位置，这6张卡片可以自由地在盒内滑动。

请问：能否将这3张卡片的位置彻底对调？要求是既不能将卡片从盒内取出，

也不能损坏盒子。解答时请尽量拓宽思路，不要仅限于移动卡片这一条思路。

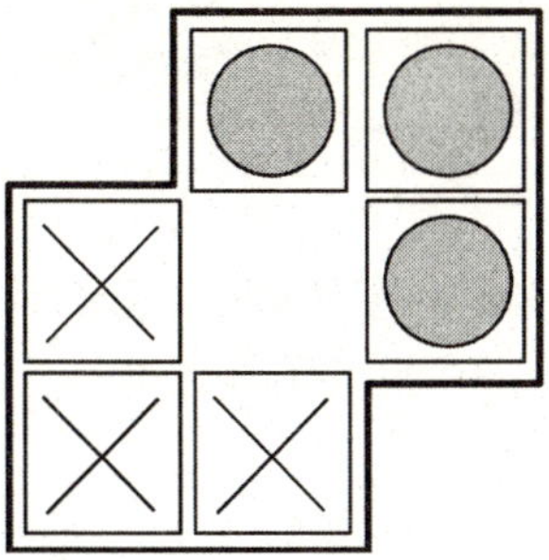

创新小翘板

要完成这道题，移动卡片显然是很复杂的。所以题中提示了我们不要限于移动卡片这一条思路。那么，寻找一下解决问题的其他途径吧，你会发现最简单的方法：将盒子转换180度即可。

196 鲍罗奇推广新罐头

鲍罗奇在成为美国大亨之前，是一位食品生产商，以制造罐装食品而著名。有一次，在食品博览会上，鲍罗奇想为自己公司生产的一款新产品“青菜罐头”博得好评，于是他请来很多专家们品尝鉴定。然而，当鲍罗奇刚刚掀开罐头，就瞟见青菜叶里卷着一只小蚂蚱，这肯定是工人们粗心造成的。如果让现场的几位专家发现，那这只微不足道的小蚂蚱肯定会让他的产品声名狼藉。

鲍罗奇趁专家们还没有注意到时，在头脑中迅速闪出一连串的应急办法：向专家们坦诚地解释罐头里出现小蚂蚱的原因；骗说专家们小蚂蚱是一种营养添加物；把小蚂蚱搅到罐底，避免专家们看到；把这一罐故意失手泼掉；想办法再换一罐……鲍罗奇将这些想法过滤了一遍，认为效果都不好。而最终鲍罗奇采用了什么方法来逃过这一次“危机”，你能猜到吗？

创新小翘板

鲍罗奇的目的是想把自己的新罐头产品推广，所以他就以身试法，迅速拿起勺子，舀起卷着蚂蚱的菜叶，快速地送进自己嘴里，同时表现出一副享受的样子说：“这么香的菜，我闻了就忍不住要尝一口！”

197 王冕巧取报酬

王冕是元代的有名的大画家，连明太祖朱元璋都慕名去找过他。然而王冕小时候，生活却是异常艰苦的，由于家里没有钱读书，他小小年纪就只能靠给别人做工为生。

一次，小王冕给当地的一个贪婪的财主家当雇工，财主承诺每月付给他1个银环做工钱。双方谈妥后，王冕开始努力的干活。在第一个月干完后，财主拿出一条7个银环连在一起的链子，对王冕说道：“我这个银环链你每月底取走1个，但不能断开超过两次，不可以违反这条规定，如果违反了，我不但不付钱，还要把以前的报酬都收回。”王冕听了，知道财主在故意为难他，但他并不惧怕，想了想便说：“好的，没问题，就依你提出的条件办。”

转眼，已经过了7个月，王冕顺利地在财主家完成任务，而且每个月也巧妙地按照财主的规定获得了报酬。

那么，你知道王冕是用什么办法每个月取走报酬的吗？

创新小翘板

王冕把银链断开两次成1节、2节、4节这样三段，然后就能以换进换出的方式获得每个月的报酬了。

198 6人均分5个苹果

今天是周末，好不容易得到假期休息的张琳琳邀请了6位朋友来家里小聚。在大餐准备好之前，她想先用苹果来招待他们。

由于一直在张罗大餐，直到朋友们都来了，张琳琳才发现家里只剩下5个苹果了。

这可怎么办呢？谁少分一个都不好，应该每个人都有份。那就只好把苹果切开了，但又不能切成碎块，她希望每个苹果最多切成3块。但给6个人要平均分配5个苹果，任何一个苹果又都不能切成3块以上。张琳琳想了一会儿，突然想到了一个好办法，最终还是把问题给解决了。

你知道她是怎么分苹果的吗？

创新小翘板

张琳琳先把3个苹果各切成两半，把这6个半块分给每人1块。另两个苹果每个切成3等块，也正好是每人能得1块。这样6个人就都平均分配到了苹果，而且每个苹果都没有切成多于3块。

199 巧取滚珠

在一次室内课外活动上，老师给同学们准备了一道动手又动脑的题目。

首先，老师用一段两端开口的塑料软管，在里面塞入11颗大小相同的滚珠，这些滚珠的直径正好能塞进软管中，其中有5颗是黑色的，6颗是白色的，且它们的顺序从左向右是3颗白珠、5颗黑珠，然后又是3颗白珠。

现在，老师让同学们想办法把黑珠先取出来，而且不能切断塑料管，也不能让白珠子先出来。

这可让同学们为难了，在不切断管子的情况下，是没法拿到规定的珠子的呀。不过，这样的疑惑只持续了很短的一段时间，没过多久就有聪明的同学完成了任务。那么，你知道是怎么办到的吗?

创新小翘板

可以把塑料软管弯起来，使两口对接起来，将一端的白珠子挤到另一端，然后黑珠子就到了管口，这样再恢复塑料软管，就可以把黑珠子都取出来了。

200 高难度的乐曲

著名的音乐家莫扎特是一个世所公认的音乐天才，关于他的传奇故事有很多。

据说，莫扎特和他的老师海顿关系很好。有一次，他们师生两人打赌，莫扎特说自己能写一首他能弹而老师却弹不了的钢琴曲子。

作为老师的海顿当然不相信，于是，莫扎特当场很快写完了曲子，随即递给海顿看。

海顿按照曲谱弹奏了一会儿之后，不禁犯起愁来：“我的两只手分别弹向钢琴的两端时，怎么能有一个音符突然出现在键盘的中间呢？我又没有三只手，怎么弹？”

莫扎特笑而不语，走到钢琴前果真弹出了这个音符给老师看。

你能想到他是怎么弹的吗？

创新小翘板

根据题目我们知道，突然出现的音符确实不好弹奏。莫扎特之所以做到是因为，当他弹到那个音符时，便弯下了身子，用鼻尖弹出了那个音符。

201 借力移桥墩

在某座城市的尽头有一片茂密的森林，这年夏天，一场突如其来的山洪冲毁了森林边上的小桥，连钢筋水泥做成的桥墩也被冲到下游去了。山洪过后，大家准备重新修建这座桥。

经过各方面的研究，还是在原来的地方重新建桥是最好的方案，而且桥墩也没有被毁坏。于是大家准备把桥墩拖回来。

森林管理处的工作人员开来了两只大船，准备拖走在下游深水处的桥墩。工人们把绳子系在桥墩上，然后用船拉走，可是桥墩太重了，而且陷在河底的泥沙很深，船已经开到了最大马力，桥墩连动也不动，再增加船只也不大可能，这可怎么办，大家都开始发起愁来。一个老船工望着岸边的沙子，突然想出了个办法，他号召大家重新行动起来，最终把桥墩顺利地拖到了目的地。

你知道这位老船工想的是什么办法吗？

创新小翘板

老船工让工人们先把船开到岸边，装满了沙土，然后把船开到桥墩上方，用绳子将桥墩套牢后，再卸掉两条船上的沙土，借助水的浮力，就可以把桥墩从河底的泥沙中拔出来了，再把桥墩拖到上游就可以了。

202 杨娃卖羊

在一个小村庄里，有一个姓杨的孩子，大家都叫他杨娃。杨娃家里很穷，所以从小就在当地的一个财主家放羊。别看杨娃人小，却很聪明伶俐，从来没有出过什么差错。

这一天，贪婪而狡猾的财主，想要戏弄一下杨娃。他对杨娃说："今天，你带200只羊到镇上的集市去卖，到晚上，把卖的钱和200只羊全部带回来，否则，我扣你的月钱。"

杨娃听到这样无理的要求，知道财主又在使坏，也不跟他多费口舌，便赶着羊群上路了。他边走边想，要怎么样才能把羊群全部带回，又能赚到一些钱呢？

聪明的杨娃很快便想出了一个好办法，按照财主的要求既带回了200只羊又赚了钱回来。财主十分惊讶，又气恼、无奈，又不得不佩服杨娃的智慧。

那么，你知道杨娃到底用的什么好办法完成了这个不可能的任务吗？

创新小翘板

杨娃将羊群赶到集市后，把羊身上的羊毛剪下来卖掉，赚回一些钱来。这样一来，晚上当然就可以把羊一只不少地又赶回来了。

203 实验室里的"司马光"

李梅在英国某名牌大学留学数年，毕业后，在英国另一所大学里的实验室工作。

这一天，她的同事迈克正在向一个玻璃水槽里注水，水流很急，一会儿就要灌满了。于是迈克准备去关水龙头，可偏偏水龙头在此时坏掉了，怎么也关不住，更糟糕的是水槽的出水口也堵住了，一下子也无法疏通。但水要是再流一会儿，就会流到工作台上。而工作台上正在运行的仪器不能停下来，如果水一旦浸湿到仪器，便会马上引起爆裂，里面的化学药品遇到空气后就会燃烧爆炸，实验室瞬间就会变成一片火海。

面对这万分危急的情况，实验室里的人都慌做一团，大家惊恐万分，不知道该怎么办。有人想试图堵住水龙头，但很明显无济于事。水槽里的水位越来越高，死神正在一步步地接近他们。

就在这紧要关头，李梅突然想到了解决办法，她眼疾手快、迅速行动最终使得实验室转危为安，恢复了正常的秩序。

你知道李梅是用了什么样的办法，挽救了整个实验室吗？

创新小翘板

李梅突然想到小时候在国内学到的一篇课文“司马光砸缸”。于是她拿起手边的捣药用的铁杵使劲地砸进玻璃水槽里，水槽底部被砸了一个大洞，水直泻而下。

204 相士巧辨夫人

唐朝镇守江西的千岁王李德诚的妻子美貌绝伦。当地有个相士，此人巧舌如簧，很善于察言观色，见风使舵。

一天，李德诚邀相士喝酒，酒酣耳热时，相士红着眼说：“千岁大人，我看得出你是个有福之人，明贤之主，日后定能创立大业！”

李德诚问：“何以见得？”相士夸口说：“胖瘦高矮，富贵贫贱，小人到眼就能分得清清楚楚。”李德诚只是笑了几声，也没有反驳，心想此人也只有拍马屁的本事而已。

过了几天，李德诚又把相士请来，他指着庭前的5个穿戴一模一样的年轻女子说：“你不是说富贵贫贱到眼便能分清楚吗？你看这5个女子中哪一个是我的夫人？”当然，李德诚知道相士从来没有见过自己的夫人。

相士一看这情形，傻眼了，他哪里有这本事，那天只是酒后夸口，顺便说说的，可李德诚却当真了。他不想让李德诚瞧不起，因此只好赶鸭子上架。他想李德诚的夫人应该是最漂亮的那一个，于是装模作样地走到5个女子面前，反反复复把她们上上下下打量个够，结果实在无法分辨，因为5个女子每个人都有自己的美，相士眼花缭乱没了主见。正在着急时，他突然生出一计，果然辨别出谁是李德诚的夫人。

你知道相士是用什么计策辨别出的吗？

创新小翘板

相士对对李德诚说：“千岁大人，头上有祥云的便是您夫人。”相士话毕，另外四个女子马上好奇地向左边第一个女子头上仰望。而这位女子也好奇地自己抬头向上看，这一切的举动都被相士看在眼里，于是他马上就说出了谁是夫人。

205 朋友女儿的名字

一个晴朗的周末，理查德先生正在公园里散步，恰巧碰到一个老朋友，两个人寒暄起来，理查德说：“打上次见到你，现在都好几年了。”

“是啊。”他的朋友回答说，“自从上次我们见面后不久，我就结婚了，您可能还没见过我的爱人，我们现在都在这里工作，这是我的女儿。”

“啊，是嘛，好可爱的小姑娘，”理查德先生面向那个小女孩问道：“小宝贝，你叫什么名字？”

“我和我妈妈同名，先生。”那个孩子有礼貌地回答道。

“哦，是吗，你也叫埃莉诺啊，这也是我很喜欢的一个名字。”理查德回答道。

现在问题是，理查德先生第一次见到他朋友的女儿，而且也不认识他朋友的爱人，那是如何知道这个小女孩的名字是埃莉诺呢？

创新小翘板

我们都在潜意识里将理查德先生的朋友设定为男士了，实际上，他的朋友正是面前这位女士。这就是即使没有见过她的爱人，也知道孩子名字的原因，他当然知道自己老朋友的名字了。

206 旱鸭子也能游泳

有一天杰克忽然收到朋友艾玛从国外寄来的一封信，信的内容是这样的：“嗨，杰克！今天是我来到以色列的第5天，我去了那里的一个湖痛快地游了一次泳。以前，你们一直嘲笑我是旱鸭子，可我这一次却在水里发挥自如，我发现游泳真的是一种享受。我一会儿自由泳，一会儿仰泳。当我伸展四肢浮在水面上仰望蓝天、白云时，我觉得自己简直就像在人间仙境。我甚至还吸了一口气潜入水下。事后我才知道我的下潜深度已经达到海平面下390米，而我竟然没有使用任何潜水工具。说了这么多，你一定认为我是在撒谎，但我说的是千真万确的……”

看了上面的这封信，杰克一直觉得他的朋友不是在吹牛就是神经错乱了。一个从来不敢下水的人，怎么能突然间就学会了游泳，而且技术还不错呢？这太匪夷所思了，他绝不相信。

那么，请问你认为艾玛是在吹牛吗？她信里说的那些事情是真的吗？

创新小翘板

艾玛在信里说的是真的，因为她去的是死海。死海比海平面本来就低390米，所以只要下潜一点点，就到了海平面以下390米了。

207 违法建筑

舒克家住在略显拥挤的市区，虽然一直想换房子，但一直没有合适的机会，只好凑合住下去。

不过最近他更加苦恼了，因为他的隔壁邻居正在盖房子。这本来无可厚非，但是，隔壁的邻居竟然在建筑地以外的地方竖立起一块很厚的木板，算是违法建筑。舒克上前去告诉那家人不可以在那里竖立板子的。然而那家人很不客气地拒绝了舒克。

邻居的做法确实很过分，舒克感到很生气，就找来很大的一张纸在上面写了“违法建筑”四个字，然后在晚上的时候去贴到了木板上。可是到了第二天，舒克发现木板上的纸不见了，他气得要发疯。

不过舒克很快平静了下来，他又想了一个办法，这一次不管他们怎么样都无法让这四个字消失，除非他们把这块非法建筑移走。你知道舒克是用的什么办法吗？

创新小翘板

舒克自己有一个幻灯机，他做了“违法建筑”四个字的幻灯片，然后用幻灯机打到那块木板上，这样除非移走那个非法建筑，否则都不能让这四个字消失。

208 唐伯虎问路

我们都知道江南四大才子之一的唐伯虎，是一位风流倜傥的翩翩公子，后世流传着许多关于他的佳话。

有一次，唐伯虎这位大画家为了寻找一位他多年未见的画友，多方打听他的消息。他历尽千辛万苦，才打听到画友的下落，原来他的朋友在杭州东三十里外某个小镇隐居。

这一天，他决定去拜访他的这位老朋友。当来到一处岔路口，他发现有左、中、右三条路，不知该往哪条路走。正在这时，唐伯虎看到前面来了一位打着小花伞的姑娘，他想上前去问但又不好意思开口。但见四周又没有第二个人可问，没办法只好硬着头皮向她问路。那姑娘倒是落落大方，看到眼前这个俊秀但又显得笨拙的书生，很好笑。姑娘并不直接回答他的问题，只用花伞在地上写了一个“句”字就走了。

唐伯虎看着地上那个字思索了一会儿，便明白姑娘的意思了。于是他沿着姑娘指的路找到了他的画友。

你知道这位姑娘叫唐伯虎走的是哪条路呢，为什么？

创新小翘板

姑娘给唐伯虎指的方向是“左”。因为“句”是方向的“向”字少了左边一竖，故向左一走就通了。

209 选择谁上车

有这样一个经典的选择题，说的是在一个风雨交加的夜晚，有个小伙子开着车行走在回家的路上。

他经过一个十字路口，路过了一个公交车站。这时候，他看到有三个人站在公交车站那里避雨。其中一个是看上去有重病的老人，需要到医院救治；一个是他熟悉的医生，曾经救过这个小伙子，小伙子一直想找机会报答他；最后一个人正是小伙子心仪已久的姑娘，他不想错过这个和姑娘接触的好机会。

然而生活中充满了巧合和取舍，因为今天小伙子的车上只能搭载一个人。这可让他犯起难来，见死不救不是一个正直的人的所作所为，对于一直心怀感激的人又不得不报答。而那位心仪的姑娘，错过也许就会留下遗憾。面对这样的心里挣扎，到底该如何取舍呢，这样的选择题，实在是难做。

那么，现在假设你是这个小伙子，该怎么办呢？

创新小翘板

有时候跳出思维的定式，也许会有更完美的解决方案。那位小伙子最后是这样做的：他将自己的车交给那个救过自己的医生，让他开车送病重老人去医院，而自己留下来陪着心仪的姑娘等车。

210 情报员的紧急任务

迈克尔是某机关的一名情报员，一天，迈克尔接到一个紧急任务，要求他在2小时内将一份重要文件从A镇送到B镇的另一情报员手中。这段路程如果走着去要3小时，而开车30分钟即可到达。

迈克尔本想开车到B镇，但没想到镇里的3部车都有些故障：一部刹车失灵，一部方向盘既不能向右也不能向左，还有一部根本动不了。临时找人修怕是来不及了。迈克尔检查了一下，每部车都加了刚好够一个来回路程的汽油。他很熟悉A镇到B镇之间的各个路况，有一条很偏僻的路，那里几乎没人经过。迈克尔稍稍想了想，他就开始行动了，他知道自己可以在2个小时内完成任务。

你知道迈克尔是如何把重要文件按时送到的吗？

创新小翘板

迈克尔先将刹车不灵的车子里的汽油抽出一半，然后驾驶该车向B镇开去，等汽油耗尽，车子停下时，然后下车走着去B镇，就可以按时完成任务了。

211 将错就错的新布料

一家织布工厂正在大批生产一种呢子布料。这一天，因为机器出了毛病，生产出来的一批面料上出现了很多白色的小斑点。厂长知道后，大发雷霆：“负责人是谁？必须追究负责人的责任。”经验丰富的刘助理在一旁听了后，马上回应道：“您别急，这事交给我处理。”

刘助理马上到下面的车间找负责人和一些有资历的设计师一起开会，研究如何将损失降到最低。负责人在会上把问题详细地说了一遍，并拿出有问题的一块产品给大家看。

大家看着生产出来的次品一言不发，突然一位年轻的设计师兴奋地站起来："我有办法了！我们可以将错就错。"经过商讨后，刘助理认为这样也可行，或许能发现新的商机。结果这家工厂不但没有因为机器故障造成任何损失，还意外带来了更多的订单。所谓"塞翁失马，焉知非福"也正是这个意思了。

你知道他们是怎么解决这些出了问题的布料吗？

创新小翘板

这些有问题的布匹上面布满了白点，但是使用起来和其他的布匹是一样的，因此他们索性把这批布料命名为"雪花呢"，就当是一种新产品来卖！结果新产品很受欢迎。

212 突破平面思维

瓦特获得了蒸汽机专利以后，从一个大学实验员一跃成为了公司老板，并获得了英国皇家学会的会员资格。

在一次皇家音乐会上，有个贵族以嘲讽的口吻对瓦特说："乐队指挥手里拿的东西在物理学家眼里仅仅是根棒子而已。"

瓦特不卑不亢地回答说："是的，那的确是根棒子。我们都知道用这样的3根棒子，可以组成五个直角。可是我还可以组成12个直角，而你最多不过摆出6个直角罢了。"

这个贵族听了不服气地用3根指挥棒摆来摆去，但始终无法摆出12个直角来。请问瓦特是如何能摆出12个直角呢？

创新小翘板

如果我们只是停留在平面上摆，那是如何也摆不出12个直角来的，所以要突破平面思维，从三维立体思维考虑。如下图所示。

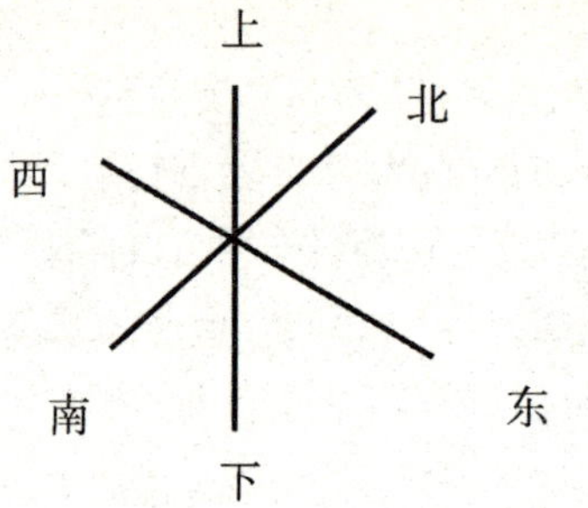

213 陆游开美酒

北宋诗人陆游年轻的时候曾经从军，由于长期得不到朝廷的重用，后来索性就隐居到四川，居住在梓州。梓州是个山清水秀的好地方，文人们常常在这里饮酒对诗，以诗会友。陆游在这里结交了不少诗友。

一天，有一位朋友带了一壶美酒来拜访陆游，陆游非常高兴，准备和好友痛饮一番。可是朋友带来的美酒由于瓶塞塞得过紧，怎么拔也拔不出来，很是扫兴。朋友不想把好好的一个酒壶就这么打破，可是瓶塞拔不出来又无法喝到酒。陆游想找工具试图拔出酒壶的塞子，但都失败。他拿起酒壶仔细端详瓶口，发现这酒壶的塞子是圆柱形的，陆游高兴地对朋友说道：“我有办法打开这瓶酒啦！”果然，不消片刻，陆游就打开了瓶塞，尽兴地和朋友们一起喝起了美酒。

你知道陆游是怎么做的吗？

创新小翘板

既然塞子拔不出来，而塞子又是圆柱形的，陆游就把塞子使劲向下按，将瓶塞按进了酒壶里，这样他们就可以喝到酒了。

214 他究竟走私什么

马克是一名负责入境安检的检查员，在最近的工作中，一个叫鲍勃的人引起了他的注意。

每当他开着车从马克的辖区经过时，都主动配合马克的检查工作。尽管如此，马克一直在怀疑这个人。令他恼火的是，在接下来的几年中，从没有发现鲍勃携带过走私物品，

年复一年，马克快退休了，他指望能在最后的任期里找到鲍勃走私的证据。这天，马克最后一次来到检查站。不一会儿，鲍勃来了，今天他开了一辆银色宝马。马克没有像往常那样开始严格检查，而是拍拍鲍勃的肩膀说：“鲍勃，你真是个聪明人！虽然我知道你一直在走私，可我就是查不出来。现在能不能告诉我你把东西藏在哪里？我向上帝发誓，绝对不会将秘密透露给任何人的。”

鲍勃对马克说：“其实说穿了一文不值。”接着，鲍勃把嘴凑到马克耳旁，轻轻说了一句话。马克先是惊愕地睁大眼睛，然后忍不住大笑起来。

聪明的读者，你知道走私物品藏在哪里了吗？

创新小翘板

鲍勃走私的物品正是汽车，车中存储物品的空间很有限，不可能几年来都不被发现。而且从文中可以看出，他总是开不同的车，可以得出他的走私物品就是汽车这个结论。

215 哥伦布的反驳

哥伦布是十五世纪的著名航海家，历经千辛万苦后终于发现了新大陆。对于这个重大发现，当时人们给予了很高的评价和荣誉。但也有人对此不以为然，认为这没有什么了不起的，话语中流露出了讽刺和不屑。

在一次庆功晚宴上，就有一个清高的贵族对哥伦布的航海事迹无礼地加以指点。哥伦布听后只是淡淡一笑，并不加以争辩。他只是让侍从拿来一个鸡蛋，然后他对大家说：“谁能把这个鸡蛋竖起来？”大家都踊跃尝试，但结果都失败了。

哥伦布最后拿起鸡蛋，不紧不慢地说：“我可以做到。”结果，哥伦布果然让鸡蛋竖在了桌子上。这时，就有人不服气地说：“原来你是这样做到的啊，换我我也可以做到啊！”

哥伦布意味深长地说道：“可是在这之前，你们怎么谁也没想到呢？”

那么，你知道哥伦布是怎样让鸡蛋竖在桌子上的吗？

创新小翘板

哥伦布轻轻地把鸡蛋一头敲破一点点，鸡蛋就可以轻易地竖起来了。

216 吊在半空中的管理员

阿宾在夜总会做服务生。这一天，他早早地来上班，刚准备换工作服时，他听到楼上传来了呼喊声。他便循着声音找了过去，上到顶楼后，发现是夜总会的值班管理员，他的腰部束了一根绳子被吊在顶梁上，在他下方的地面上还有一摊水。

管理员吊在半空中对阿宾说："快点把我放下来，去叫警察，我们被抢劫了。"警察来后，管理员把经过情形告诉了警察，"昨夜停止营业以后，进来两个强盗把钱全抢去了。然后把我带到顶楼，用绳子将我吊在梁上。"警察对此深信不疑，因为顶楼里空无一人，他无法把自己吊在那么高的梁上，那里也没有垫脚之物。有一部梯子曾被这伙盗贼用过，但它却放在门外。

然而，没过几个星期，警方破案，认定是管理员偷了夜总会的钱，被抓了起来。

你能否想得出，在没有任何人的帮助下，管理员是怎样把自己吊在半空中的吗？

创新小翘板

管理员先利用梯子把绳子的一头系在顶梁上，然后把梯子移到了门外。回来时带进一块巨大的冰块，这冰块是事先放在冷藏库里的。他立在冰块上，用绳子把自己系好，然后等时间。第二天当侍者发现他的时候，冰块已完全都融化了，管理员就此被吊在半空中。

217 柏拉图学园的难题

雅典是古希腊文明的中心，其浓郁的文化气氛深深地感染了少年时代的欧几里得。

这一天，欧几里得前往在雅典城郊外有一个“柏拉图学园”去参观学习。当他来到学园门外时，已经有一群年轻人围在那里了。欧几里得纳闷，大家为什么不进去而围在门外。走近后才发现，学园的大门紧闭着，但门口处却挂着一块木牌，上面写着：“不懂几何者，不得入内！”同时附带了一份测试题：有9张写着数据的卡片，数字分别是1、2、3、4、5、6、7、8、9。请将这些卡片分成两组，使一组卡片上的数字之和是另一组卡片数字之和的3倍。

据说，这可是当年柏拉图亲自立下的规矩，只有解开这道数学题，才可以进入园内。很多年轻人都被这道题难住了，一时不知道该怎么办。有的人还在想，正是因为我们不懂数学，才要来这儿求教的呀，为什么要难为我们呢？这时，欧几里得从人群中走了出来，他果断地推开了学园大门，头也没有回地走了进去，显然他已经知道这道题的答案了。

那么你知道欧几里得的答案是怎样的吗？

创新小翘板

将卡片分成1、2、4、5和3、6、7、8、9两组，前者的和是12，后者只要把6倒过来变成9，数字之和就是36，刚好是前一组和的3倍。

218 旱冰鞋的来历

吉姆是一家公司的职员，他每天都要坐在办公室里收集资料写东西，常常累得腰酸背痛。虽然工作很累，但在休息日中，吉姆总是抽时间去滑冰，不仅是因为他喜欢滑冰，更重要的一点是滑冰能帮助他消除疲劳。

在英国70年代，冬季的时候，在室外找个滑冰的地方相对算容易，而在其他季节，就很难有滑冰的机会了。吉姆对滑冰情有独钟，在不能滑冰的季节里，觉得生活少了很多的趣味。于是他想，怎样才能在其他季节也能像冬季那样滑冰呢？

有一天，吉姆去车站接一个朋友，就在他等朋友的时候，他看着身边的路人都拖着有滑轮的行李箱匆匆地走过。突然他想到了一个不在冬季也可以滑冰的好主意。你知道吉姆是如何做到的吗？

创新小翘板

吉姆看到带滑轮的行李箱在地面上很轻松自如地滑动，由此想到为什么不把脚上穿的鞋和能滑行的轮子结合起来，设计一种不需要在冰雪天气也能溜冰的旱冰鞋呢？于是他在经过反复制作和试验后，成功制成了四季都能用的“旱冰鞋”。

219 切蛋糕

糕饼师傅只剩一块儿方蛋糕，但手头有个很紧急的两层蛋糕订单。师傅打算切开方蛋糕再组成两块方蛋糕，然后涂上糖衣，这样接缝的地方一定看不出来。需要下层的边长正好是上层边长的两倍。当然这是个需要动脑筋的活，为了避免蛋糕破碎，他需要尽可能少切几刀。

为了实现糕饼师傅的计划，最少要在方蛋糕上切几刀？

创新小翘板

在方蛋糕的三条边上分别画出中点X、Y、Z，如左下图所示：从D到X切一条直线，从C到Y切一条直线，然后从A到Z的方向切，在与第一刀会合时停下来。然后各部分按右下图拼起来。

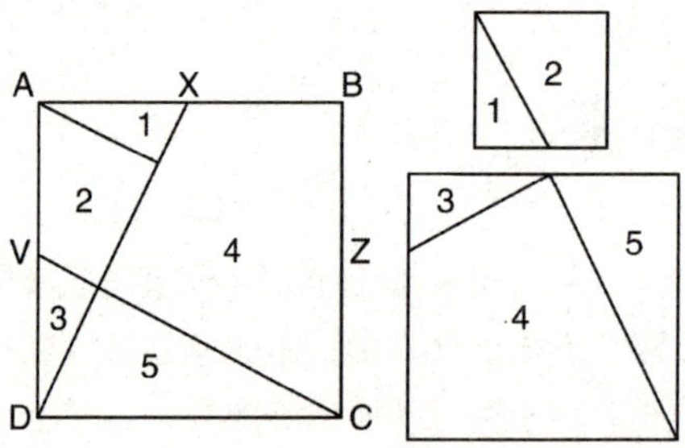

220 四人赛跑

今天，某所幼儿园里正在开运动会。A、B、C、D 4个孩子正在赛跑，一共赛了4次。

在这场比赛中，A比B快的有3次，B比C快的有3次，C比D快的有3次。也许看到这里你会认为D跑得最慢。可事实上，这4次比赛中，D比A快的也有3次，C比D快的有3次。

你能说出这是怎么回事吗？

创新小翘板

可以设想有这样一种比赛结果，比赛名次分别是：

（1）A、B、C、D

（2）B、C、D、A

（3）C、D、A、B

（4）D、A、B、C

那么，在第1、3、4次比赛中A比B快，在第1、2、4次比赛中B比C快，在第1、2、3次比赛中C比D快，而在第2、3、4次比赛中D比A快。4个人的比赛中，关系比较复杂，而胜负不过是一种相对关系，D比A快也就是完全正常的一种情况了。

221 浴缸里的溺水

维利探长忽然想起要去看望雅克布，一位住在海边豪宅的好友。途中，维利探长给雅克布打了电话，告诉他大约半个小时后自己就到了。半小时过后，维利探长准时赶到，可在客厅里等了10分钟，也不见雅克布出现。这时仆人特里说："老爷进去洗澡已经半个多小时了，会不会还在洗澡？"维利探长敲门，没有人应声，他撞开浴室门，发现雅克布死在浴缸里。

警方得到报案后马上赶来，从初步检查的结果来看，他是溺水死的，死亡时间大概在半小时前。并且法医做了进一步分析，发现雅克布的肺部有大量海水，并没有淡水残留物、而整个下午只有仆人特里一个人在家，没有其他人来过。维利第一反应就是抓住特里，说他是凶手，特里拼命地否认，说自己没有作案时间。

维利探长打电话来的时候主人还在接电话，从那时到现在只有30多分钟，而从这个豪宅到海边却要一个小时，就是坐飞机也来不及。但维利却坚定地判断特里一定是杀害雅克布的凶手。

你认为维利探长的理由是什么呢？

创新小翘板

在海水中溺死是一条重要的线索，同时它也在暗示警察案发地点是在海边，而特里拥有不可能作案的时间证据。实际上，如果仔细思索一下，并不是溺死现象就一定会发生在海边，如果有足够多的海水的话，在浴缸里同样也能作案，然后放掉海水，装满淡水，10分钟就足够了。

222 老地质员之死

在一个晴朗的秋天的早晨，有人在森林里一棵大树下的一顶帐篷里，发现了失踪的老地质队员的尸体，他好像是在这儿被人杀死的。

警方接到报案后很快就赶到了现场。经验丰富的警探一边安排调查人员在现场取证，一边亲自向知情人了解情况。当警探得知死者是个老地质队员后，只是认真地看了一眼现场，就马上下了结论：

"这里不是案发的第一现场，罪犯是在其他地方作的案。然后又将尸体转移到这里来，伪装成死者在帐篷里被杀的假象。"

那么警探为何得出此结论呢?

创新小翘板

警侦是根据帐篷支在一棵大树下这个条件，才轻易地断定为他杀。因为被害人是有多年野外经验的老地质队员，他不可能在野外将帐篷支在大树下，如果天气骤变，会有遭雷击的危险。

223 认亲的老人

姚先生家境殷实，父亲刚刚六十五岁就因病过世了，作为家中独子，他继承了全部家业。再加上他还是单身，一时间成为了炙手可热的钻石王老五。

一天，有位老者来拜访姚先生，自称是他的亲生父亲。老人面带悲伤地讲述，由于三十年前因为家中贫困无力抚养姚先生，而将刚出世不久的他送给了姚家。如今他老了，从远方回来想要落叶归根，却听说儿子刚刚成为户主，就想认他回来。

作为凭证，老者拿出了当年过继姚先生的字据。字据上有老者和姚家主人姚山老先生关于过继儿子的说明和签字：关雄（即老者）今将儿子过继给姚山老先生，立此为据。后面是双方签字。

姚先生看过之后只是微微一笑，并不为所动。因为他一眼就看出字据有假，把老人"请"走了。你能看出老人的破绽在哪里吗?

创新小翘板

姚先生的父亲刚刚过世，享年六十五岁。按照老人所说，姚先生是三十年前过继给姚家的，因此当时姚父当时应为三十五岁。三十五岁的称呼可以有很多，但是显然还不能用“老”来修饰，但过继字据上却写着“老先生”，这明显是不符合逻辑的。

224 易容高手的破绽

亚瑟涉嫌多起犯罪而被警方追捕，但由于他过于狡猾，又擅长易容术，所以多次从警方的眼皮底下溜走。

一个小雨之夜，警方终于把他逼到一座山上，准备次日进山搜捕。

第二天天气晴朗，非常适合爬山，警方决定加快搜捕速度，不然上山的游客多起来，亚瑟又可以轻松地逃走了。在半山腰的一处平地上，警察注意到了一名可疑男子。他们先是让男子出示各种证件，未发现任何破绽。接着又询问他一些信息，他称自己是一名工程师，三天前来山上露营度假，上山后就搭了帐篷一直待在这里，昨天的雨并没有影响到他。

以上问话看起来毫无破绽，但警方实在不愿承认失败。这时，有一名警官想出一个办法，终于证实这个男人说了谎。经调查，他就是亚瑟，警方终于了却一桩心事。

请问，你知道那名警官想出了什么办法吗？

创新小翘板

既然他说雨水没有影响到他，就说明他的帐篷防雨效果很好。但警官让这个男人移动帐篷，却发现帐篷底下地面是湿的。这就证明他是小雨之后上山的，他说了谎话，所以警方对他展开了调查，并最终将他逮捕。

225 间谍如何被识破？

几天前，反间谍机关收审了一位自称来自奥地利北部的“流浪汉”，但警长杰克怀疑他是德国间谍，准备考验一下他。

在问话的时候，“流浪汉”流利精准的法语，使警长找不出一丝破绽。晚上睡觉时，哨兵们用德语大声喊：“着火了！”“流浪汉”仍旧无动于衷，仿佛果真听不懂德语似的，照样睡他的觉。

由于“流浪汉”的一系列表现完全无懈可击，于是，到了第二天，当“流浪汉”被押送至审讯室时，杰克按照平常的程序只得判定“流浪汉”无罪释放，并在文件上签了字。这一切完成后，杰克迅速地对“流浪汉”说了一句话：“好啦，神保佑你，你自由了，可以走了。”

这时候，“流浪汉”忽然长吁一口气，兴奋之情溢于言表，如同卸下了一个沉重的包袱。他仰起头，正准备昂首挺胸地离开审讯室。但就在这时，杰克却马上命人将其逮捕，认定他是德国间谍，这是为什么呢？

创新小翘板

“流浪汉”假装听不懂德语，所以，杰克警长为了试探他，迅速用德语说了最后那句话。“流浪汉”得知自己将被释放，兴奋得完全放松了心理防线，忘了自己需要假装听不懂德语，杰克就是从流浪汉兴奋的表情中发现了破绽。

第七章

细节创新——完美是从细节里“折腾”出来的

226 电暖器露出的破绽

理查德从事的是高度机密工作，部门特意为他在郊外安排了一处别墅作为住所，还把地下室布置成了一间密室，仅供他一人使用。

过去的一年里，理查德由于工作的原因，一直在国外驻扎。在一个寒冷的夜晚，理查德回到了别墅。吃完晚饭后，他像往常那样进入了密室。理查德由于长期外出工作，这里又不会有第二个人来这里，所以地下室里已满布灰尘、蛛网高悬。

理查德搓着手，感觉整个地下室的气温很低。桌子旁边有一台电热丝式的电暖器，他随即打开电暖器，然后找了一块布擦了擦桌椅，满意地坐下来，并熟练地取出桌子下面抽屉里的一个笔记本开始工作。

正在工作中的理查德不知想起什么，突然就站起身来，然后凑到电暖器跟前，用鼻子使劲的嗅了几下后，他的脸色就“唰”的一下变得很凝重。因为理查德发现，这个密室不久之前应该有人来过，虽然表面看起来，那个人好像并没留下任何痕迹，但还是露出了一个小小的破绽，被敏锐的理查德发现了。

大家看到了这里，知道这个破绽是什么呢？

创新小翘板

其实答案很简单。这个密室里到处都是积灰，那么电暖器的电热丝上也应该是有灰尘的，在燃烧的时候也应该会散发出一些气味。可是，理查德并没有闻到什么味道，就说明最近有人使用过这个电暖器。

227 如何辨别罐头

大家都知道，罐头的包装基本上是一模一样的，除了外面贴的标签不同。它们的包装盒都是圆柱形的，外面都被封得严严实实的，而且罐头瓶的身子并不是透明的，如果不看标签的话，我们不会知道里面装了什么东西。

许多人都喜欢吃罐头，而且喜欢不同口味的罐头换着吃。假如我们现在有两瓶罐头，其中一盒装的是酸豆角，另一盒装的是橘子水，我们想要吃橘子水的罐头。但是有个问题，就是这两盒罐头的商标都脱落了，而且它们的重量也是相同的；同时，两个罐头盒又都被塞满了，所以用摇晃的办法也无法区别出来哪一个是橘子水。

照这样的情况来看的话，我们在不打开罐头的前提下，是否有什么简单的方法，可以把这两种罐头区分开呢?

创新小翘板

很简单，我们可以准备一个木板，搭成一个斜坡，然后把这两盒罐头从斜坡上向下滚，滚得快的那一盒装的一定是橘子水。

为什么这么肯定呢？这是因为当橘子水罐头从斜坡上滚下来的时候，由于里面是橘子水，是液体，里面的东西几乎是不转的，转动的只是外面的罐头盒子。但是像酸豆角这类固态物质的罐头，是不可能只有罐头盒子在转动的，而是里面的固体物质和盒子一起滚动。因为固态物质的滚动需要能量，所以罐头就滚得慢。

228 防碎新包装

自从玻璃被发明以来就受到了人们的喜爱和欢迎，家家户户在换新房时都会找玻璃厂商来安上大大的玻璃窗户，这会让房子看起来既明亮又美观。但是，事物是有两面性的，玻璃在给人们带来光明的同时也十分易碎。

有一家玻璃厂就十分苦恼。这家厂子专门生产高档玻璃，生产出来的玻璃会直接用车运送到售货点。但是由于玻璃易碎，负责送货的人就发现，运到售货点的玻璃大都会有不同程度的损坏。为此客户经常找自己的麻烦，这也给玻璃厂造成了不必要的损失。

经过调查后发现，虽然负责人检查过运输时的包装，也在外包装的纸盒上明显地印有“小心轻放”和“易碎品”等几个提示性的大字。但是，搬运工在装卸玻璃的过程中并不会特别注意轻拿轻放。即使他们多次提醒那些装卸工人，但是效果并不理想。因为玻璃都在包装盒里，即使坏了也没有人马上发现是谁弄坏的。

在这样的前提下，搬运玻璃的负责人便集思广益，终于想出了一种新的玻璃包装方法来。令人欣喜的是，在使用了这种新包装后，果然玻璃很少再被损坏了。那么，大家知道这新的包装是怎样的吗？

创新小翘板

新包装是改用透明的塑料包装盒来包装。这样搬运工看到里面的玻璃自然会倍加小心，因为如果弄坏了玻璃很容易就被人看到，而被追究责任。

229 林肯破案

林肯在担任总统之前，曾经当过一段时间的律师。有一次，他接到这样一个案子：一个叫阿姆斯特朗的年轻人被人控告成谋财害命的杀人凶手，目击证人鲍尔曼在法庭上信誓旦旦地说道：自己在10月18号夜晚11点时，亲眼看到阿姆斯特朗在半夜行凶杀人。林肯仔细了解过案子后，亲自去勘察现场，又做了大量的调查与访问，认为鲍尔曼应该是在撒谎。于是，林肯作为被告律师与目击证人鲍尔曼在法庭上当场对质。

林肯：“你确信你亲眼看到了阿姆斯特朗？”

鲍尔曼：“是的。”

林肯：“你说你当时在草堆的后面，阿姆斯特朗在大树的底下，草堆与大树相距有二三十米，你能看清吗？”

鲍尔曼答：“看得清清楚楚，因为当时的月光很亮。”

林肯：“你敢肯定自己不是凭借他的衣着辨认的吗？”

鲍尔曼：“不是，我的确是看到了他的脸，因为月光正照在他脸上。”

林肯：“那么你能肯定凶杀发生在晚上11点吗？”

鲍尔曼：“绝对肯定，因为我回家后看了一眼时钟，那时候是11点15分。”

林肯听完后笑着点了点头，然后迅速转向陪审团，大声宣布：“鲍尔曼的证词全都是假的，他发誓说18日晚上11点钟的时候，月光照在了凶手的脸上，因此他确定阿姆斯特朗是凶手。但这一切都是谎言。鲍尔曼做了伪证！”

那么，你知道林肯为什么肯定鲍尔曼撒谎了吗？

创新小翘板

因为10月18日那晚是上弦月，不到11点的时候，月亮就已经落山了，不可能照在被告的脸上，所以林肯认为鲍尔曼在说谎。

230 乞讨思维

有一个可怜的孩子每天都靠乞讨为生。这个孩子经常坐在广场正中心，在广场附近散步、游玩的路人们每每看到他，都会觉得他很可怜，于是便会丢一些零钱给他。这个孩子每当收到钱后，都会说一声“谢谢”。这样的行为让人们更加心疼他。

但是，慢慢地，人们就发现了一个很奇怪的现象：人们一般在这个孩子面前丢下的有5分钱的硬币和1角钱的硬币，但是这个孩子每次总是急着拾起那些5分钱的硬币，而对1角钱硬币并不十分上心。路过的人们总会想：这个可怜的孩子可能脑子也不好使吧？不然他为什么不捡面值大的钱呢？

有一天，一个穿着华丽的贵妇人也丢了一些零钱给这个孩子，她也发现这个孩子只是先捡起那些小额的硬币。于是她带着怜悯之心问他：“你为什么要先去捡那些5分的，难道你不知道哪个钱币面额大，哪个面额小吗？”

“我知道的，夫人。”那小孩不慌不忙地说道，仍然在捡那些小钱。

既然这个孩子分得清钱币的面额，那他还为什么要这样做呢？你知道其中的蹊跷吗？

创新小翘板

这个孩子之所以这样做是有一定的道理的：人们一般给乞讨的人钱时，都会给零钱、面额小的钱。这样一来，如果这个孩子先把那些小面额的硬币捡起来，路过的人们看到他面前都是大面值的，就会在慈悲心理的作用下丢一些较大面额的钱。这样积少成多，这个孩子最后就会得到的钱比较多了。

231 无线电熨斗的发明

日本松下电器的各种家电产品都处于世界的领先地位。其中电熨斗在熨斗生产领域中也极具权威性。但曾有一段时期，由于市场的高度饱和以及产品的无差异性，松下公司的电熨斗事业部也面临了滞销的厄运。于是科研人员开始思考如何改进自己的产品。任何产品都是要经得起市场的检验的，闭门造车是不会有什么好效果的。

这一天，“熨斗博士”——熨斗事业部部长岩见宪把一些不同年龄阶段的家庭主妇请到了他们研发部，请她们对“松下”的电熨斗提意见。有一位主妇突发奇想，说道：“我在使用熨斗的时候，经常受到熨斗线的困扰，要是没有电线的话操作起来就方便多了。”

“妙极啦！无线熨斗。”岩见宪激动地喊了起来。于是，他马上召集事业部和研发部相关人员组成了研发小组。

一开始他们想用安装蓄电池的方法取代电线，可是这样就会增加熨斗的重量，研制出来的电熨斗有5公斤重，主妇使用起来很不方便。为了解决这个难题，研发小组又把主妇熨烫衣物的过程拍成了录像片，来分析研究她们在熨烫衣服时的动作习惯。岩见宪盯着录像片看了很多遍，他发现主妇们在熨烫衣服时，并不是一直要手拿着熨斗的，而是会频繁地把熨斗竖起来放在一旁，调整好衣物以后再熨。正是这一个小小的细节，给了岩见宪灵感。最终在他的带领下松下公司推出了无线电熨斗，成为日本当年最畅销的电器产品之一。

那么你知道岩见宪是如何解决无线熨斗供电的问题吗？

创新小翘板

当然如果你曾用过无线电熨斗，这个问题是不难回答的。那就是他们设计了一种专门给熨斗充电的蓄电槽，每次熨衣物的空隙可以把熨斗放进槽内蓄电，只用几秒钟就可以充足电，这样熨斗就不需要自带笨重的电池了。

232 冰块里的钻石

一个盛夏的夜晚，会展中心正在为第二天的珠宝展做准备。女贼丽莎乔装改扮，混进了会场，盗出2颗名贵的钻石。一回到家，她马上将钻石放在水里放进冰箱做成了冰块。因钻石是透明无色的，所以藏到冰块里，是最不易被发现的。

第二天，侦探迈克敲开了丽莎的门。他肯定地说道："还是把你偷来的钻石交出来吧。会场的闭路电视已经把化装后的你偷盗时的情景拍了下来，虽然警察没看出是你化的装，但你瞒不了我的眼睛，一看就知道是你。"

"如果你怀疑是我干的，就在我家搜好了。"丽莎若无其事地说。

"今天真热呀，来杯冰镇可乐怎么样？"丽莎说着从冰箱里拿出冰块，每个杯子放了4块，再倒上可乐，很客气地递给迈克一杯。当然，丽莎将藏有钻石的冰块放到了自己的杯子里，这样即使冰块化了，钻石露出来，在可乐里也是看不出来的。而迈克怎么也不会想到她喝的可乐中就藏有钻石。丽莎暗自盘算着。

"那么，我就不客气了。"迈克拿过杯子喝了一口，下意识地看了一眼丽莎的杯子，说道："对不起，能换一下杯子吗？"

"怎么！难道怀疑我往你的杯子里投毒了吗？"丽莎有点紧张起来。

"不，不是毒。我想尝尝放了钻石的可乐是什么味道。"迈克一下子从丽莎手里夺过杯子。但此时冰块还没溶化，那么迈克是怎么看穿丽莎的可乐杯子里藏有钻石呢？

创新小翘板

因为钻石的比重大，所以含有钻石的冰块会沉入水下，而其他的冰块会浮在水面上。

233 火车拐弯处的商机

有位从事市场营销的年轻人乘火车去某地出差。在其中的一段旅途中，火车要长时间地在一片荒无人烟的平原上行驶，这期间人们一个个百无聊赖地望着窗外。到了前面的一个拐弯处时，火车开始减速行驶，突然一座简陋的平房缓缓地进入人们的视野。也就在这时，几乎所有乘客都睁大眼睛"欣赏"起寂寞枯燥的旅途中这道特别的风景。有的乘客还开始窃窃私语地议论起这房子来。年轻人当然也看到了，但他也注意到了更多的东西。

在年轻人办完事情返回时，他在离那座房子最近的一站下了车，不辞辛苦地找到了那座房子的主人。主人告诉他，每天火车都要从门前驶过，噪音实在使他们受不了啦，很想以低价卖掉这房屋，但很多年来一直都没有人问津。年轻人听到这儿，很是开心，于是他毫不犹豫地花了3万元买下了那座平房。

这个年轻人之所以买下这个前不着村后不着店的房子是因为他看到了绝好的商机。他要靠这个房子挣一笔钱。你知道他是如何挣钱的吗？

创新小翘板

因为这个年轻人觉得这座房子正好处在拐弯处，火车经过这里时都会减速，疲惫的乘客一看到这座房子都会精神一振，所以用来挂贴广告是再好不过的了。于是年轻人与一家著名的饮料公司合作，那公司一租就是3年，支付给了他一笔不菲的租金。

234 巧辨木头的根和梢

国王的女儿已经到了适婚的年龄，于是国王决定要为自己心爱的女儿找一个如意郎君。周边的国家听到这个消息后，就派使臣纷纷前来求婚。然而，来的这些使臣都是很优秀的人才，老国王一时之下不知道应该把女儿嫁给谁。为此，老国王很是忧愁。

正在这时，一位以聪明机智著称的大臣帮国王出了个好主意：国王可以命人给前来求婚的使臣们出一道试题，他们谁能答出来，便招谁做驸马。国王听后，拍手称好，便让这位大臣去准备考验那些人的考题。

到了考试的那天，那位大臣叫人取来了100根粗细相同的圆木，对求婚的使臣们说：“这些圆木的两端都是一样粗的，那么，你们能分辨出哪一头是根，哪一头是梢吗？谁能回答我的问题，他便有机会迎娶国王的女儿。”

众位使臣都对着这100根圆木头看了又看，摸了又摸，却怎么也分辨不出根和梢来。就在大家都放弃的时候，来自吐鲁番国的大臣想了一会儿，就找到了分辨根梢的方法。他马上让人把圆木运到河边然后全部投入了水中。一会儿工夫他便分辨出了圆木的根和梢来。

请问，你知道他是如何分辨的吗？

创新小翘板

圆木被投入水中，等到河面平静后，就能看到100根圆木都有一头吃水深些，一头吃水浅些，每根都在水里倾斜着。这样就能看出吃水深的是根，吃水浅的则是梢了。

235 谁是烟袋的主人

彭老汉和李老汉两人都喜欢抽旱烟，对精致的烟具也都十分喜爱。这一天他们为了一个做工考究的旱烟袋到底是谁的，争论起来，两人争了几个时辰也没有争出个结果来。

彭老汉说："这个烟袋是我的，是我在集市上重金购买的，它可是我的心爱之物。"李老汉也不示弱，说道："这管烟袋是我父亲留下来的，我已经用了多年了。"没人能证明他俩谁说的是真的，于是只好到县衙门，找县令给个说法。

县令听了两人的说辞后，看着那烟袋说："这烟袋做工的确不错，很精细光滑，取材黄藤。但是根据你们所说，没有证据，而我就直接断给你们谁都不公平。这样吧，本县出十五两纹银买下。念在你们都喜爱这烟袋，本县就允许你们在这堂上各抽三袋烟，抽完以后各取一半银子回去吧。"

于是彭老汉和李老汉开始先后在堂上抽烟。就在抽的时候，彭老汉在吹不出烟灰时，就连续地在地上敲击，把烟灰敲出来。而轮到李老汉吸烟时，他吹不出烟灰了会用一根小竹片挑出烟灰。等他们二人把这三袋烟吸完时，县官把惊堂木一拍，大声说："你们谁是烟袋的主人，我现在已经知道了，还不从实招来！"

请问，这烟袋的主人是谁的，县令是如何判断出其主人的呢？

创新小翘板

烟袋是李老汉的。因为彭老汉在抽烟时，总是在地上敲击，照这样敲打，这烟袋早就不再那么精细光滑了。

236 遗书的破绽

在一天的深夜，警探克莱尔接到了一个居民的报案电话。那个居民说在旧金山的一家四星级酒店内，有一位客人服毒自杀了。克莱尔接完这个居民的电话后，就马上和其他警员一起出警赶往了事故现场进行调查。

克莱尔警探看到死者是一位年轻的女子，而且从表面的迹象来看，她很有可能是因为服用过量的安眠药而死的。但是，克莱尔警探总觉得事情并不是那么的简单。于是，便询问了一下酒店人员。

“这个英国人说自己是三天前从伦敦来到这里的，桌上还留有遗书。”酒店负责人指着桌上的一封信说道。克莱尔戴着手套，小心翼翼地拿起遗书仔细审视，发现内文是用打字机打出来的，只有签名及日期才是用笔写上去的。

克莱尔一动不动的凝视着信上的日期：3-15-2011。直到过了一会儿才像是找到答案一样，对着他的同事说：“若死者是英国人，那么这封遗书应该是假的。这很可能是一宗谋杀案，而且凶手可能是美国人。”最后，大家经过调查，确实抓到了这位美国凶手。那么，大家知道克莱尔警探是依据什么才做出这样的推理吗?

创新小翘板

克莱尔是看了信上的日期后，才推断凶手可能是美国人的。因为英国人写日期和时间一般是先写几号，再写月份。但美式写法则是先写月份，再写具体几号。这样一来，凶手自己就露出了马脚。

237 被解雇的忠诚保镖

一个成功的富人在有所成就前得罪了不少人，而且他也一直担心别人在觊觎他的财产，所以为了他的人身安全，这位富人请了一位保镖来负责保护自己。

有一天晚上，这名保镖在巡夜看守时由于太困而睡着了，并且还做了一个奇怪的梦，他梦见有一个刺客来行刺他的主人。忠诚的保镖第二天醒来后便马上把这个不祥之兆告诉了这个富人。那位富人听到后信以为真，为了谨慎起见，他第二天便躲了起来。

谁知，这样没过几天，在一个月黑风高的夜晚，当真就有一个刺客想爬墙入屋刺杀富人。幸运的是，这个刺客被已有准备的保镖打跑了。第二天早上，保镖很开心地向主人汇报了结果，富人听到后什么都没说，只是给了他一笔赏钱，随后又把他解雇了。

这名保镖感觉自己非常委屈，同时又有些气愤，非得让他的主人给他个被解雇的理由。富人听后不动声色地把自己的理由解释给这个保镖听，保镖听后感觉到很羞愧，觉得自己没脸继续待下去，只好无奈地拿钱走人了。

请问，你知道主人为什么要解雇他吗?

创新小翘板

保镖既然负责巡夜看守、保护主人的安全，可是他却在晚上睡着了，而且还做了梦。由此可见，这个保镖并不是十分负责任的保镖，所以主人要解雇他。

238 破译保险箱的密码

美国女间谍莫妮卡以“舞蹈演员”的身份出现在了巴黎，任务是刺探法国军情。在她结交的军政要人中，有一位名叫皮埃尔的将军，在海军部担任要职。莫妮卡得知皮埃尔的妻子已去世，他正感到寂寞难耐，因此趁机在一次酒会上对他展开了追求。

不久，莫妮卡就和皮埃尔住在了一起。莫妮卡知道皮埃尔的机密文件全放在书房的一个保险箱里，但这保险箱的锁用的是拨号盘，必须拨对了号码，保险箱的门才能启开，这个号码是绝对机密的，只有将军一个人知道。莫妮卡想：这保险箱的拨号盘号码或许会记在将军的笔记本或其他什么地方。因此，每当皮埃尔熟睡后，她就检查将军口袋里的笔记本和抽屉里的东西，但都找不到这个号码。

一天夜晚，她灌醉了皮埃尔后，蹑手蹑脚地走进了书房，这时已是深夜2点多钟。保险箱的门就嵌在一幅油画后面的墙壁上，拨号盘密码是6位数。她从1到9逐一通过组合来转动拨号盘，但都没有成功。眼看天快亮了，女佣人就要进来收拾书房了，莫妮卡感到有些绝望。

忽然墙上的挂钟引起了她的注意，她发现来到书房的时间是深夜2时，而挂钟上的指针指的却是9时35分15秒。她想，这会不会就是拨号盘上的密码呢？但是9时35分15秒应为93515，只有5位数，这5位数与哪个6位数关系最为密切呢？莫妮卡的脑子里迅速地思索着，最终成功地打开了那个保险箱，出色地完成了刺探情报的任务。

你知道这6位数是哪6位吗？

创新小翘板

9时35分15秒也可以说成21时35分15秒，这就变成了6位数了，即213515。

239 一块巧克力识破谎言

一个炎炎夏日的午后，气温足有35℃，一列空调列车刚刚到站。女侦探凯莉站在简陋的露天月台等着准备接人。突然她听到背后有人在叫她："嗨，凯莉，你怎么在这里？"凯莉扭过头看到是梅丽尔，梅丽尔跟凯莉正在侦查的一件案子有关，之前凯莉调查案情时向梅丽尔问过一些问题。

"我是来接人的，你怎么也在这儿？"凯莉问道。

"真巧，我也是来接人的。"梅丽尔答道。说着，她从手提包里掏出一块巧克力，掰了一半递给凯莉："还没吃午饭吧？先吃点巧克力。"

凯莉也不客气，接过来放到嘴里。她使劲嚼着硬邦邦的巧克力，这时，凯莉突然察觉到了什么，厉声对梅丽尔说："你为什么要撒谎，你分明是刚刚从火车上出来，为什么要骗我说你也是来接人的？"

梅丽尔被她这么一问，有点儿慌，脸也变红了。但她仍想抵赖赖，反问说："你怎么知道我刚下火车？你看见了吗？"

"不，我没看见，但我知道你的确在撒谎。"凯莉肯定地说道。

你知道为什么凯莉断定梅丽尔在撒谎吗？

创新小翘板

因为凯莉感觉巧克力很硬，正常情况下巧克力在28℃以上就会变软，而当时气温高达35℃，梅丽尔的巧克力却是硬梆梆的，这说明她刚从有空调的地方出来，而这个小火车站并没有设置空调房间，只有刚刚进站的火车上才有空调。

240 一张白纸中的秘密

可怜的盲人老太太米歇尔被邻居发现死在了沙发上。她死时手里还拿着一根缝衣针，茶几上有散落着几张错落有序的白纸。经过法医的检查后，米歇尔太太被断定为中毒死亡。但是，大家并不知道米歇尔太太自杀的原因何在。

不仅如此，在案发现场，警长巡视了所有房间，却没有发现任何有用的线索，包括服毒用的器皿也找不到。由此，警长觉得米歇尔太太有可能不是自杀，而是他杀。然而，如果这是一起谋杀，那么，现场一定会留下凶手的一些印迹。

于是，警长带着他的队员在现场仔细搜索了一遍又一遍，他相信一定有什么线索是他们所忽略的。警长站在客厅的中央，凝视着沙发里的老太太，发现这位老人此时的姿势显示她很有可能是在跟别人谈话时突然死去的。那么，由此可知，凶手可能就是老太太熟悉的人。但是，他们仍然找不到一点证据。

突然，警长看见了茶几上的那几张白纸，有什么东西在警长的脑海里一闪而过。后来，为了验证自己的推测，警长拿起那张白纸摸了摸，还带回了警察局……最后，警长就凭这几张白纸找到了真凶。他就是老太太的侄儿，为了早日继承遗产，狠心地毒死了老太太。

那么，你知道警长为什么凭几张白纸就能破案吗？

创新小翘板

老太太在生命垂危时，用缝衣针在白纸上用盲文刺上了杀害她的凶手的名字和原因。

241 探长的推断

小杨和小张两人都住在闹市的一座公寓里，二人也在一起经营了一家公司。这一天晚上，外面大雪纷飞，还没有下班的探长和助手突然接到小杨的电话报案，说刚才他的朋友小张被人枪杀了。探长和助手听到这个消息后马上赶往了事故现场。

他们到了现场后，发现小张头部中了一枪，倒在血泊中。小杨惊恐地说道：“我刚才正在与他一起吃火锅，忽然闯进了一个戴墨镜的人。他二话不说对准小张就开了一枪，然后就逃走了。我当时吓呆了，等到回过神来，想出去追那个人时，已经看不着人影了。”

谁知，探长听完了小杨的描述后，又看了看桌上摆着的、正在冒着热气的火锅，于是对着小杨说：“别装了，你在撒谎！如果你不是凶手，那你也是凶手的同伙！”说完，就把小杨抓回了警察局。经过了一番调查取证后，小杨也承认自己为了公司的利益，妄想独吞财产而杀了小张。

看到这里，我们不得不佩服探长过人的智慧。可是，大家知道探长是通过什么推断出小杨在撒谎的吗？

创新小翘板

答案很简单，是因为墨镜。如果一个人戴着墨镜从寒冷的室外进入热气腾腾的室内时，镜片会因为热蒸汽而蒙上一层雾气，让人无法看清屋里的人和物，除非那个人把墨镜摘下来。所以，探长才推断是小杨在说谎。

242 依据证词找凶手

一天晚上，在一条偏僻的小巷里，发生了一桩非常残暴的凶杀案，这让附近的居民都人心惶惶。政府派了专门的重案组来调查这件案子。

凶杀案发生的时候，有6个人说他们都看到了凶手，但是他们看到凶手的角度并不一样。于是，当警察前来调查取证的时候，6个人各自提供了凶手不同的特征。但是，由于凶手作案的时间很短，而且是在晚上，那些证人们看的也不是很清楚，所以每个人只有一项说的是符合实情的。那么，根据下面的调查记录，你能总结出凶手的真实面目吗？

（1）凶手穿着一身运动上衣，习惯用左手。

（2）凶手穿着质地良好的皮鞋，梳着小平头。

（3）双手运用的都很习惯，而且梳着一头披肩长发。

（4）上面穿着一件运动上衣，下面却是长筒皮鞋。

（5）习惯用右手，穿着短帮的鞋子。

（6）不仅梳着披肩长发，而且穿着花格子上衣。

创新小翘板

通过这六个人的回答，在服装方面可以断定凶手穿的是运动上衣。因为每个人都看的比较清楚，那鞋子除去“长筒皮鞋”和“短鞋”外就是皮鞋。根据同样的推理，我们又可排除“惯用左手”“使用双手”这两项，而头发则是“披发”。由此可知，凶手是一个身穿运动上衣、脚穿皮鞋、惯用右手、留着披肩发的男人。

243 寻找凶器

这一天陈探长在家休病假，他正在厨房里倒水，忽然听到隔壁传来打架声，他赶紧出门看，是隔壁夫妻俩又在吵架，他劝了几句后回到自己家。不一会儿，隔壁又传来激烈的厮打声，陈探长刚走出门，就听见“梆”的一记沉闷声，接着是人体倒地的声音，他赶紧冲进隔壁家里，只见女主人双手空垂着，惊恐地瞪着已倒在地上的男人。

作为刑警，陈探长不得不管这件闲事。他没有离开现场，而是叫来妻子打电话报案。过了好一阵，刑警队的法医们才到了现场，检验结果是男主人后脑勺被棍棒类的硬物击中，造成颅底骨折死亡。可法医惊讶的是现场竟找不到棍棒类的硬物，厨房里灶台上只有砧板、菜刀和一条大青鱼。陈探长讯问女主人，女主人就是不肯说话，只是在那里掉眼泪。陈探长和到场的刑警们都纳闷了，女主人没离开现场，陈探长自己也一直守在这里，不可能藏匿凶器，那么这个女主人究竟是用什么将自己的丈夫打死的呢?

陈探长感觉很累，先回到自己家休息。但是，他在休息的时候还是在想着这个案子，过了一会儿，陈探长像是突然想起了什么，急忙打电话给自己的同事，告诉了他们什么才是真正的凶器。

请问，你知道凶器是什么吗?

创新小翘板

其实，凶器就是那条躺在地上的大青鱼。由于，鱼之前是在冰箱里冻着的，所以非常的坚硬，足可以做凶器。

244 失火还是纵火

一天深夜，一家超市的财务室突然起火了。虽然值班的员工们一个个都奋力扑救，但是还是有一部分的账簿被大火烧毁了。

大火被扑灭后，警察前来调查失火的原因，向浑身还湿着的值班会计详细地询问案情。那名值班会计说道：“前几天，我就发现室内的电线时常爆出火花。当时我就向经理反映了，但是经理并没有上心。今天，我将全部的账簿翻了出来，堆在外面，准备换一个安全的地方。哪知电线突然走火，还引燃账簿，酿成了火灾。幸亏隔壁就是卫生间，我和同事们迅速的放水，才把火扑灭，未酿成大祸。”

“你能肯定是电线老化引起的失火吗？”警官追问。

“是的。因为我们这里并没有抽烟的人，也没有能自燃的其他物品和电器。对了，我刚才进来救火时，还闻到了电线被烧焦后发出的臭味。”

“够了！”这位警官突然呵斥道，“明明是你自己故意纵火的，为什么还要一直在找借口呢？”

请问：警官为什么会怀疑是这位会计故意纵火的呢？

创新小翘板

这是因为由电线老化引发的失火是决不能用水灭火的，只能用喷射四氯化碳或二氧化碳的灭火器来灭火。而那名会计却说自己是用水把火扑灭的，又肯定地说火灾是由电线老化引起的，这显然违反常识规律的。因此警官才会怀疑这位会计。

245 准确地岔路追击

这天一大早，探长杰克驱车外出办事。当他开过一条街道时，发现街边躺着一位奄奄一息的警察，于是杰克赶忙停车跑过去查看。杰克从那警察微弱的声音中得知，就在几分钟之前，这名警察被一名青年持刀刺伤了，然后凶手随后偷了一辆停放在路边的自行车逃跑了。说完后，警察用手示意了凶手逃跑的方向。

杰克一边打电话报警，一边沿着警察手指的方向追击。但是，杰克发现，凶手逃跑的这条路却出现了岔道。杰克探长看着面前的两条岔路，不知道该选择哪一条比较好。正当杰克感到苦恼的时候，他却发现这条路正在施工。

杰克还发现，这条路正好处于上坡路，路面的地基上还铺着厚厚的一层沙土。杰克探长仔细察看了路面，发现两条岔道均有自行车碾压过的痕迹。但是不同的是，左边的路上两条自行车轮印一深一浅，右边的路上两条轮印却深浅一致。杰克略加思索，果断地选择了一条道路追击，不久之后就追上了凶手，并将之擒获。

请问，你知道杰克选择了哪条道路吗？他为什么会这样选择？

创新小翘板

杰克探长是选择右边的道路进行追击的。这是因为在平路或下坡骑车时，一般都是前轮印浅，后轮印深。而上坡时，由于骑车人的重心前倾，会让前后轮印的深浅大致相同。所以，杰克探长据此判断出凶手从右边的道路逃跑的。

246 报案的凶手

亨利警长正在一个风景优美的度假村度假。他所住的旅馆附近有一片干净澄澈的湖，使得整个地区的景色更加宜人。

这一天的天气非常寒冷，整个地区的气温达到了零下5摄氏度，湖面都已经结了一层冰。亨利警长在湖边一边放松着自己的身体，一边在思考着一些问题。

突然，一个浑身湿透的男子上气不接下气地向他跑来，并且大声而又惊恐的喊道：“先生！这位先生，麻烦您快去救救我的朋友吧！我们刚才在湖面上溜冰，但是冰面突然破裂了，结果我的朋友就掉了下去。我刚才跳下去捞了半天，却什么都没捞着。”

亨利警长听完这位男子的话后，赶紧回旅馆找其他人一起帮忙。可是，从旅馆到出事地点共有1500米远，等到他们赶到那里的时候，已经为时过晚，寻不到那个人的影子了，而他们只发现在裂洞旁边有一双溜冰鞋。报案的男子看着警察疑问的表情，就自己解释说：“当时我刚把溜冰鞋脱掉，可我的朋友说还想再玩一会儿。”

亨利警长看着那个报案的男子，片刻后对他说：“你别再隐瞒了，说说你是怎么害死你朋友的吧！”你知道警长为什么这么说吗？

创新小翘板

当时气温是零下5摄氏度，任何一个人从1500米外的湖边跑到旅馆最快也要5分钟，这时那个人衣服上的水早就应该结冰了，而这个人身上并没有。可见他是在害死朋友之后，回到旅馆附近在身上洒了一些水，妄图蒙混过关。

247 摩托车事故

有一天深夜，负责夜间巡逻的警车停靠在了一条马路边，从车里走下来了两位警察。他们发现一个戴头盔的年轻人倒在路边，已经死亡了，并且在尸体前方约3米处的地方，有一辆摩托车正横在那里。摩托车发动机还没有熄火，后轮仍然在转动着。

一般人看来这个年轻人似乎是撞上了旁边的电线杆，从而才造成了这样一起悲惨的交通事故。但是，这两名警察的观点却不一样。

警察甲慢慢分析道：“我看，一定是这个人开快车撞了电线杆才发生的这起车祸。你看，旁边的摩托车还没熄火呢！”而警察乙却不认同他的观点，而是在认真分析了现场的情况后才说：“这不像一起寻常的交通事故。我认为是有人在谋杀了这个年轻人后，故意伪装成撞车现场的。”

后来，警察乙回警察局后开始了认真的调查，结果发现这果然是一起恶意的谋杀事件，而不是所谓的交通事故。那么，大家认为两个警察谁分析的有道理呢？警察乙为什么这样说呢？

创新小翘板

警察乙分析的对，这不是一起平常的交通事故。因为尸体摆放的位置不对，如果是摩托车撞上了电线杆，那么由于惯性的原因，骑车人应该倒在车的前方才对，而不是后面。

248 警长的观察力

正值深秋的季节，森林公园里的落叶到处都是。在公园的一个偏僻的角落里，有人发现了一辆高级敞篷车，而一个老板模样的人死在了里面。警方接到报案后，立即赶到现场封锁了起来。

“你们有发现什么线索吗？”警长问其中一个查案的警员。

警员回答说：“法医估计这个人已死亡两天。我们没有发现他杀的迹象，到那时在死者手边有个氰化钾小瓶，所以初步认定是自杀。”

警长又问道：“有没有发现第三者的脚印？”

一个下属说：“没有，地面上落满了树叶，即使有，我们也看不到什么脚印。”

警长又向那辆车上看过去，车里落了几片落叶，他恍然大悟般马上果断地对下属说：“请大家再仔细搜查现场，排除自杀的可能。这不是自杀，而是他杀后移尸到这里。估计罪犯离开不到一小时，他一定会留下一些线索的。大家分头去找。”于是大家又开始仔细搜查，果然发现了许多线索，追踪之下，当天便抓获了杀人犯。

请问：警长为什么认定不是自杀，而且罪犯没有走远呢？

创新小翘板

警长是从车里的落叶上分析的。正是落叶的时节，如果车子在森林中停放两天，敞篷车内，以及尸体上一定会堆满落叶；如果车上落叶很少或基本没有，证明车子放到这里时间不长。而罪犯只能步行离开，在大森林里，既容易留下痕迹，又不容易走远。

249 贪心的盲人

有一个盲人到一家肉店买肉，可他来的不凑巧，正赶上店里一个人都没有。盲人连叫了几声都没人答应，他又仔细辨别了下，确定周围没人后，就起了坏心眼，想偷些东西再走。于是，盲人伸手向肉板上乱摸，摸到了4个一元的硬币，他便急忙地把硬币放进自己的口袋里，然后急匆匆地往外走。

结果，正当盲人转身要走出肉店时，恰好碰到卖肉的人从外面回来。卖肉人见那盲人匆匆忙忙地往外走，行踪很是可疑，于是就追出来抓住盲人，问他是不是偷了东西。这个盲人一听他这样说，就大声哭喊着说："天啊，这个卖肉人不是个好人啊！他欺负我看不见，想抢我一个瞎眼人的钱啊！"

卖肉人听到盲人的话，顿时百口莫辩。这时，正好有一个聪明人来买肉，看到这种情况后，他说了一个办法，结果证实是盲人偷的钱。盲人无话可说，灰溜溜地走了。那么，大家知道聪明人是怎样判断盲人口袋里的4个硬币是从卖肉那里偷来的呢?

创新小翘板

聪明人并没有说什么，而是叫店主端来一盆清水，然后让盲人把那4个硬币放进水里。如果硬币进水后，会在水面上浮起一层油脂，那就证明这个钱是店主的；反之，则是盲人的。

250 一句问话露出破绽

约翰和乔治两人这些天一直在一起商量一些生意上的事情，有时聊晚了，约翰索性就住在乔治家不回去了。约翰的妻子莉莎知道丈夫会经常在乔治家过夜，所以有时候丈夫没有回来，她也不会担心。

这一天晚上，约翰又没有回家，莉莎也没有多想，还以为丈夫去乔治家里了，自己只是一心在照顾着孩子。然而第二天早晨，莉莎还未起床，就听到了一阵急促的敲门声。

门外的那个人一边敲门，一边说道："莉莎，约翰在不在？"莉莎听到喊声，打开门一看，是一直和丈夫在一起商量生意事情的乔治。于是，莉莎赶忙答道："他昨天晚上没回来呀！我以为他跟你在一起呢。"然而，乔治却说自己昨晚并没有和约翰在一起。于是，二人就心慌了，然后急忙向附近的警察局报了案。

警方经过仔细调查后，发现约翰已经被人暗害了。查案人员分别向莉莎和约翰进行了详细的询问，了解了事情的经过后，警察立即将乔治逮捕了。一开始的时候，乔治还极力否认自己杀害了约翰，但是，他最后不得不低头认罪。

你知道查案人员是根据什么认定是乔治做的案呢？

创新小翘板

正常情况下，如果乔治要找约翰，应该是敲门后直接问约翰的妻子约翰在不在家。可是，乔治却是问约翰的妻子：约翰在不在。这句话充分说明了乔治是知道约翰不在家的，所以，他有杀害约翰的重大嫌疑。

251 威士忌中的毒药

一天晚上，酒吧老板请自己的弟弟来喝酒，弟弟直到酒吧快打烊时才来到哥哥的酒店。这时，酒吧老板亲自调了一杯威士忌加冰苏打给自己的弟弟，但是，弟弟却不想喝。

原来，这两人是同父异母的兄弟，最近正因为遗产的继承问题在勾心斗角，二人都恨不得对方去死。所以，弟弟担心哥哥在酒里下毒，才不敢喝这杯酒。

哥哥看出了弟弟的戒备和怀疑，于是就非常气愤地说："我好心好意请你喝酒你却怀疑我？既然你怀疑我，那我就喝给你看。"哥哥说完后，就随即喝了大半杯，然后对弟弟说："这下你可放心喝了吧？"

说完，哥哥就又把酒杯推到弟弟面前。此时，弟弟看哥哥都喝了，自己也不好再拒绝哥哥的酒，于是就和哥哥一边说着闲话，一边慢慢地喝下了那剩余的半杯酒。但是，令人想不到的是，弟弟刚喝完，就中毒死了。

那么，你知道这是怎么回事吗？为什么同样的一杯酒，弟弟会中毒身亡，而酒吧老板却安然无恙呢？

创新小翘板

酒吧老板事先将无色透明的毒药藏在冰块里，然后用此冰块调了一杯威士忌苏打。当他自己先喝时，冰块尚未融化，所以酒中无毒。后来弟弟慢慢喝着剩余的半杯酒，毒液已经溶入酒中，所以中毒身亡。

252 浴缸里的泡沫

侦探马克接到报案，镇里的布斯特太太在家里服安眠药自杀了。马克急忙赶到事发现场进行观察，并对现场进行了仔细地检查。马克发现室内并没有打斗的痕迹，门窗也都完好无缺，只有布斯特太太一个人躺在浴缸里，很多沐浴泡沫充满了浴缸。在浴缸附近的地上，有掉落在地板上的移动电话和一个大瓶的安眠药药瓶，还有一些散落的安眠药。

侦探马克对布斯特太太的丈夫布斯特先生进行了询问，问他是什么时候知道布斯特太太自杀的事情。布斯特先生说：“这几天我正在外面办事，接到她打来的电话，在电话里我隐隐感觉到她的情绪不对劲，于是就在大约半个小时前赶紧赶回来了。但是，没想到我还是晚了一步。”

谁知马克听完后，却对布斯特线先生说，“布斯特先生，我希望你能诚实地向我们坦白事情的经过，你太太不是自杀的吧？”

为什么侦探马克不相信布斯特线先生说的话，还认定他就是凶手了呢？

创新小翘板

如果布斯特线先生说的是真话，那么浴缸里根本就不应该有这么多的泡沫。因为半个小时的时间足够洗澡产生的泡沫完全消融，或者是消融掉一大部分。所以，很明显，这些泡沫是布斯特线先生回来后制造出来的假象。

253 夏夜里的凶杀案

在一个酷热的夏夜，一个中学男教师被人发现死在了家中的地板上，并且上身赤裸着。警方接到报案后，马上赶到现场。经过调查，发现死者是被人勒死的。

根据现场的一些蛛丝马迹，警方很快就拘捕了两个嫌疑人。第一个嫌疑人是死者的弟弟，他是个不务正业、游手好闲的流氓，并且吸毒成瘾，还经常向他的哥哥要钱，兄弟俩个因此而常常发生争吵。第二个嫌疑人是个被开除学生的家长，他为人粗暴，脾气很差，前一阵儿刚因为自己儿子被死者开除而大发脾气、怀恨在心，甚至扬言要死者好看。

最后，从死者现场的环境看，警方认为这件案情发生的大概过程是这样的：死者在住所的窗前看到来找他的人，于是就主动打开了门，结果，却遭到别人的袭击而身亡。然后警察根据作案的过程描述，准确地找到了那个凶手，破了这件案子。那么，你认为这两个嫌疑人中哪个人才是凶手呢？

从警察的描述来看，凶手应该是死者的弟弟。这是因为在案发现场发现，死者的上身是赤裸着的，没有穿上衣，这样看来，凶手和他一定十分熟悉。如果是学生家长来的话，出于基本的礼貌，死者一定会穿好上衣才去开门，而不是赤裸上身。

254 巨额经费

光明国与希望国两个国家打了相当长时间的战争还是分不出上下。当时，光明国特工部门有一个秘密组织潜伏在希望国的控制区内。于是，光明国的高层想利用这个组织在希望国内造成混乱。但是有一个问题，这个组织目前严重缺乏经费，没有钱就无法开展扰乱希望国的工作。于是光明国打算派一名间谍进入希望国，并为这个组织带去大量的活动经费。但同时，希望国也得知了这个消息，他们加强了边境的检查，严防有光明国的经费流进希望国，一旦发现有大量值钱的东西，全部扣押。导致光明国一直没能将经费带入希望国。

有一天，一名来自光明国的男人要进入希望国，希望国的安检人员自然对他严格检查。但检查人员除了搜出一些换洗的衣服外，还有一些普通的信函。当然，安检人员把信封拆开进行了检查，一切都正常。这种情况下，安检人员只好让这名男子进入了希望国。

可就在一个月后，光明国的组织却在希望国内成功地进行了武装袭击。这下，希望国马上对进入希望国的嫌疑人进行调查，很快就发现一个月前的那名男子就是光明国的间谍。秘密组织的经费也是由他带入希望国的。可问题始终困扰着希望国的安检人员，这名当时只搜出衣服和信件的男子究竟是怎么为这个组织带入大量经费的呢？你能想到吗？

创新小翘板

就是那名男子所带的一些信函使用的信封上贴有价值连城的邮票，他将这些邮票兑现后，就有了足够的经费。

255 谁偷走了海洛因

大家都知道，海洛因除了是毒品外，还是很好的麻醉药剂。所以，在大多数医院里都会因为医疗上的需要而储备一些海洛因。这让一些有心之人就起了不该动的歪心思。

在一个深夜，有一名罪犯潜入了一家综合医院的药房，从药品柜里盗走了一大瓶只贴着化学式标签的海洛因。不幸的是，这个人作案的时候，被医院里的保安人员发现了，于是罪犯为了不被警察捉到，就狗急跳墙，用匕首刺死了保安人员，然后逃走了。

警察接到报案后，立刻展开了调查，全力搜捕罪犯，由张洋警官负责调查此案。张警官经过现场研究和询问医院里的工作人员后，他找出两个主要嫌疑人：一个是刚来医院不久的实习医生林医生，另一个是前几天才进医院的患者，是个青年农民，由于在下地干活时遭到野狼的袭击而负伤住院。

不仅如此，警察还发现作案现场的药品柜里摆着许多药瓶子，但罪犯只拿走了装着海洛因的瓶子。所以，警察很快地就抓到了罪犯。那么，你能推断出罪犯是这两个嫌疑人中的哪一个吗？

创新小翘板

罪犯是实习医生。这是因为只有熟悉环境的人才能从众多药瓶子中拿走自己需要的东西，而且这个瓶子上并没有写汉字，只是贴着海洛因的化学标签。普通的农民是不认识这些化学符号的，所以实习医生是小偷和凶手。

256 蹊跷的空中遗书

千万富翁布莱尔非常喜欢乘坐自己的私人直升机到处旅行。有一次，他的飞机刚刚飞出一小时之后，就突然返回了机场。原来，布莱尔的私人驾驶员向警方报案说：布莱尔在飞行途中，突然打开舱门跳机自杀了，他还在座椅上留下了一封遗书。

警方听到这个消息后，立即赶到机场进行调查。警察们登上直升机察看一番，果然在飞机的座椅上发现了布莱尔的一封遗书，表面看起来这位驾驶员说的似乎并没有错。

警察打开遗书看了看里面的内容，大致是说自己已经厌倦了人生，所以选择自杀，与别人无关之类的话。但是，警方还是觉得事有蹊跷，认为富翁没有什么要自杀的理由。于是警察们仍然在继续调查研究。令人值得欣慰的是，警察们果然发现了一个不可告人的隐情，于是立即将驾驶员拘捕了，并指证是他把布莱尔推出机外，然后把遗书放在座椅上的。

那么，你知道警方为什么会得出这样的结论吗？

创新小翘板

飞机在空中飞行时的速度很快，而且空中的气流很大。如果布莱尔将机舱门突然打开，就会因为机舱内高压、机舱外低压而产生巨大的吸力，而这时放在座椅上的那封轻飘飘的遗书肯定会被吸出机外，而不是安安稳稳地躺在那里。由此可知，显然是那个驾驶员说了谎。

257 辩词的破绽

董事长被发现死在办公桌后面的地毯上，他的右手旁边有一支法国造的手枪。警官一走进死者董事长的办公室，刘秘书就迎上前说：“除了桌子上的电话，我什么也没碰过。发现出了事情后，我立即就给你们打了电话。”

接着，刘秘书对警官讲述了事情的经过。“董事长叫我到这儿来一下，”刘秘书说，“我刚一进来，董事长立即破口大骂他的妻子和我。我告诉他一定是他弄错了。但当时，董事长正在气头上，他已经变得无法控制自己。最后，他歇斯底里地大叫：‘我非杀了你不可！’董事长一边说着，一边拉开办公桌最上面的抽屉，拿出一支手枪对着我就开了枪，幸好没击中。在万分危急之中，我没有任何办法，只好自卫。这完全是正当防卫。”听完刘秘书的话，警官什么也没有说，他将一支铅笔伸进手枪的枪管中，将它从尸体边挑起，然后拉开桌子最上面的抽屉，小心翼翼地将枪放回原处。

经过调查，警官对属下说：“刘秘书是一名私人侦探，他完全清楚我们这一套办案程序，并且，他的手枪是经注册备案的。我们在桌子对面的墙上发现了一颗法国造手枪的弹头，就是刘秘书所说的首先射向他的那颗。那支枪上虽留有董事长的指纹，但他并没有持枪执照，我们无法查出枪的来历。”

现在可以立案指控刘秘书蓄意谋杀了。你知道刘秘书在哪儿露出马脚了吗？

创新小翘板

刘秘书声称他除了电话什么也没碰过，并且说董事长冲动地拉开抽屉，拿出手枪抢先向他射击。但是，即使是一个最稳重细致的人，在这种情形之下也不会先关上抽屉再开枪，但警官发现抽屉是关着的，而刘秘书说除了电话之外他没有碰过任何东西，就说明刘秘书在说谎。

258 盲人抓小偷

哈里森有一位盲人朋友，名叫文森特。这一天，他到这位盲人好友文森特的家里去做客。那一天，他们聊得非常愉快，于是文森特就邀请哈里森在自己家里住了下来。

当天晚上，这两个好朋友还在客厅里欢快地聊天，结果，屋里的灯忽然灭了，这让哈里森吓了一跳。就在这是，他们二人听到二楼的一个房间里传来了“咣当”一声巨响。文森特惊惶地说道：“有小偷。”说完，他立即就从抽屉里取出了一把防身手枪，然后摸索着上楼，而哈里森也跟在他的后面。

到了二楼的那个房间，文森特轻轻把门推开，走了进去。由于当时房间里没有开灯，整个屋子一片漆黑，除了房间拐角处的那个座钟传来的声音，整座房子都静得出奇。突然，文森特朝着一个角落开了一枪，然后哈里森就听到“扑通”的一声，发现有人应声倒地。

家里的仆人听到枪响后，赶忙举着蜡烛走了上来。哈里森就发现在钟台前的地板上躺着一个人，捂着腿上的伤口呻吟不止。于是，哈里森对自己好友神奇的枪法佩服极了。

那么盲人文森特是如何判断出小偷的位置的呢？

创新小翘板

盲人由于看不到，所以他们的听觉一般都非常灵敏。当时小偷站在大座钟的前面，座钟的声音因为受到阻挡，就会和平常不一样，普通人或许会听不出来，但是盲人就不一样了，所以他能准确判断出小偷的位置。

259 谁是真凶

某城市发生了一场混乱的枪战，有许多人受了伤。市里的领导非常重视这个案子，特意派遣了一个重案组来进行调查。

其实，那天的情景非常的混乱。当枪声响过之后，一个医生的诊所里就冲进了一位陌生人。那个陌生人对医生说："当时我正走在大街上，然后就听到了从街那边传过来的枪声，紧接着我就看见有两个警察在追一个逃犯。当时，我什么也没想，就加入了追捕的行列之中。但是，令人遗憾的是，就在你诊所后面的那条死巷里，我们三个人遭到了那个家伙的伏击。结果，那两名警察都被打死了，而我也受伤了。"

这名医生听完他的话后，瞬间就被他的英勇而感动，于是二话没有说，就给他处置伤口。医生从这个陌生人的背部取出了一粒弹头，并把自己的衬衫给他换上，然后又将他的右臂用绷带吊在胸前。

当医生处理好这些的时候，警长和地方议员跑了进来。议员一看见这个陌生人就大声喊道："就是他！他就是那个逃犯。"警长听到后立即拔枪对准了这个陌生人。陌生人听到后，慌张地说道："我是来帮你们追捕逃犯的呀！你怎么能说我是逃犯呢？"议员听后说："如果你背部中了弹，就说明你是那个逃犯！"但是，在一旁目睹一切的探长却对警长说："这个伤员不是真凶！"

那么，谁才是真凶呢？

创新小翘板

议员是真正的凶手。因为在他进诊所时，那个陌生人已经处理过了伤口，而且也换上了干净的衣服，并且还吊着手臂。在正常的情况下，如果不是他开的枪，他是不应该知道陌生人是背部中弹的。

260 谁能得到姑娘的芳心？

有三个小伙子同时爱上了一个姑娘，他们为了能娶到这个漂亮的姑娘，就决定用手枪在森林里来一次决斗。在这三个小伙子中，小李的命中率是30%，小黄比他好些，命中率是50%，最出色的枪手是小林，他从不失误，命中率是100%。

出于这个显而易见的事实，为了公平起见，这三个小伙子决定按这样的顺序来进行比赛：小李先开枪，小黄第二，小林最后。然后这样不断循环，直到他们只剩下一个人。那么，大家知道这三个人中谁活下来的机会最大吗？他们都应该采取什么样的策略才能让自己获益最大呢？

创新小翘板

答案是小黄的几率最大，能够掳获姑娘的芳心。这是因为小李是第一个出手的，他要解决的第一个人就会是小林，以此来保证自己的安全。如果小黄被解决，小李理所当然地会成为小林的目标，他也必定会被打死。而小黄如果第一枪不打小林而去打小李，自己肯定会死（他命中率较高，会成为接下来的神枪手小林的目标）。

所以，小李会尝试先打死小林。那么，30%加50%的几就是80%（第一回合小林的死亡率，但会有一点点偏差，毕竟相加了）。那么第一回合小黄的死亡率是20%多一点（小林的命中率减去自己的死亡率）。假设小林第一回合死了，就轮到小李打小黄了，那么小李的命中率就变成了50%多一点点（自己的命中率加上小黄的死亡率）。这样就变成了小李小黄的对决，第二回合的小李的第一枪命中率是50%，小黄也是。可是如果拖下去的话占上风的自然就是小黄了，可能赢的也自然是小黄了。

261 "S"帮你找到罪犯

前一段时间，有一座城市里发生了一起恶性杀人事件，引起了广大市民的强烈关注。这件案子的具体情况是这样的，在某公寓二号楼的10号房间，有一单身女性被杀害了。这名女性似乎是在玩杂志上的字谜时被害的，因为她死的时候右手里还攥着一根红蓝色的铅笔。

不仅如此，这名女青年还用这根红蓝铅笔在榻榻米上留下了一个像是“S”模样的字。经过警察的推测，大家猜测这大概是受害人在临死时想留下什么线索才写的这个符号的。

后来，警方经过仔细搜查后，把同住在二楼的四位女性列为了嫌疑犯。当勘查现场的刑警想起被害人手里攥着的铅笔芯断了的时候，才恍然大悟：“原来如此！我知道了，凶手就是这个人。”于是，这名警察迅速下了断定，然后把嫌犯捉拿归案。事实证明，经过这名警察推断出来的这个人就是真正的凶手。

那么，大家知道真凶是几号房的人吗？

创新小翘板

经过警察的推断来看，真凶应该是8号房的人。因为通过被害人没写完的字，我们可以看出来其实是数字的“8”。但是，这个人只写到一半时红蓝铅芯断了，所以没写完的8字才变成了“S”。

262 台风过后

不久之前，台风和暴雨袭击了一个小镇。整个晚上都风雨大作，大风刮跑了许多东西。小镇上的人们也都早早地回家躲避台风，闭门不出。

然而等到第二天早晨，风雨过后，却有人在公园里发现了一具男尸，他浑身湿淋淋地趴在地上，旁边还有一顶死者的帽子。但是，现场当时并没有留下任何的痕迹，警察也找不到一个目击证人。

不过，经过法医的检查后发现，这名死者的死亡时间已经超过了20个小时，由此可以说明死者是在昨天白天就死了。因此，警员们立即做出断定，这个人并不是因为台风的袭击而身亡的，而是被别人杀害的。而且，警察还发现这里不是凶杀的第一现场，死者是被人由别处搬运来的。

那么，警员是根据什么下此结论的呢？

创新小翘板

其实，整个案件的破绽就是因为那顶帽子。由于昨晚的台风刮得非常厉害，因此，死者的帽子是不可能遗留在现场，早就被风吹走了。由此，可以得出这个案发现场是由别人故意伪装的。

263 脚印里的信息

鹅毛大雪纷纷扬扬地下了一天，地面积雪高达30厘米。

在这样的天气中，有一个罪犯在自己家中将人杀死后，为了防止别人发现，计划把尸体扛到邻近一幢还没有完工的空房内。但是罪犯这样做的话，就需要穿过一片空地。罪犯经过精心设计后，确认会把自己的嫌疑都洗清后，就把尸体转移了。

在原路返回的路途中，罪犯拨通了警察局的报警电话，对警察谎称说自己发现有人被害了。警察赶到现场后，仔细勘察了罪犯往返现场时留在雪地上的脚印。然后，警察便拿出手铐戴在报警人的手上，并对他说：“你在说谎，凶手就是你！”

你知道警察是怎么判断出来的吗？

创新小翘板

这是因为警察发现雪地上往返的脚印深度不同。如果一个人扛着尸体的话，他的重量就会增大，所以留在雪地上的脚印就比较深；而他返回时是空手而归，留下的脚印就会比较浅，这样一来，警察就可以很轻松断定报案的人就是凶手。

264 保护纪念馆

在美国有一个纪念馆，这个建筑物已落成使用很久，它表面的涂层早已斑驳脱落，甚至有些地方还出现了裂纹。政府担心会出现安全隐患，于是派专员调查以解决问题。

最初调查员以为蚀损建筑物的是酸雨。但后来他们又搜集了一些数据表明，冲洗墙壁所含的清洁剂对建筑物有强酸性作用，而该大厦每日都要被冲洗数次，其频繁程度大大多于其他建筑，因此受酸蚀损害严重。

可为什么要每天冲洗呢？调查员们继续调查，原来因为大厦每天都会被大量鸟粪弄脏，这鸟粪就来于燕子的。那这里为什么会有那么多燕子呢？因为在建筑物上经常有蜘蛛，而燕子最喜欢吃蜘蛛。那为什么会有蜘蛛呢？也因为墙上有蜘蛛最喜欢吃的一种东西——飞虫。那飞虫为什么会那么多呢？因为这里很适合小飞虫的繁殖。那为什么这里适合飞虫繁殖呢？因为这里落满了最适宜飞虫繁殖的尘埃。而这里的尘埃其实也并无特别，只是刚好有从窗子照射进来的充足阳光，正好形成了特别刺激飞虫繁殖兴奋的温床，因此大量飞虫聚集在此，从而吸引特别多的蜘蛛，又吸引了许多燕子，燕子吃饱了，就会在大厦上方便了……

现在问题的本源已经找到，那就可以来解决问题了，那么你知道解决这个问题最简单的方法是什么吗？

创新小翘板

其实最简单的方法就是拉上窗帘，这样就可以避免阳光照射而减少小飞虫的繁殖了。这样就能从根本上解决问题了。

265 母女散步

学习过物理知识的都知道，成年人每走一步路大约是50厘米，而小孩则是大人们的三分之二。所以，成年人走路会比小孩子要快。但是，小孩子要是想和大人们走路的步伐一致的话，就需要走得比成人们快一些，这样才能二人并行。

有一位妈妈每天早上都会和女儿晓梅一起去公园散步。但是妈妈走两步时，晓梅却可以走三步。所以，两个人走路的速度仍然是一样的。那么，我们现在有一个问题，就是如果两个人同时迈右脚开始走路，到他们同时迈左脚那一时刻，妈妈需要走多少步？

创新小翘板

无论走多久，他们都不可能同时迈左脚。他们走路的步调是不同的，妈妈是：右左、右左、右左、右左，晓梅是：右左、右左、右左、右左、右左、右左。由此可以看出，妈妈在迈左脚的时候，正好是晓梅迈第二步的中间时刻，所以他们永远都不可能同时迈出左脚。

第八章

潜意识创新——有意识地“随机”碰撞思想的火花

266 给“九曲明珠”穿线

从前，有一个大国的国王接见了毗邻边境的一个小国的使者。按照当时的礼仪，那位邻国使者向国王奉献了一颗名为“九曲明珠”的明珠。因为这明珠的中间有一条弯弯曲曲的通道，所以取名为九曲明珠。国王派人送走使者后，拿起桌上的明珠把玩，觉得很有意思。

突然，国王来了兴致，对大臣们说：“这是邻国使者送来的一颗九曲明珠，中间有一条弯弯曲曲的通道，如果你们当中有人能把这跟细线穿过这条通道，我就把这颗明珠赏给他。”

于是众大臣开始拿着细线和明珠绞尽脑汁地试来试去，可是费了半天的劲儿也没有人能穿过去。这时，轮到最后一位大臣了。只见这位大臣不慌不忙地拿着明珠和细线走到宫殿外的花园里，没一会儿工夫就拿着穿好线的明珠回来了。那么，大家知道那位大臣是用什么办法给九曲明珠穿线的吗？

创新小翘板

那位大臣去花园找了一只大蚂蚁，然后用丝线小心地拴住蚂蚁的腰，把它放在明珠孔的一端，然后在另一端口涂了些花蜜。蚂蚁对甜味的东西很敏感，就这样蚂蚁从孔的一端穿过了那颗明珠。

267 死里逃生

迈克的真实身份是一名警察，他在一个贩毒集团做卧底做了3年，他一直隐藏得很好，没有被人发现。但就在最近，他被人指出了卧底的身份，被那些毒贩子们关进了一个隐蔽的地牢里。

迈克知道自己必须赶快逃出去，如果在明天天亮之前还没逃走，就必死无疑。因为他知道这些人正等着他们的老大回来下令。

迈克一直留心观察周围，他在等待机会。终于到了半夜，看守地牢的人睡着了，迈克当然不会错过这个机会。作为一个刑警，迈克训练过怎样快速打开锁、手铐之类的东西。他从自己的皮鞋里抽出一根回形针，快速打开了手铐脚铐，然后又打开了地牢的锁。最终他沿着地牢后门溜出了贩毒分子的营地。他一路狂奔，也不知道跑了多久，才停下来稍作休息。

可这时他发现自己已在一片茂密的森林里，虽然月光很亮，但他不知道该往哪里跑了，因为不知道方向。要是等到天亮，就难以脱身了，那些毒贩们很可能会追上来的。于是迈克开始在自己身上摸索，想找找看有没有什么能帮他辨别方向的东西。结果他口袋里只有一个打火机，一块丝织手巾，再加上那根逃生用的回形针。这些东西看起来也帮不上忙啊。迈克陷入了绝望中，他心想：难道就这样功亏一篑？他坐下来，让自己冷静了一下。突然，迈克看到前面的地上有一滩积水。他灵机一动，找到了如何寻找方向的好方法。

你知道迈克是如何做的吗？

创新小翘板

迈克利用现有的条件，从回形针上折下一段，在丝织手巾上用力摩擦，这样针就具有了磁性。然后把打火机拆开，从里面弄出一些油，针蘸了油后，再放入水里，油的张力就能让针浮在水面上，而磁极的作用会让针尖大约能指向北方。这样迈克靠着自己做的“指北针”找到了方向，而最终逃出了森林。

268 巧对女宾客的裸体

我们生活中有时候会遇到一些尴尬的问题，此时，我们应该怎么做呢？下面让我们来看别人是怎么做的吧！

有一次，一家大旅馆要招聘服务生。由于这家旅馆的规模很大，发的薪水又多，待遇也很好，所以当时前来应聘的人很多。在经过几轮的筛选之后，这些前来应聘的服务生里面只剩下了5个男生，而面试官要在这几个人里挑选出两位最优秀的人作为他们酒店的服务生。

为了更好的测试他们的反应能力和处理应急事件、尴尬事件的能力，面试官就向剩下的应聘者们提出了一个问题：

“假设你现在已经是我们旅馆的服务生了，有一天当你走进客人的房间时，发现一名女客人刚洗完澡出来，她还没有来得及穿上衣服，这时的你应该怎么办才不会让对方觉得尴尬？”

听到面试官的问题后，有的应聘者回答说：“对不起，小姐，我不是故意的。”有的说：“小姐，我什么都没有看见。”这些都让面试官不是很满意，只有一位应聘者的回答让他感到惊喜。

如果你是这位应聘者，你觉得怎样回答这个问题才能让面试官比较满意呢？

创新小翘板

满意的回答应该是：“对不起，先生，我呆会儿再进来。”然后转身出去。这样说不仅解除了自己的难堪，也给对方以慰藉，让对方以为我们真的没有看清楚。

269 财主家的对联

古时候的一个镇子上，有个欺行霸市的财主很喜欢向人炫耀自己的财富。这一年在过春节的时候，财主请了一位很有才学的人写了一副自以为很好的对联，高高兴兴地贴在了大门上。这副对联的上联是“养猪大似象耗子已死完”，下联是“酿酒缸缸好做醋坛坛酸”。路过的百姓们看到了财主门前的对联，都互相在私下指指点点，但是谁也敢怒不敢言。

这个时候，恰好有个聪明的秀才路过地主门前，看过那幅张扬的对联之后，偷偷用笔在上下联中各点了一个逗号，这下对联上的意思就完全变了。结果招来很多路人围观，有人还大声念出来，引得众人哄堂大笑。笑声惊动了那财主，他出门一看他的对联，立刻气得昏了过去。

你知道秀才把标点点在何处了吗？

创新小翘板

上联是：养猪大似象耗子，已死完；下联是：酿酒缸缸好做醋，坛坛酸。

270 便捷的提货

再简单的生意也需要一些技巧才能做得顺利。艾伦就是一个喜欢动脑思考的生意人。她专门做皮球供应，每天到他的店里提货的人很多，而且一般都是一次就要几十只或一百多只的订货。但顾客只要一说出需要多少只皮球，艾伦就能很迅速地从货架上取出相应的包装好的皮球交给顾客，也不需要一只一只数个数，而且从来没有出过错。

你知道艾伦是怎么做到的吗？

创新小翘板

艾伦分别以每箱2、4、6、16、32、64、128个皮球来装箱。当顾客报出需要多少只皮球时，比如要145只皮球，那么她只要选择装有128个皮球和16个皮球的包装再加1个皮球就可以直接交给客户了。

271 一举三得修皇宫

宋真宗年间，不知什么原因京城汴梁起了大火，皇宫的一大部分都被烧成灰烬。大火扑灭之后，皇帝命令大臣丁渭迅速组织人手修复皇宫。

在当时的条件下，要进行这么浩大的工程，有很多困难。首先取土就非常困难，皇宫在城中心，而取土要到郊区，路途遥远，运输非常不方便。与此同时，还要运输各种修建皇宫所需的建筑材料，而且原来皇宫废墟上的垃圾杂物也需要清理运走，再加上皇帝给丁渭重建皇宫的时间特别短，这诸多的困难让他感到真是难上加难。

然而冷静的丁渭并不着急马上开工，经过一系列的调查和缜密的计划后，他在短短的期限内非常出色地完成了任务！而且一举三得，不仅解决了运输困难的问题，还大大节省了经费和时间。

你知道丁渭是怎样做的吗？

创新小翘板

首先，他让人挖开皇宫前面的大街，使这条大街变成了一条大沟；接着，把汴河的水引入到大沟之内，使之成为临时河道，很方便地解决了运输问题。皇宫修复以后，把沟里的水排出，将原来皇宫废墟上的杂物垃圾填入沟中，重新整为平地，恢复了大街原貌。

272 3个轮胎的汽车

一个晴朗的周末，大卫准备去把自己的汽车到附近的汽车维护店清洗一下。可当他来到爱车前，发现有三个车胎，少了一个，一定是昨晚被人偷走了。大卫很生气，但要把车胎赶紧配好，明天还要用车。正好他的车里还有一个备用胎。

然而又有一个新问题，每个车胎是由4个大螺丝固定在轴上的。大卫在工具箱里找了半天也没有找到一个可以固定备胎的螺丝。汽车维护店虽然很近，但缺了一个车胎的汽车根本无法行驶啊。于是大卫想了一个办法，成功将车安全地开到了附近的汽车维护店，既解决了轮胎的问题，也清洗了自己的车。

你知道他用的是什么办法吗？

创新小翘板

大卫从其他3个轮胎上各取下1个螺丝，安在备用车胎上，然后小心翼翼地将车开到了距离很近的汽车维护店。

273 填填看

如图，数字方格中都藏着一个字，你能否把格里的和邻格加成的字都猜出来？

（1）1加2等于一种甘甜的果子。

1	7
2	6
3	
4	5

（2）2加3等于不活泼的思想。

（3）3加4等于一种酸味的果子。

（4）4加5等于儿童的思想。

（5）7加6等于根底的意思。

（6）2加6等于由口排出的意思。

（7）1加7等于一种老幼都爱玩的玩具。

创新小翘板

如图所示：

木	其
口	土
木	
子	亥

274 老师的生日

小丽和小刚都是张老师的学生，张老师的生日是M月N日。他们两个人都知道张老师的生日是下列10组中的一天。最后，张老师把M值告诉了小丽，把N值告诉了小刚，张老师问他们知道他的生日是那一天吗？

3月4日 3月5日 3月8日 6月4日 6月7日 9月1日 9月5日 12月1日 12月2日 12月8日

小丽说："如果我不知道的话，小刚肯定也不知道。"

小刚说："本来我也不知道，但是现在我知道了。"

小丽说："哦，那我也知道了。"

请根据以上对话推断出张老师的生日是哪一天？

创新小翘板

答案应该是9月1日。我们首先来分析这10组日期，经观察就会发现，只有6月7日和12月2日这两组日期的日数是唯一的。由此可知，如果小刚得知的N是7或者2，那么他必定知道了老师的生日。

其次，我们再分析小丽说的那句“如果我不知道的话，小刚肯定也不知道”这句话，由此而知该10组日期的月数分别为3，6，9，12，而且相应月的日期都有两组以上，所以小丽得知M后是不可能知道老师生日的。

第三，进一步分析小丽说的那句“如果我不知道的话，小刚肯定也不知道”这句话，再结合第二步的结论，可知小刚得知N后也绝不可能知道。

最后，结合第3和第1步，可以推断出：所有6月和12月的日期都不是老师的生日，因为如果小丽得知的M是6，而若小刚的N=7，则小刚就知道了老师的生日。（由第1步已经推出），同理，如果小丽的M=12，若小刚的N=2，则小刚同样可以知道老师的生日。即：M不等于6和9。现在只剩下“3月4日 3月5日 3月8日 9月1日 9月5日”五组日期。而小刚知道了，所以N不等于5（有3月5日和9月5日），此时，小刚的N∈（1，4，8）注：此时N虽然有三种可能，但对于小刚来说，只要知道了其中的一种，就能得出结论。

275 冰岛探险

一个冬天，两个热爱探险的朋友来到了冰岛的一片无人的区域，这里除了冰雪什么都没有。他们继续向北走，来到一条冰河前，河面上漂浮了很多巨大的冰块。由于冰河太宽，水又凉，游过去的话很可能有被冻死的危险，但是又找不到绕过去的路。俩人想找一些树木可以造一条简陋的船，但是这里到处都覆盖着冰雪，根本找不到树。

他们并不想就此放弃探险的路，于是只好停在岸边，商量对策。经过冥思苦想，他们终于想出了一个可行的办法渡过了冰河，而且他们的身体也没有被河水弄湿。你知道俩人用什么办法过的河吗？

创新小翘板

他们用河面上漂浮的大冰块造船，由于冰比水轻，所以俩人坐着“冰船”顺利地过了河。

276 到底有多少个椰子？

在很久以前，有一艘海盗船被天下砸下来的一只大鹰给击中了，船被砸了一个大窟窿，船上五个倒霉的家伙只好逃难到一个孤岛上。这五个船员发现岛上孤零零的，什么吃的东西都没有，只有一棵椰子树。可是，他们没想到的是岛上还有一只猴子！

这五个船员在白天的时候会集体采摘椰子，然后把采摘下来的椰子放在一起。由于天已经很晚了，所以大家就找了个地方先去睡觉了。半夜的时候，有个人醒了过来，就去看椰子在不在。他看到椰子还摆在原地，就悄悄地把椰子分成了5份，分到最后发现多一个椰子，就顺手给了树上的猴子。分完后，这个人悄悄地藏起来了一份，然后把剩下的椰子又重新混在了一起，放回原处，而他自己则悄悄回去睡觉了。

过了一会儿，另一个家伙也悄悄的起床，像前一个人一样悄悄的把剩下的椰子分成5份，结果发现又多一个椰子，也是顺手就给了幸运的猴子，然后也悄悄的藏了一份，把剩下的椰子混在一起放回原处后，就回去睡觉了。

……

就这样，在天亮之前，这五个各怀诡计的家伙都把椰子给重新分了一遍。

早上大家都起床，各自心怀鬼胎地开始分椰子了。这只猴子还真不是一般的幸运，因为这次把椰子分成5份后居然还是多一个椰子，只好又给它了.

那么，大家知道这堆椰子到底有多少个吗？

创新小翘板

这堆椰子最少有15621个。为什么这样说呢？我们一步步来看，第一个人给了猴子1个，藏了3124个，还剩12496个；第二个人给了猴子1个，藏了2499个，还剩9996个；第三个人给了猴子1个，藏了1999个，还剩7996个；第四个人给了猴子1个，藏了1599个，还剩6396个；第五个人给了猴子1个，藏了1279个，还剩5116个；最后大家一起分成5份，每份1023个，多1个，给了猴子。

277 拜访齐白石

齐白石是我国著名的画家，有着众多的仰慕者。经常会有很多人来拜访齐白石老先生。其中有学画的，要拜他做老师；有拿画来向他请教的；也有他的学生其作品获奖，来向他表示感谢的。

有一天，几个学生拜见老师，他们刚想敲门，却看见门上写着一个“心”字。他们觉得奇怪，只见过门上写“福”字的，写“心”字是什么意思呢？这时一个学生忽然说：“我明白啦！咱们还是先走吧，改日再来拜访老师。”说着，那学生拉着同伴就离开了。

过了几天，他们又来到齐白石家门前，只见原来门上的那个“心”字没有了，而是换了“木”字，学生很高兴，就敲门进去了。

你知道他们为什么第一次没有敲门，第二次就敲门了呢？

创新小翘板

因为第一次时门上写“心”，就是“闷”字，表示主人心情不好，不要去打扰；门上写“木”字，表示主人现在闲着，可以接待来客。

278 聪明的易容师

有一位易容师，技术相当高明，他能使四五十岁的中年男人变成二十多岁的“年轻帅哥”，也能够把妙龄美女变成丑陋的老太太，因此他的名声在外。

一天，易容师刚看完一条新闻，说是有一名罪犯越狱逃跑了，他家里就来了一位不速之客，正是那个刚刚越狱的逃犯。那逃犯一进门就拿着枪逼着易容师道：“我要易容，你什么都不要问。现在你就给我化妆，要化妆成另外一副模样。只要你老老实实地为我化妆，事成之后，我就不会伤害你，否则要你的命！”

易容师心想，这个人手里有枪，可能就是新闻里说的那个越狱的逃犯。我不能硬来，但也不能让他得逞轻松逃跑。他一边想着对付的办法，一边装着很顺从的样子说：“你想化妆成什么样子？化妆成女人怎么样？”

“不行，化妆成女人行动上会有明显破绽，你只要给我换个长相就行了。”

易容师答应了，不一会儿的工夫，易容师果然将他变成了一个脸色黝黑，和他完全不像的中年男子。逃犯照了照镜子，觉得现在一点也不像自己了，非常满意。为安全起见，他临走时，把那易容师绑了个结实，以防他去报案。可出乎意料的是，这人刚刚来到大街上，就立即被警察逮捕了。

你知道这是怎么回事吗？

创新小翘板

原来，易容师前几天在报上看到了另一张通缉犯的照片，于是，就把那个通缉犯的模样移植到了这个逃犯的脸上。结果他刚一出现在大街上，就引起警察的注意，被抓获归案了。

279 奇怪的时间

从前有一位老钟表匠人，曾经为一个教堂装了一只大钟。当时由于这位钟表匠已经年老眼花了，因此不小心把长短针给装配错了，短针走的速度反而要比长针快12倍。

那天装配好的时候是上午的6点，所以，老钟表匠就把短针指在了表盘的数字“6”上，而长针指在了数字“12”上。老钟表匠把大钟表安装好就回家去了。但是，教堂里的人们看着钟表是7点，感觉没过多长时间就是8点了，大家都觉得很奇怪，以为表坏了，立刻去找老钟表匠来查修。

等老钟表匠赶到的时候，时间已经是下午7点多钟。然而，当老钟表匠拿出自己的怀表看时间时，发现教堂的大钟跟自己的怀表时间准确无误。所以，老钟表匠觉得这是有人在故意捉弄他，于是就生气的回家去了。但是，这钟还是8点、9点地快速往前走，等到人们再去找钟表匠时，时间已经是第二天的早晨8点了。当然，老钟表匠还是发现大钟表的时间和自己的时间一样，仍旧是准确无误。

所以，请大家来想一想，老钟表匠第一次对表的时候是7点几分？第二次对表又是8点几分？

创新小翘板

假如我们把时间设为7点x分的话，根据一个公式来算，就是（$7\times x/60$）$/12=x/60$，由此得出$x=7\times 60=420/11=38.2$，所以，第一次看表的时间是7点38分，第二次是8点44分。

280 年龄的故事

有一次，有一个人要去经理的家里做客，想要带些礼品过去。这个人知道经理的家里有三个女儿，而这三个女儿的年龄加起来正好等于13岁，三个女儿的年龄乘起来等于经理自己的年龄。这个人已经知道了经理的年龄，但是仍不能确定经理三个女儿的年龄。后来，有人告诉他：经理的三个女儿中只有一个女儿的头发是黑色的。这样一说，这个人立即就知道了经理三个女儿的年龄。然后，这个人按照经理的女儿们的年龄买了一些礼品，得到了经理女儿们的喜爱。

请问：经理的三个女儿的年龄分别是多少？这个人是怎么算出来的？

创新小翘板

很显然，经理的三个女儿的年龄都不是0，否则经理的年龄也就为0岁了，因此女儿的年龄都是大于等于1岁的。因此，在这样的条件下，我们可以得出以下几种情况：

$1\times1\times11=11$，$1\times2\times10=20$，$1\times3\times9=27$，$1\times4\times8=32$，$1\times5\times7=35$，$1\times6\times6=36$，$2\times2\times9=36$，$2\times3\times8=48$，$2\times4\times7=56$，$2\times5\times6=60$，$3\times3\times7=63$，$3\times4\times6=72$，$3\times5\times5=75$，$4\times4\times5=80$

因为我们已经知道了经理的实际年龄，但仍不能确定经理三个女儿的年龄，说明经理是36岁（因为$1\times6\times6=36$，$2\times2\times9=36$），所以3个女儿的年龄只有2种情况。经理又说只有一个女儿的头发是黑的，说明只有一个女儿是比较大的，其他的都比较小，头发还没有长成黑色的，所以3个女儿的年龄分别为2岁，2岁和9岁。

281 错误变正确

62–63=1这显然是个错误的等式，如果不移动数字而只是移动一下符号你能使这个错误等式变成正确的吗？

创新小翘板

把等号上的一条线“–”移动到前面的减号上，使等式变为62=63–1。

282 巧夺王冠

在国王的一次生日庆祝晚宴上，国王在10平米见方的豪华地毯正中放了一顶金光闪闪的王冠。国王开口道：“现在我们来玩个游戏。女士们，先生们，谁能不从地毯上经过就拿到这顶王冠？而且只能用手，不准用其他任何工具。谁能拿到，就把它作为礼物送给他。”话音刚落，人们全都聚在地毯周围争先恐后地伸出手，但谁也够不到。这时，有一位聪明的小伙子微笑着说，“好吧，我来试试！”说着，便轻而易举的拿到王冠。

那么，你知道他用了什么办法吗？

创新小翘板

他把地毯从一端卷起来走近王冠。这样，稍一伸手就可拿到王冠了。

283 提问占卜师

在闹市街头，有一位占卜师在那里给人占卜，他的生意一直非常火暴。这一天占卜师在门口立了一块牌子，上面写道：“问两次问题的费用为200英镑。”

近来不如意的理查德想就自己的工作、婚姻和健康3件事向他请教。但是理查德身上只有250英镑，于是他问这位占卜师说：“很短的一句话也算作是问一次吗？”

“当然，算是一个问题。”占卜师不紧不慢地回答他。

理查德又问道：“那很长很长的一句话也算是问一次吗？”

“没错，也只算一次。”

于是，理查德费尽心机地想了很久，最后终于找到了一种可以对付占卜师的办法。

请问：理查德找到了什么好办法？他准备好的3个问题最后问了几个？

创新小翘板

一个问题也问不了。因为理查德心里老想着如何巧妙地把自己最想问的问题提出来，可惜的是，在他准备的时候就不知不觉已经问了占卜师两个问题了，白白地浪费了机会，就是想到了很好的办法也是徒劳，因为已经没有钱来继续提问了。

284 握在手里的鸟

很久以前，在威尼斯的一个村庄里住着一位睿智的老者，村子里的人有什么疑难问题都来向他请教。

有一天，一个聪明又调皮的小男孩想要故意给老者出个难题。这个男孩抓住了一只小鸟，握在手里，他跑去问老人："老爷爷，听说您是最有智慧的人，你能猜出我手中的鸟是活的还是死的吗？"

老人注视着小男孩的狡黠的眼睛，心中已有答案，他知道如果他回答小鸟是活着的，那这孩子就会暗中用力，把小鸟掐死；如果他回答鸟是死的，那小孩就会张开双手让鸟飞走。于是老人拍了拍了肩膀笑着对那男孩说了一句话，小男孩不好意思地低下了头。

你知道智慧的老者对孩子说了什么话吗？

创新小翘板

那老者说："这只小鸟的死活，就全看你啦！"

285 智者的问题

兄弟两人为了争父亲的遗产打得不可开交，于是，他们找到了一个智者，让他给个公断。智者出了三个问题，并宣布：如果谁能够把这三个问题回答好，那么分财产的决定权就归谁，兄弟二人都答应了。他的三个问题是：在这个世界上，什么最肥？什么最快？什么最可亲？智者让他们第二天把答案告诉自己。

第二天，见到智者时，哥哥给出的答案是：最肥的是自家养的猪，最快的是自家跑的马，而最可亲的则是自己的老婆。而智者却对弟弟的答案比较满意，最终弟弟如愿地分到了财产。

你知道弟弟是怎样回答这三个问题的吗？

创新小翘板

他的回答是："世界最肥的是土地，因为它能生长出万物；最快的是人的态度，因为它的变化比什么都快；最可亲的是自己的国王，因为他善待自己的子民，就像父母对待儿女一样。"

286 猜一下这条淑女裙子的颜色

莉莉最近买了一条新款的淑女裙子，她的好朋友们急着想要一睹风采，可是莉莉却一直在卖关子，并不让她们看，而是给了她们一个提示让她们猜："我的这条裙子的颜色是灰、黑、白三种颜色中的一种。"

小文说："莉莉一定不会买灰色的。"

小光说："不是白色的就是黑的。"

小英说："那一定是黑的。"

最后，莉莉说："你们之中至少有一个人是对的，至少有一个人是错的。"

请问，莉莉的裙子到底是什么颜色的？

创新小翘板

根据莉莉说的那句话，我们可以假设小文说的话是对的，没有买灰色的裙子，而是买了黑色或者白色的裙子；而小英说的话是错的，买的是灰色或者是白色的裙子；那么小光的话就是正确的；再加上小文和小英说的话，我们得知莉莉不可能买黑色的裙子，那么我们可以得知这件裙子的颜色是白色的。

287 如此坐牢

一个国王视察监狱。他了解到一名犯人的状况很是可怜，于是问典狱长："这个人被判处何种徒刑？"

"终身监禁，国王陛下！"典狱长回答。

"传我的命令，赦免此人一半刑罚。"

这下典狱长犯了难，没有一个人知道，这终身监禁减免一半该怎样执行。旁边一个聪明的狱吏想出了一个绝妙的执行办法，解决了这个难题。

你知道这个狱吏想的是什么办法吗？

创新小翘板

这个狱吏说："让那犯人坐一天牢，然后释放回家一天，接着再回来坐一天牢，释放一天，如此下去，直到他死去。"

288 没有文字的祝福

小玲十八岁生日的前一天，收到了远方好友阿郎寄来的祝福贺卡。她兴冲冲地把信拆开一看，不由得纳闷起来。贺卡上没有写字，只是画了一张图画。

图画的内容是这样的：一颗大五角星，星下有一个漂亮的姑娘。小玲盯着这幅奇怪的画看了许久，终于悟出其中的含义。她会心一笑，连忙给好朋友回了信。

几天后，阿郎收到了小玲的回信，里面是一张画，画着两盆已经枯萎的植物。阿郎看到后也感到莫名其妙，但思考了片刻，就明白了小玲的意思，喃喃地说道："学我学得还挺快。"

你猜得到这两封信中画的含义吗？

创新小翘板

第一封是阿郎祝福小玲生日快乐的意思。画中的星是生日的意思；女子是好，意指快乐。第二封信是谢谢的意思，植物枯萎就是指谢。

289 圆形排列

桌上放了12枚圆片，6枚圆片为橙色，6枚是白色。注意在这4行圆片中，每行都同时包括橙色和白色两种。现在，你能移动其中一枚圆片使水平方向的4行圆片或者全部是白色或者全部是橙色的吗？

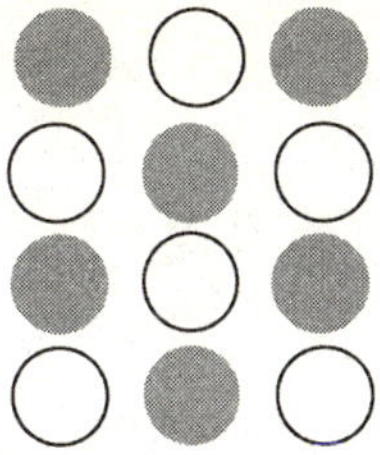

创新小翘板

按住第一行中间的那枚圆片上，然后向上移动，再向左移。接着，将圆片沿着左列圆片向下移动。最后移到底部中间圆片的下面。现在将中间一列圆片整体向上推，直到每行再次有3枚圆片。此时每一行的圆片就全是橙色的或者全是白色的。

290 让人误解的推销举动

在法兰克福国际名酒博览会上，来自法国的一家新成立的葡萄酒公司第一次参展。作为一家新公司，在那些享有盛名的大牌名酒中，他们的产品就像一个无名小卒。公司的老板很想通过这次博览会让大家认识他们的酒，而老板自己对产品也很有信心，认为可以通过这次博览会开拓出更大的市场。

但博览会现场的状况似乎并不好，那些来参加博览会的厂商宾客都奔着知名品牌的名酒去了，很少有人问津他们的展位。而来过展位的宾客，也都是匆匆地看一眼要一份资料就走开了，没有人坐下来想了解他们的产品。眼看博览会就要结束了他们还没有接到一笔订单，甚至有意向的客户都没有。负责这次参展的业务员心急如焚，因为无法向上级交差，不知如何是好。

这时候，另一位业务员灵机一动想出了办法，他做出了一个让人吃惊甚至会带来误解的举动。然而就是他的这一不寻常的举动吸引了很多宾客来到他们的展位前，来认识他们公司的产品。

你知道那位业务员用了什么样的办法吸引大家来的吗？

创新小翘板

那位业务员将他们展示的一瓶最好的酒故意扔到了地上，酒液瞬时流淌在地上，而周围的空气也充满了酒香。参加博览会的人感觉这种香气很特别，于是便寻着酒香纷纷来到这家公司的展示摊位前了。

291 施特劳斯的《蓝色多瑙河》

奥地利著名作曲家施特劳斯一生创作了很多著名的乐曲。有一次，他和朋友到海边外出度假，寻找创作灵感。

这一天黄昏，他穿着舒服的白衬衣，独自来到海边散步。夕阳西下，阳光照射在蔚蓝的海面上，泛出梦幻般的光芒，面对波澜壮阔的场景，施特劳斯情不自禁地与乐曲联系起来。他突然产生了灵感，想出了一段妙不可言音乐旋律。施特劳斯赶忙翻找自己的口袋，想找笔和纸记录下来这一突发的灵感。可是翻遍了全身上下，他只找到了一支笔，而没有可写的纸张。

而施特劳斯不能让这美妙的灵感一闪即过，于是他毫不犹豫地做出了个举动，最终将这一段旋律记录了下来，而他后来的不朽之作《蓝色多瑙河》就是在这个旋律的基础上完成的。

你知道施特劳斯是如何记录下他的灵感的吗？

创新小翘板

施特劳斯脱下身上穿的白衬衣当做纸，用笔记下了这一段旋律。

292 职员与电话号码

有A、B、C、D、E五个人，他们分别是甲、乙、丙、丁、戊5个公司的职员。一天中午，他们分别在10点20分、10点35分、10点50分、11点05分、11点20分的时间段里，在自己的公司，给其他四个公司里的上述的某个人打电话，所打电话的号码分别是2450、3581、6236、7904、8769。

已知：

（1）10点50分，一位小姐给乙公司打了电话，这位小姐的号码不是2450。

（2）甲公司的电话号码是7904，C女士没有打这个电话号码，丙公司半个小时前打了这个电话号码。

（3）10点20分所打的那个电话的号码各数之和与A小姐所打的那个电话号码的各数之和相等。

（4）丁公司在11点以前要通了B女士的电话，这个号码的第一个数字是偶数。

（5）D先生要通的电话的号码是8769，但是这个号码不是戊公司的电话号码。

（6）E先生也打了电话。

请根据上述的材料确定：

① 何人在何时给哪家公司打了电话？所要的电话号码各是多少？

② 每个人各是哪家公司的职员？其电话号码是多少？

创新小翘板

①A小姐在10点50分给乙公司打了电话，所要号码是3581；

B女士在10点35分给甲公司打了电话，所要号码是7904；

C女士在11点05分给戊公司打了电话，所要号码是2450；

D先生在11点20分给丁公司打了电话，所要号码是8769；

E先生在10点20分给丙公司打了电话，所要号码是6236。

②A小姐是甲公司的职员，其电话号码是7904；

B 女士是丙公司的职员，其电话号码是6236；

C 女士是乙公司的职员，其电话号码是3581；

D 先生是戊公司的职员，其电话号码是2450；

E 先生是丁公司的职员，其电话号码是8769。

293 公平问题

两个淘金者淘得了一些金沙，这一天他们在一起平分他们的成果。他们将一堆金沙堆放在一块平整的石板上，但没有任何称量工具。这时有一个谁也不会觉得吃亏的平分方法，那就是由其中的一个人把金沙分成两堆，而让另一个人先挑选。但如果上述平分金沙的淘金者不止两个，而是几个人，比如说五个，是否也存在一种谁也不觉得吃亏的平分方法呢？

创新小翘板

假设有五个人A、B、C、D、E，正在一起分一堆金沙。A首先分出他认为占1／5的一小堆，并且愿意拿这一份。下面轮到B。如果B认为A分出的一份不多于1／5，就不变动它；如果认为多于1／5，B就有权利把他认为多出的部分去掉，放回原金沙堆。C、D、E三人依次具有这种权利。最后一个做出变动的人就把变动后的一小堆金沙作为自己的一份。按这种方式，这小堆金沙的分得者不会觉得吃亏，因为他确信自己的份额不少于1/5，其他的人也不会觉得吃亏，因为他们确信这小堆金沙不会多于他人。这样，问题转化为四个人分剩下的金沙，同样的方式，问题化归为三个人，最后化归为两个人，即一个人分，另一个人挑选。这样的方法，原则上可以推广到每个人。

294 聪明的酋长

古时候，住在海边的一个部落受到了另一个部落的侵略，但是部落里的青壮年都不在，只剩下老人、妇女和孩子。大家得知这个消息后都被吓坏了，纷纷来找酋长，希望他能有什么好的办法能把敌人赶跑。

酋长走上城墙一看："哎呀！今天的太阳真是厉害，照得人眼睛都睁不开。"这时，酋长看见敌人的战船越来越近了，船上的风帆看起来不久前似乎刚上过油，正鼓鼓囊囊的吹满了风。谁知，酋长却看着船上的风帆，突然灵机一动，高兴地对大家说有办法啦。然后，在酋长的指挥下大家一齐行动，最后把敌船上的风帆烧起来了。

那么，你知道酋长用的是什么办法吗?

创新小翘板

酋长叫大家拿起镜子，千万面镜子把阳光集中反射到一个点——敌船的风帆上，使这个点温度迅速升高，上过油的风帆很容易就起火燃烧了。

295 怎样倒水

曾经在看新闻的时候，看到过一则这样的故事：有一个卖糖人，他的手抓东西时很准，能够在不用称的情况下把别人需要几斤几两的东西给抓的相差无几。这个卖糖人的技术让人们佩服，同时，我们也会羡慕他。其实，在生活中，还有许多这样的小技巧需要我们掌握，这样我们的生活才会更加方便。

例如：如果现在我们有个900ml的水壶和2个空杯子，一个杯子能盛500ml，另一个能盛300ml。请问：我们应该怎样倒水，才能使每个杯子恰好都有100ml水？前提是不可以使用别的容器，也不可以在杯子上做记号。

创新小翘板

首先，我们应该把2个杯子都倒满，然后将水壶里的水倒掉。接着将300ml杯子内的水倒回水壶，大杯子的水倒入小杯子300ml，把这300ml水倒回壶中，再把大杯子剩下的200ml水倒往小杯子， 把壶里的水注满大杯子（500ml），这样，桶里只剩100ml水。再把大杯子的水注满小杯子（只能倒出100ml），然后把小杯子里的水倒掉，再从大杯子往小杯子倒300ml水，大杯子里剩100ml，再把小杯子里的水倒掉，最后把水壶里剩的100ml水倒入小杯子，这样每个杯子都有100ml水了。

296 买东西的哲学

有个非常爱占人便宜的学校食堂采购员负责每天去菜市场买葱，因为他的斤斤计较，他为食堂省下了很多钱。

有一天，这个采购员在外出买菜时碰到了一个卖葱的老人，这位老人摊位上的葱都长得葱郁白嫩的，让人看了就很想买。于是，这个采购员就问卖葱的老人家："老人家，您的这葱多少钱一斤啊？"卖葱的老人说："1块钱1斤。我这里总共有100斤，你全部要的话要100元。"

采购员于是又问："葱白跟葱绿能分开卖吗？"

卖葱的老人说："可以。一斤葱白7毛，一斤葱绿要3毛。"

于是，采购员就把老人家的葱绿和葱白全部买下了。但是，在算价钱的时候，有人却发现：老人的葱白有50斤，葱绿也有50斤，这样一来，买50斤的葱白需要的价格是50×0.7=35元，而50斤的葱绿是50×0.3=15元。到最后，就是35+15=50元。

结果，那个采购员最后只花费了50元就把老人家100元的葱给买走了，而直到最后，卖葱的老人还是很纳闷：为什么明明要卖100元的葱，最后只卖了50元呢？请大家来帮忙老人家算一算这是为什么？

创新小翘板

因为一斤葱里面包括了葱白和葱绿，总共是一斤1元钱。但是，如果我们分开来卖的话，就是一斤葱白0.7元，一斤葱绿0.3元，虽然听起来没有变化，但是实际上却是卖出去了2斤才得到了1元钱。这样算的话，卖葱的老人家肯定就亏本了。

我们要想得到正确的价格，就应该葱绿半斤7毛，葱白半斤3毛，所以，一斤葱绿是1.4块，一斤葱白是6毛，最后的计算结果就是50×1.4=70块，50×0.6=30块，一共100块。

297 建城墙

每当看到万里长城的时候，我们都会感叹古人的智慧是无穷的。当然，古人在修建长城的时候，不只是一味埋头苦干，而是早早就设计好了需要多少块砖、多少人力，才能把长城修建得美观又坚固。

那么，如果现在要我们建一道长100尺、高7尺的单层砖墙，而我们能够使用的砖块只有两种：长2尺高1尺或长1尺高l尺（砖块不能切割）。垂直连接砖块必须如右图所示交错间隔，且墙的两端必须砌平。那么，至少需要多少块砖才能建成此墙吗？

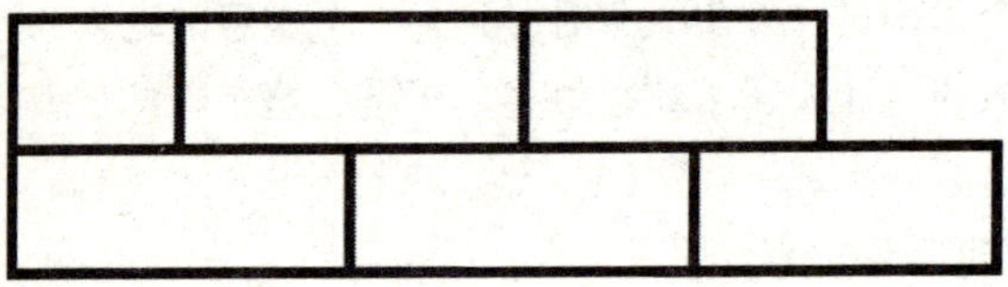

创新小翘板

353块。从题意可以推知要使使用的砖块最少，应该尽量使用大砖，第一层使用大砖，需要50块；第二层由于必须交错间隔，所以必须要使用小砖，而使用最少的小砖的唯一方法是两端使用小砖；第三层也用大砖，仍要50块，第四层类似第二层，依此类推，共七层。故最后使用的砖块数为50＋51＋50＋51＋50＋51＋50＝353。

298 扩大鱼塘

有一个鱼塘，如下图所示，为了进一步增产，养鱼人决定把鱼池扩大。但有这样的要求：

（1）扩大后的鱼池必须仍是三角形，保持“金三角”鱼池的称号；

（2）扩大后的鱼池面积是原面积的4倍；

（3）原鱼池的三个角上栽的3棵大柳树不能移动。

那么，你能替养鱼人设计一个施工草图吗？

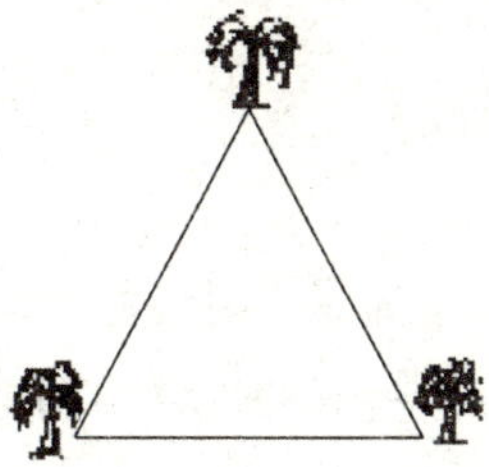

创新小翘板

如图。我们只要过三角形的三个顶点，分别作它们所对的边的平行线，两两相交，成一个大三角形，这个大三角形的面积正好是原三角形面积的4倍。

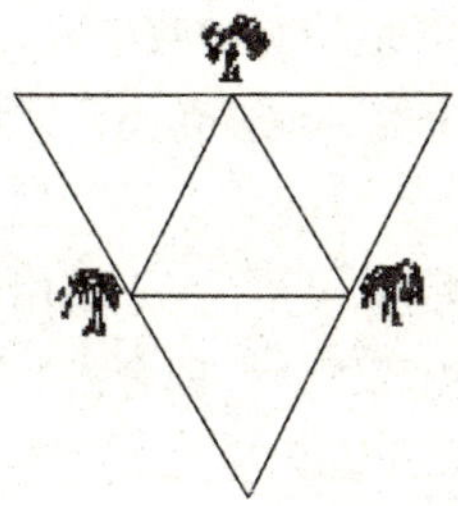

299 行驶多远

有一辆自行车，前轮和后轮都是新的，并且可以互换，轮胎在前轮位置可以行驶5000千米，在后轮位置可以行驶3000千米，问使用两个新轮胎，这辆自行车最多可以行多远？

创新小翘板

3750千米。如果我们考虑在中途某个时刻将车轮调换，则非常麻烦。如果将这个问题转化成工程问题：把一个车轮的使用寿命看作单位“1”，则每行1

千米，前轮被使用了1/5000，后轮被使用了1/3000，这样用两个轮子的寿命2÷（1/5000+1/3000）=3750，很容易就求出使用这两个轮子最多可以行驶3750千米，就不用考虑何时调换轮子这个恼人的问题。

300 东方朔以谜破谜

东方朔是西汉武帝时的太中大夫，因为他为人机智聪敏，“上知天文、下知地理”，很受汉武帝的青睐。但是，当时还有位郭舍人也很想得到武帝的宠信。所以，郭舍人总是不自觉的和东方朔一较高低。

汉武帝当年很喜欢猜谜逗乐，所以经常会让东方朔和郭舍人来互相猜谜比胜负。但是东方朔由于博闻强记，总是能够取胜，这让郭舍人心中很不服气，总想着找机会挣回面子。

有一天，这两人一同与汉武帝讨论国事。讨论完后，武帝想找点乐趣，便令他二人出谜比赛。郭舍人一看机会来了，就立即对武帝说：“我已有一谜，可否让我先说？”武帝听后准许了。郭舍人就把他事先准备好的谜语说了出来：“客从东方，讴歌且行。不从门入，逾我垣墙。游戏中庭，上入殿堂 。击之拍拍，死者攘攘。格斗而死，主人被创。”说完，他便得意洋洋地看着东方朔，心想：这下肯定会难倒东方朔了。

谁知，聪明的东方朔只是略加思索了一下就用另一谜语来作为会答：“长喙细身，昼匿夜行；饮朱砂酒，拍见阎王。”郭舍人一听，就知道东方朔已经破开自己的谜语了，顿时就感慨自己这辈子都无法比得过东方朔了。

那么，聪明的大家看到这里能猜出他们二人的谜底是什么吗？

创新小翘板

他们两人所猜之物都是一种动物——“蚊子”。

301 “漂”在水中央的酒瓶塞

生活中的艾瑞克是一个懂得细心观察的人，他经常能发现别人不能发现和看到的一些小事情。可是，就是这些小事情，却让艾瑞克的生活充满了乐趣。

艾瑞克很喜欢喝红酒，有一次，在喝酒的时候，他就发现了一个很有趣的问题：红酒瓶中的酒瓶塞不小心掉进了装有水的红酒杯里，但瓶塞并没有停留在杯内水的中央，而是慢慢漂到玻璃杯的一侧，然后停在了那里。

后来，艾瑞克想出了一个简单的方法，可以使瓶塞停留在玻璃杯的中央。你知道艾瑞克是怎么做的吗？

创新小翘板

酒瓶塞之所以会停在玻璃杯的一侧从而不动，就是因为玻璃杯中的红酒的张力和浮力不够。所以，我们如果要想瓶塞继续向上"漂"，到达杯子的中央并停在那里，就应该继续向玻璃杯中缓缓地加水，直到加满后水平面几乎超出杯口，这时候液体的表面张力会使水面稍稍凸起，酒瓶塞会在张力的作用下达到我们想要的结果。

302 李时珍巧讽昏县官

明代时期的医药家李时珍曾担任过四川蓬溪知县一段时间，后来才辞官回乡做的大夫。李时珍在离职前，接任的县官说要为李时珍饯行。

吃完饭后，那新县官就向李时珍求道："早就听大家说李公的医道高明，我最近身体有些虚，不知可否为下官开一贴滋补的药方？"李时珍其实对这个新县官并无好感，他早就听说此人是个"酒色财气"四大全的昏官。可是，面对新县官的要求，他也不好回绝。但是，李时珍很聪明，他假装答应给新县官开药方，但是那并不是一副简单的药方。

因此，当李时珍派人取来文房四宝时，李时珍略一思索，为他开了这样一剂药方：柏子仁三钱、木瓜二钱、官桂三钱、柴胡三钱、益智二钱、附子三钱、八角二钱、人参一钱、台乌三钱、上党三钱、山药二钱。写完后，李时珍交给新县官在他的感谢中扬长而去。

第二天，那位昏官兴冲冲地将李时珍给他开的药方交于师爷去抓药。师爷细细一看，忙说："大人，您这是被他骂了！"接着便向昏官解释了出了其中的奥秘。那昏官一听，气得直拍桌子，扬言将来要治罪于李时珍。

那么，大家知道李时珍写的药方中是如何骂这个贪官的吗？

创新小翘板

其实答案很简单，我们只要把药方里每种药的第一个字连起来一念就知道了：柏木棺材一副，八人抬上山。

303 四人过桥

四个人结伴出去玩儿，玩到天已经黑漆漆的了，但是他们中间只有一个人带了手电筒。由于这天的天气不好，没有月光，周围也漆黑一片，所以，他们几个在走路时只能一直在一块儿。

可是，当他们走了一段路时，来到了一座很窄而且又没有护栏的桥边。这个时候，如果没有手电筒的照明，他们是根本无法自己走过这座小桥的。不仅如此，更糟糕的是这座桥每次只能承受两个人的重量，如果他们各自单独过桥的话，需要的时间分别是3、4、6、9分钟。但是，如果两个人同时过桥，又同时需要找到手电筒，那他们过桥所需要的时间就是比较慢的那个人单独过桥所需要的时间。这样计算到最后，他们就会在过桥时花费许多时间。

因此，你能帮这四个人设计出一个完美的方案，让他们用最快的时间过桥吗？

创新小翘板

假设四个人为甲、乙、丙、丁，他们过桥所用的时间相应为3、4、6、9分钟。

可以先让甲和乙过桥，一共用4分钟；然后让甲返回，用去3分钟；再让丙和丁一起过桥，一共用9分钟；再让已经过了桥的乙拿着手电筒返回，用4分钟；最后甲和乙再一起过桥，用4分钟。所以四个人最快过桥要用4+3+9+4+4=24分钟。

304 玩乒乓球

玛丽一直嚷着要哈利陪她一起打乒乓球。但哈利不想和她玩，又不想被她吵的烦，于是就想了一个妙计。他对玛丽说："玛丽，这袋子里放了两个乒乓球，其中一个黄色的，另一个是白色的。现在，你伸手进去拿乒乓球。如果你能拿到黄色的乒乓球，我就陪你玩；但是，如果你拿到的是白色的，那你就不要再来找我玩了，而且还不能再对我大吵大闹！”

玛丽一听，这不是很简单的事情吗？于是，她高兴地答应了。但是，令她想不到的是，她恰好瞥见哈利明明是放进去了两个白色乒乓球。这样一来，不论她拿到哪一个球，都会是白色的了。

但是，聪明的玛丽还是想出了妙计，让哈利只能乖乖地跟她一起玩。那么，你知道玛丽是如何做到的吗？

创新小翘板

玛丽可以先从袋子里拿出一个乒乓球，然后趁着哈利不注意把球赶紧从窗户扔出去，然后再让哈利看看袋子里剩的是什么颜色的球，他就会无话可说了。

305 恶作剧的信件

一天，陆先生收到一封来自朋友的信，但看到来信后却令他大吃一惊！这是为什么呢？原来陆先生发现他收到的这封信信上的邮戳还是两天前盖上的，但是这封信的密封却又做得非常好，他可以看出来信口是一早就封好的。不仅如此，陆先生还发现信封里面的新闻报是今天早上的。

这到底是怎么一回事呢？陆先生百思不得其解，他在想：莫非这一封信使用了时光机，它是从未来的世界寄来的？陆先生始终都想不明白，最后没办法了，他马上给他的这个朋友打电话询问，才知道原来是那个朋友给他玩的一次恶作剧。

你知道这是怎么回事吗？

创新小翘板

原来，陆先生的朋友在信封上的收信人地址处，先用铅笔轻轻地写上自己家的地址，然后随便在里面装一张纸就把信寄到了自己家。这时，陆先生的朋友就用橡皮擦把之前写的地址擦掉，再用墨水写上陆先生家的地址，然后再把当天的早报装进信封里，仔细封好信后，再亲自放到陆先生家的信箱里就可以了。

第九章

联想创新——风马牛有时也相及

306 拜伦的想象思维

英国著名诗人拜伦有句名言："想象力，能使思维充满创造活力。"现代科学巨匠爱因斯坦也说："想象力比知识更重要，因为知识是有限的，而想象力概括世界上的一切，推动着进步，并且是知识进化的源泉。"一个人想象力丰富，应该说是生活环境的影响和个人意识培养的结果。有人抱怨自己天生就不是有丰富想象力的人，其实每一个人天生都具有一定的想象力，但要使之丰富，就需随时注意培养。

镜子是可以照出任何人或物体的外形来，但拜伦却警告道："思想上的延续和逻辑上的延续，并不一定在所有问题上都有存在的必要。"所以他是这样认为的，当一个人在面向镜子的时候，映出的不见得都是本人的真实的样子。打个比方说：假设一个人站在两块相对摆放着的光镜中间的时候，就会照出一连串的影像。那么，如果有一间屋子，屋里只有镜子，而且上下、左右、前后都铺满了无缝隙的镜片，一个芭蕾舞演员站在这间屋子里，他看到的影像又是怎样的呢？靠你的思维能力能想象的到吗？

创新小翘板

这个芭蕾舞演员什么也看不见，因为各个方向都铺满了镜片，又没有缝隙，根本进不了光线，所以在没有光线的情况下，有再多的镜子也是什么都看不到。

307 苏东坡的哑谜对联

苏东坡不仅是一位驰骋政坛的政治家，更是一名开宗立派的文学家。在文学上，苏东坡诗、词、歌、赋、散文皆有大成，又以词的成就为最。自晚唐五代以来，词一直被视为“小道”，文人墨客通常是以写诗的余力和游戏的态度填词，内容上多以男欢女爱，闲愁别恨的“婉约词”为主流。然而，苏东坡的横空出世，打破了这道数百年的樊篱，他以壮美的风格和阔大的意境，抒发自我的真实性情和独特的人生感受，自成一家，自是一派，开创了“豪放词”的先河，成就了宋词的另一座高峰。这里有关于苏东坡的一个小故事。

苏东坡曾有一段时间被贬到黄州去做官，并且在那里居住了很多年。有一天晚上，他和好友佛印和尚在江上一边喝酒一边泛舟。正在两人举杯畅饮的时候，苏轼忽然用手往江岸上一指，笑了笑没说一句话。佛印便顺着他的手指向江岸望去，只见一条黄狗正在啃一堆剩下的骨头，他马上明白苏东坡是在考自己，而且还趁机挖苦了一番。佛印想了想，便把自己手中题有苏东坡诗句的扇子丢到了水里。两人面对面没说任何话，不禁大笑起来。原来，这是一副哑谜对联。

那么，你好想一想，这副对联的内容究竟是什么呢？

创新小翘板

苏东坡的上联是：狗啃河上（和尚）骨。佛印的下联是：水流东坡尸（东坡诗）。

308 几何谜语

点、线、面、体这些可帮助人们有效的刻画错综复杂的世界，它们都称为几何图形。从实物中抽象出的各种图形统称为几何图形。有些几何图形的各部分不在同一平面内，叫做立体图形。有些几何图形的各部分都在同一平面内，叫做平面图形。虽然立体图形与平面图形是两类不同的几何图形，但它们是互相联系的。为了让同学们能够快速的记忆几何图形，一些教育工作者便以几何谜语的形式考问他们。

小林正在一所学校上小学，对几何特别感兴趣，他经常会和同学们一起探讨一些几何问题。这一次，他找来了教育工作者们为他们出的几何谜语题。这些几何谜语题非常有趣，每一个词语都表示一个几何图形。那么，结合你所学过的数学知识，能猜出它们都表示什么图形吗？

1.中途（ ） 2.弯路（ ）
3.马路没弯（ ） 4.羊打架（ ）
5.五分钱（ ） 6.孤身一人（ ）
7.失去联络（ ） 8.并肩前进（ ）

创新小翘板

1.半径；2.曲线；3.直径；4.顶角；5.半角；6圆心；7.线段；8.平行。

309 短语里的数学名词

数学谜语不仅是一种娱乐，同时也可以加深对数学概念、数学名词的理解。这里先给出几例猜数学名词的思考方法。

1、讨价还价。（打一数学名词）

买东西讨价还价，要经过反复协商，才能达成双方都同意的钱数。这种协商钱数的过程，可以戏称为“商数”。谜底是商数。

2、你盼着我，我盼着你。（打一数学名词）

“你盼着我”，是你在等候我；“我盼着你”，是我在等候你。两人互相等候，可谓“相等”。谜底是相等。

3、成绩是多少？（打两个数学名词）

学习成绩是用得分的数目计算的。问“多少”，可以换一个说法，改问“几何？”在中国古代数学书里，问一种物品有多少个，总是问“物有几何？”直到现在，有些地区的方言里，买东西问价钱，还是说“几何？”所以，问“成绩多少”，等于是问“分数，几何？”谜底是两个数学名词：分数、几何。

根据上述猜数学名词的思考方法，联想记忆，猜出下列短语所表示的一个数学名词。

1.找根据（ ） 2.垂钓（ ）
3.彻底消灭（ ） 4.一视同仁（ ）
5.我先走（ ） 6.医生提笔（ ）

创新小翘板

1.求证；2.等于；3.除尽；4.相等；5.不等；6.开方

310 “加法”创造出来的东西

所谓的发明其实就是将“现有的A叠加上现有的B，制成稍有改变的C”。如果一时提不出更好的方案，首先可以试想AB叠加。任何出色的发明，均是在其原有的基础上稍做增减，如果出现某种新奇的效果，这就变成一种新发明。

有些人感叹自己不能提出有独特风格的设想和发明，这大可不必。在此以前，不妨如上所述，找来你认为合适的东西，首先来个叠加试一试看。

其实，生活中很多事物就是通过增添扩充的再创造，使原本事物的性能更为完备，功用更具有特色。

比如铅笔和橡皮擦原来是分开的两件东西，后来，美国人威廉将橡皮加在铅笔一端，发明了橡皮头铅笔，使用起来更方便。再比如我国的一家铝制品厂，针对烧水的水壶倒开水的时候容易掉盖子烫伤人的缺点，在水壶盖子的后部增设了一个小档片，这样一来，人们进行操作的时候，就不怕翻盖烫人了。一个小小的改进，居然就使产品销售量翻了一番。

而现实中我们的日常生活用品中有许多东西都是这样通过“加法”而创造出来的，你还能列举5种以上的这类产品吗？

创新小翘板

收录机，在收音机基础上加了录音功能；闪光灯照相机，在原有的照相功能添加了灯光功能；连帽雨衣，在原有的雨衣上加了帽子；过滤嘴香烟，在香烟上加了一段过滤嘴；药物牙膏，在原有牙膏功能上添加了药物成分。

311 刘伯温进谏

刘伯温是元末明初杰出的军事家、政治家、文学家和思想家。他辅佐朱元璋完成帝业、开创明朝并尽力保持国家的安定，因而驰名天下，被后人比作诸葛武侯。在中国民间，广泛流传着“三分天下诸葛亮，一统江山刘伯温；前朝军师诸葛亮，后朝军师刘伯温”的说法。他以神机妙算、运筹帷幄著称于世。刘伯温是中国古代的一位传奇人物，至今在中国大陆、港澳台乃至东南亚、日韩等地仍有广泛深厚的民间影响力。这里有一个关于他进谏的小故事。

明朝皇帝朱元璋登基不久，为了犒赏那些立下汗马功劳的文臣武将们，他准备给他们每个人都封个官，同时看重亲情的朱元璋也想给那些投奔自己的亲戚朋友们封个官职。然而，他想了想却有点为难：功臣有数，而沾亲带故的七亲六戚却多如牛毛，要是每个人都封他个官职，不就成了无功受禄、滥竽充数吗？可要是不封亲戚朋友为官，人家背后又会说三道四，说朱元璋当了皇帝便六亲不认，面子上也过意不去。为此，身为皇帝的朱元璋举棋不定，一天到晚都为此事闷闷不乐的。

细心的军师刘伯温看到朱元璋的状态，深知朱元璋的矛盾心情，但又不便直言进谏，于是他找人画了一个身材魁伟的大丈夫，头上竖着一束束乱得如麻的头发，每束头发上都顶着一顶小帽子。刘伯温拿着此画敬献给朱元璋。朱元璋细细观赏，百思不解画中含义。想了一夜，终于恍然大悟。次日一早，明太祖召见刘伯温，笑道：“家卿此画进谏得好，朕即采纳。”从此，朱元璋只封有功之臣，不再想着为亲朋好友封官了。

你知道刘伯温那幅画的含义所在吗？

创新小翘板

刘伯温那幅画寓意是：冠（官）多发（法）乱。

312 一副牡丹图的不同解释

牡丹又名洛阳花、富贵花，是中国特有的花卉之一，被誉为花中之王。牡丹雍容大度，花开富贵，是吉祥富贵的象征。牡丹在我国人民心中有特殊的地位，有丰富的文化象征意义。

同时，牡丹也是国画花卉中经常描绘的题材，历代诗人画家有着无数赞美牡丹的诗句和画作，意义不仅在于牡丹美丽的外表，还在于寄托诗人、画家的美好情感。

有一位非常著名的国画画家，他最擅长的就是画牡丹。经常慕名而来的客人，可以在他的画室里见到许多漂亮的牡丹图。这一天，又有一位富人慕名而来，当他看了这位画家的画后，非常欣赏，便花重金买了一幅牡丹图。富人回去以后，很高兴地将画挂在了客厅里。但来访的一位朋友看到这幅画后，惊讶地说道：“这幅画不吉利。”他对这幅画的解释是：因为这朵花没有画完全，缺了一部分，而牡丹代表了富贵，缺了一角，岂不是“富贵不全”吗？而那位富人却想的和他的这个朋友刚刚想反，你知道他是怎么给朋友解释的吗？

创新小翘板

富人说：“牡丹的确代表富贵，所以缺了边，意思就是‘富贵无边’啊！”

313 城市谜语

下面每个短语都是一个中国的城市，你能联想到吗？

1、一路平安——（ ）

2、风平浪静——（ ）

3、日近黄昏——（ ）

4、八月飘香香满园——（ ）

5、夸夸其谈——（ ）

6、千里戈壁——（ ）

7、大家都笑你——（ ）

8、珍珠港——（ ）

9、带枪的人——（ ）

10、船出长江口——（ ）

11、金银铜铁——（ ）

12、银河渡口——（ ）

13、久雨初晴——（ ）

14、两个胖子——（ ）

15、双喜临门——（ ）

16、努力炼钢——（ ）

17、拆信——（ ）

18、东西北三面堵塞——（ ）

19、海中绿洲——（ ）

20、空中码头——（ ）

21、泰山之南——（　　）

创新小翘板

1. 旅顺 2. 宁波 3. 洛阳 4. 桂林 5. 海口 6. 长沙 7. 齐齐哈尔 8. 蚌埠 9. 武汉 10. 上海 11. 无锡 12. 天津 13. 贵阳 14. 合肥 15. 重庆 16. 大冶 17. 开封 18. 南通 19. 青岛 20. 连云港 21. 岳阳

314 苹果派的暗示

法国数学家伽罗瓦在数学领域的成就很高，而由于伽罗瓦对数学的痴迷，还在第一时间内帮警察找到了害死友人的罪犯。

那是一天早晨，伽罗瓦听说自己的朋友鲁柏突然被人刺死，家里的钱财也被洗劫一空。他在震惊之中赶到鲁柏所住的公寓，当时警方已经调查完现场离开。但很多天过去了，警方那边还迟迟找不到嫌疑犯。

伽罗瓦再次来到朋友生前居住的公寓，这次他遇到一个尽职尽责的女管理员，她告诉伽罗瓦，警察勘察现场时，发现鲁柏手里紧紧捏着一块完整的苹果派，不知是为了什么。女管理员还说，凶手可能就在这所公寓里面，因为出事前后她一直在值班室，没有看见有人进公寓。但是这所公寓有四层楼，每层有15个房间，居住着100多人。

伽罗瓦听了女管理员的一番话后，便独自从公寓一层走到四层，他边走，边看着每一家的大门，同时脑子里一直在想着刚才女管理员说的话。就在他走到第314号房间时，伽罗瓦突然停下来，他想到了女管理员说朋友鲁柏死时手里紧紧捏的那个苹果派。这个派或许就是在暗示着什么。伽罗瓦看着眼前门上的门牌号“314”，恍然大悟般的找到线索。他马上通知了警察，让警方去审查314号房间的人。果然，警方根据伽罗瓦给出的线索判定出314号房间的主人就是凶手，最终将其绳之于法。

那么你知道伽罗瓦是如何推断出凶手是住在314号房间里的人吗?

创新小翘板

伽罗瓦认为朋友死时手里捏着一块完整的苹果派，是在暗示杀害他的凶手是这个314房间里的人，因为“派”的读音跟数字符号“π”一样，而π的前三位正是

314这三个数字。

315 钟表怪事

从凯瑞房间的窗户向外看，能看到市中心的大钟。每天他都会按照这个大钟上的时间来核对一下他家壁炉架上的钟表，两者时间基本吻合。

然而有一天早晨，发生了一件奇怪的事情。凯瑞家壁炉架上的钟表显示的时间是8：55。1分钟后显示的时间是8：56；然而又过了2分钟后显示的时间依旧是8：56；再过1分钟，显示的时间却是8：55。当到了9点钟时，凯瑞突然意识到问题出在哪里了。你知道是怎么回事吗？

创新小翘板

原来凯瑞家的钟表是数字钟表，组成的数字的线段中有一段不起作用了，而并非是表走的不准确。

316 趣味填字

按照下列的提示，发挥你的想象力将下面的空格填满。

横向：

1、由湖南卫视与天娱传媒合作打造的一场电视选秀活动

2、比喻胡乱模仿，效果极坏

3、一种滋补之物，古代用来象征祥瑞

4、世界最高大的山系，位于西藏高原和印度次大陆之间

5、大众汽车的一款经典车型

6、一位男歌手，代表作有《2002年的第一场雪》、《冲动的惩罚》等

7、李白《庐山谣寄卢侍御虚舟》中“我本楚狂人”的下句

8、排球比赛中“快攻”战术的一种

9、比喻真相败露

10、一位女歌手，作品有《再见我爱你》等

11、美国一位总统，也是著名的汽车品牌

12、足弓反常而使整个足底都着地的病症

13、一个词牌名

纵向：

一、世界著名科幻人物

二、《天龙八部》中段誉的母亲

三、日本一位著名的音乐大师

四、成语，边歌边舞，庆祝太平，有粉饰太平的意思

五、黄梅戏著名曲目，据其改编的电视剧由黄奕主演

六、古代罗马人所用的文字，它曾是科学和文学的国际语言

七、曾进入伊拉克战地的凤凰卫视女记者

八、坐落于无锡小灵山麓的一尊佛像，是迄今为止我国最高的巨型佛像

九、一个著名的电器品牌

十、周润发、王祖贤、利智等主演的一部经典爱情片

十一、装有武器和拥有防护装甲的一种军用车辆

十二、《水浒传》中施恩开的酒店

十三、一味中药，虫草菌与蝙蝠蛾幼虫在特殊生态条件下形成的菌虫结合体

创新小翘板

横向：1、超级女声；2、东施效颦；3、灵芝；4、喜马拉雅山；5、大众甲壳虫；6、刀郎；7、凤歌笑孔丘；8、短平快；9、露马脚；10、丁薇；11、林肯；12、扁平足；13、蝶恋花。

纵向：一、超人；二、刀白凤；三、喜多郎；四、歌舞升平；五、女驸马；六、拉丁文；七、闾丘露薇；八、灵山大佛；九、东芝；十、长短脚之恋；十一、装甲车；十二、快活林；十三、冬虫夏草。

317 郑板桥雪中送炭

郑板桥出身于书香门第，康熙末年中秀才，雍正十年中举人，乾隆元年中进士，五十岁起先后任山东范县、潍县知县计十二年。“得志加泽于民”的思想，使得他在仕途对连年灾荒的平民百姓采取了“开仓赈贷”“捐廉代输”等举措，这引起了贪官污吏、恶豪劣绅的不满，最后被贬官。之后，他靠卖画维持生活。郑板桥的一生，经历了坎坷，饱尝了酸甜苦辣，看透了世态炎凉，他敢于把这一切都糅进他的作品中。这里有一个关于他同情百姓疾苦的故事。

有一年春节，他和朋友一道出门办事。两人正走在路上有说有笑，忽然，他们看到一户人家的门上贴着一副很有意思的对联。

那对联上联是“二三四五”，下联是“六七八九。”郑板桥和他的朋友都停下来看，就在他朋友还在想这是什么意思的时候，郑板桥跟朋友说让他等一会儿，马上回来。朋友纳闷儿，不知道他要干嘛去。过了好一会儿，只见郑板桥拿着一包旧衣服和一袋子粮食匆匆赶来。他们敲开那户人家的门，原来是一个穷书生，正在为饥寒发愁。郑板桥就把东西都给了那书生，然后就和朋友离开了。

朋友问他：“你怎么知道他缺衣服和粮食呢？”郑板桥很得意地说：“是那副对联啊！”

猜猜看，那副对联是什么意思呢？

创新小翘板

上联缺“一”，下联少“十”，取谐音就是“缺衣少食”的意思。

318 神童解缙

明朝开国的时候，江西吉水有个大才子叫解缙，他家境贫穷，但在七八岁时就能吟诗答对，当地老百姓都称他为“神童”。一年仲秋，知府大人来到吉水，听说有“神童”解缙的事。因此他要亲自召见一见这个解缙，看看他是不是真的如大家说得那么聪明和有才气。

于是，解缙听命参见知府大人，大人见他稚气未脱，觉得他只是一个乳臭未干的毛头小孩，便先笑着问道：“小孩儿，你父亲是靠什么来养家糊口的呢？”解缙答道："慈父肩挑日月。"知府大人接着又问道："那你的母亲是做什么的呢？"解缙又答道："家母手转乾坤。"知府听到解缙的回答后，高兴地说："果然名不虚传，是一个绝顶聪明的孩子！"当即，便命随从赏了解缙五两银子。

你能猜出解缙父母的职业吗？

创新小翘板

他父亲的职业是挑水，他母亲的职业是磨豆腐。

319 丈夫的家信

艾利克斯是一名海上的船员，常年出海在外工作，有时候圣诞节也不能如期回家与家人团聚。于是，他便托他的一个朋友捎一百美元和一封信带给家里的妻子。

可艾利克斯交友不慎，他的这个朋友是个贪财忘义的小人，为了一探究竟，在半路上便将那封信私自给打开了。那人看到信上只画了八只八哥和四只斑鸠，至于钱却一个字都没有提。他的朋友觉得这下就好办了。于是在他见到艾利克斯的妻子后，只拿出五十美元给了她。但艾利克斯的妻子非常聪明，他看了丈夫的信后，对那个朋友说："我丈夫明明说是带回一百美元的呀。"那人一怔，愣是没反应过来，没想到他妻子会这样说，但还是狡辩道："你的丈夫仅仅只给了我五十美元啊！"艾利克斯的妻子笑着说道："我的丈夫真是认错了人，怎么会结交你这样的朋友，他的信里明明是在暗示我他给的是一百美元。"然后她把那封信给那个人解读了一下，那人红了脸，只好又把那五十美元还给了艾利克斯妻子。

你知道艾利克斯的妻子是如何知道自己的丈夫捎回来的是一百美元吗？

创新小翘板

艾利克斯的妻子看了丈夫的信，便明白丈夫的意思是：八只八哥，八八六十四。四只斑鸠，四九三十六，合起来正好是一百美元。

320 曹操的意图

东汉建安十三年，曹操被封为丞相，之后他的相国府便开始动工修建。修建这个相国府动用了当地的大批能工巧匠，整整修建一年才基本完工。

这天，曹操亲自来到相国府察看，看着那雄伟而又气势非凡的建筑，他不住地点头称赞。随后他进入到了后花园，站在门前仔细端详了一番，总觉得有什么地方不对劲。于是便找人拿来笔，他在门上写了一个“活”字，然后没说什么就走了。人们都不明白曹操在门上题此“活”字是何意，但又不敢去问曹操。

大家都知道主簿杨修聪慧过人，就去把他请了来，让他解释一下。杨修站在后花园门口看了看，便笑着说：“你们把门拆掉，重新改小一点就行了。”大家听后都不明白，问杨修为什么要这样改。杨修笑着回答：“这正是丞相的意思，你们改建就是了。”大家听了后也只好按照他的意思重新改小了门。几天以后，曹操又来到这里，看到门已按自己的意思整修好，很满意，便问手下人：“这是谁猜出了我的意思啊？”下面人回答：“是杨主簿告诉我们的。”曹操对着众人大大称赞了杨修一番。

那么你知道杨修是如何猜到曹操在门上写的这个“活”字的用意吗？

创新小翘板

“门”字中添个“活”字，就是“阔”字，曹操就是嫌这个门修的太大了，所以杨修读懂了曹操的意思，让人把这门改小些。

321 落下的番茄汁

番茄汁为新鲜的番茄果实制成的菜汁，是人们喜欢的饮料，也是配制鸡尾酒的重要原料。科学研究显示，番茄中最重要的营养成分番茄红素必须经过加工处理，才能压出存在其皮肉之间更多的番茄红素，更好地被人体吸收。

有一位农夫在家里种了很多番茄，为了不让多余的番茄放坏，且为了更好地吸收番茄中的番茄红素，就用这些番茄自制了很多的番茄汁。

有一天，农夫的两个儿子闲来无事互相玩闹。哥哥杰克站在窗子的下面，顽皮的弟弟汤姆想欺负一下哥哥，就从窗户把一瓶番茄汁朝着哥哥的头上浇了下去。番茄汁很稠，同时装番茄汁的瓶口也很细，汤姆在向哥哥头顶上倒出时，番茄汁就正好成为一条线，向着哥哥杰克的头上落了下去。

可是，让人奇怪的是，汤姆倒下去的番茄汁既没有落在哥哥的身上，也没有浇在地面上。

请问，这是怎么一回事，你知道吗？

创新小翘板

哥哥杰克仰起头张开嘴，竟然把番茄汁喝了下去。

322 情报里的信息

在抗战时期，我党地下工作者隐藏身份潜伏于敌人内部，以得到更多的情报。这一天，老王就接到上级指示，去街头的一个酒馆与潜伏特工接头。但老王和这个特工从来都没有见过面，互不相识。老王要手拿一件东西做标志。当时，为了防止情报泄露，上级传达给老王的信息用的都是暗语，只有一个“口”字。而这个字既代表约会时间，又规定了老王手拿的东西。作战经验丰富的老王想了一会儿便懂得了上级传达信息的含义。

最终，老王严格执行上级规定，顺利地完成了任务。那么你能想到老王手里拿了件什么东西去见潜伏特工，并且是在什么时间去的呢？

创新小翘板

老王在周末去的酒馆，手里拿着点心。因为周末的“周”字最后是“口”，点心的“点”字中心是“口”。

323 新会员们的自我介绍

一个体育俱乐部新加入了六位会员。俱乐部要求在新会员相互做自我介绍时，不可以直接说出自己的姓氏，要以游戏演示的方式来向大家介绍。

其中一位篮球爱好者指着两棵并排的树说：“我姓它。”一位跳高运动爱好者顺手把一根木尺往土堆旁一插，说：“我姓这个。”而一位射箭选手把手上的弓使劲一拉，说道：“这便是我的姓。”一位围棋爱好者捡起一些棋子放在一只瓷盆上，开口道：“这是我的姓。”一位田径会员取来一本《作文选》，放在足球场的球门下，笑着讲：“这里藏着我的姓。”最后一位武术爱好者走上前拿过这本《作文选》，把手中的一把单刀和书并排放着，笑呵呵地说道：“大家看，我就姓这个。”

请问，你都猜到这六位新会员到底都姓什么吗？

创新小翘板

第一个篮球队员姓林，因为两棵树即两个木在一起，就是“林”字；跳高队员姓杜，他把木杆往土里插，就是“木”加“土”；射箭队员姓张，他使足力气把一个弓拉的很长，就是“张”字的意思；围棋队员姓孟，把棋子放在盆上，“子”和“盆”就是“孟”字；田径队员姓闵，因为球门取“门”字，在书名里取“文”字，“门”和“文”组成的字就是“闵”；武术队员姓刘，因为刀就是利刀旁，加上一本书即“文”，就是“文”加“刀”为“刘”字。

324 纪晓岚暗讽和珅

民间流传着许多和珅与纪晓岚的故事，而他们一直都是冤家路窄的一对。

有一次，和珅想请博学多才的纪晓岚为自己新建的庭园大门题写横匾，纪晓岚听后不好反对，便答应了。他仔细想了想，为了讽刺一下和珅，便提笔写了“竹苞”两个苍劲大字。和珅以为纪大学士取的是“竹苞松茂”之意，来盛赞他的园林中青翠欲滴的竹丛美色，于是一副开心的样子，并连连道谢。

然而，在某一天，乾隆皇帝一时兴起，忙里偷闲，要去参观一下和珅的新庭院时，发生了让和珅意想不到的事情。和珅走在前，乾隆跟在后，他们一起来到门前，和珅主动地为乾隆介绍道：“这门上的横匾是纪晓岚所写。”乾隆看后，不觉大笑起来，说：“你和大人如此聪慧，竟然没有弄明白纪晓岚这是在捉弄你！”和珅一时被搞糊涂了，甚是不解。乾隆皇帝给他详细解释后，把和珅气得捶胸顿足，连忙叫人将匾取下来，给砸了。

你知道乾隆为什么说纪晓岚写的横匾是在骂和珅吗？

创新小翘板

纪晓岚其实是在骂和珅一家个个是草包。他用拆散字形结构的偏旁笔画方式暗示，竹苞即个个草包。

325 用名字对对联

著名作家老舍，曾用一些作家的名字做过两首五言律诗，其中一首相当精彩：素园陈疲竹，老舍谢冰心。

素园即韦素园，是著名的翻译家，鲁迅对其评价甚高；而陈疲竹是小说家和戏剧理论家。诗中“素园”与“老舍”是妙对，“陈”、“谢”可作为动词用，“陈疲竹”和“谢冰心”也相当巧妙。

现在有一上联，是文艺界的三位名人的名字：碧野田间牛得草。这句话里有现代作家碧野，现代诗人田间，和戏剧家牛得草。你也能找三位名人的名字对出下联吗？

创新小翘板

碧野田间牛得草，金山林里马识途。金山是已故表演艺术家，林里是我国早期文学家，马识途是现代作家。

326 三个人眼睛的颜色

有一个很古老的村子，这个村子的人分两种，红眼睛和蓝眼睛，这两种人并没有什么不同，小孩在没生出来之前，没人知道他是什么颜色的眼睛，这个村子中间有一个广场，是村民们聚集的地方，现在这个村子只有三个人，分住三处。

在这个村子，有一个规定，就是如果一个人能知道自己眼睛的颜色的话，他可以升入天堂，这三个人不能够用语言告诉对方眼睛的颜色，也不能用任何方式提示对方的眼睛是什么颜色，而且也不能用镜子、水等一切有反光的物质来看到自己眼睛的颜色，当然，他们不是瞎子，他们能看到对方的眼睛，但就是不能告诉他！他们只能用思想来思考，于是他们每天就一大早来到广场上，面对面的傻坐着，想自己眼睛的颜色，一天天过去了，一点进展也没有。

直到有一天，来了一个外地人，他到广场上说了一句话，改变了他们的命运，他说，你们之中至少有一个人的眼睛是红色的。说完就走了。这三个人听了之后，又面对面地坐到晚上才回去睡觉，第二天，他们又来到广场，又坐了一天。当天晚上，就有两个人成功的升天了！第三天，当最后一个人来到广场，看到那两个人没来，知道他们成功的升天了，于是他也回去，当天晚上，也成功的升天了！

根据以上，请猜测三个人的眼睛的颜色。

创新小翘板

有这样几个疑点可以分析，他们在知道“至少有一个红眼睛”之后，三人又对视了一次，才有两个人一同升天，这至少说明了三个问题，一是任何人单凭“至少有一个红眼睛”不足以有人判断出自己的眼睛的颜色，那么三个人眼中除自己外（看不到自己的）另外两人眼睛的颜色就肯定不会是两个蓝色，可能是一个蓝色、一个红色，或者两个都是红色的情况。二是有两个人是眼睛相同的情况，另一个人眼睛颜色不同，不可能是三个红眼睛的情况。三是最后判断出来的那个人不是红眼睛。根据上述三点可以知道，第一、第二个成仙的人是红眼睛，最后一个成仙的是蓝眼睛。

327 迁移想象力

在现实生活中的很多情况下，把一件事情的属性迁移到另外一件事情上去，把一种事物的功能迁移到另一种事物上，使得事物功能更为丰富，使人们的生活更为方便，这种“迁移”的方法，往往能够起到事半功倍的效果。

事实上“迁移”就是一种创新，它转移的往往不是物的本身，而是隐蔽无形的事物功能或经改造的事物属性而已。例如：

把现有的东西，依旧保持其使用属性和状态不变，能否把其原本单一的用途扩充？

有些事物的属性经改造后，其使用空间也可以转移吗？

发挥你的想象创新思维，你能列举出上述的几种情况吗？

创新小翘板

（1）比如我们用的电吹风，可以用来烘干衣服，也可以用来加热人体穴位以作治疗辅助。（2）有人在泡澡时想看看书，但书总难免被打湿，所以可以研制一种不怕被水打湿的塑料材质的书刊。

328 《三国演义》中的四味调料

有一位公子很喜欢看书，这段时间他正在看《三国演义》。一天，到了该吃饭的时间了，但他看的入迷，都不愿离开自己的房间到饭厅里吃饭。于是他叫家里的厨师把饭菜端到他的房间里来，要边看边吃。

那厨师把饭菜送来后，看到主人在看《三国演义》，于是想在主人面前卖弄一番。他笑说：“少爷，不瞒你说，《三国演义》是我天天必读之书。就拿今天来说吧，我炒菜缺了四样作料，全在这书里面了！”那位公子听了半信半疑，他只知道《三国演义》里写的是曹操、刘备和孙权，还没听说过写有做菜用的作料呢。于是便向厨师请教。厨师挤眉弄眼地答道：“您听好了，就是这四种调料——刘备求计问孔明，徐庶无事进曹营，赵云难勒白龙马，孙权上阵乱点兵。”

你知道厨师说的这四种调料是什么吗？

创新小翘板

缺算（蒜）、少言（盐）、无缰（姜）、短将（酱）。

329 货车消失之谜

这是件让人难以置信的案件。一节装着在展览馆展出的世界名画的车厢，从行驶中的一列货车悄然消失了。而且，那节车厢是挂在列车中部的。

晚8点货物列车从阿普顿发车时，名画还在车上，毫无异常。可到了下一站纽贝里车站时，只有装有名画的那节车不见了。途中，列车一次也没停过，阿普顿——纽贝里之间虽然有一条支线，可那是夏季旅游季节专用的，一般不用。第二天，那节消失的车厢恰恰就在那条支线上被发现了，但名画已被洗劫一空。不可思议的是，那节挂在列车正中间的车厢怎么会从正在行驶的列车上脱钩，跑到那条支线上去了呢？对这一奇怪的案件，警察毫无线索，束手无策。

在这种情况下，著名侦探黑斯尔出马了。他沿着铁路线在两站之间徒步搜查，尤其仔细看了支线的转辙器。转辙器已生锈，但却发现轮带上有上过油的痕迹。“果然在意料之中。这附近有人动过它。”他将转辙器上的指纹拍下来，请伦敦警察厅的朋友帮助鉴定后得知，这是有抢劫列车前科的阿莱的指纹。于是，黑斯尔查明了阿莱的躲藏处，只身前往。

“阿莱，还不赶快把从列车上盗来的画拿出来。”

“岂有此理，你有什么证据说我是罪犯？”

“转辙器上有你的指纹。当然，罪犯不光是你一个人，至少还应该有两个同犯，否则是不会那么痛快就把货车卸下来的。”黑斯尔揭穿了阿莱一伙的作案伎俩。

那么，他们究竟是用什么手段将一节车厢从行驶的列车上摘下来的呢？

创新小翘板

将三名罪犯分为A、B、C，设被摘下的货车为X。A和B潜入列车，C在支线道岔的转辙器处等候。列车从阿普顿一发车，A和B就将一根粗绳子系在货车X前后两节车厢的连接器上。绳子绕到X外侧，同支线正相反的一侧。当列车接近支线时，就打开X前后两车厢上的连接器。即使打开，绳子也连接着，所以前后的车厢不会分离，照样往前走。在支线等待的在X前后车厢的边轮踏上交叉点的一瞬间，迅速切换转辙器。这样，X就滑上了支线。而不等X后部车厢的车轮踏上交接点，再把道岔转辙器回位。这样一来，后边的车厢就被粗粗的绳子拉着在干线上行驶。

不久，列车接近纽贝里车站，速度减慢，被绳子拉着的后边车厢因为惯性会赶上前边车厢。这时，罪犯A和B再关上连接器，卸下松弛了的绳子，跳下列车逃走。另一方面，滑入支线的货车X走了一阵后会自动停下，罪犯也就可以轻而易举地将装在上面的名画全部盗走。

330 郑板桥劝学

一天，郑板桥路过一座学堂，听到里面传来嘻嘻哈哈的玩闹声音，走过去一看，原来是一群调皮的学生正在课堂上打闹。

“你们不要趁先生不在就胡闹，赶快好好读书才是。”郑板桥严厉地对这些学生说道。

有个学生看郑板桥穿着布衣草鞋，还以为是个农民，就没理会他。郑板桥觉得只是说教无用。于是他向学生们说道："我出一道谜题，猜不对，你们就要开始读书！"

学生们一听有谜题，来了兴趣，便都安静下来，等郑板桥出题。郑板桥看到学堂旁边是厨房，里面有一样东西，就当场吟了一首咏物诗："嘴尖肚大个不高，放在火上受煎熬。量小不能容万物，二三寸水起波涛。"学生们听后，猜了半天也猜不到，只好老老实实地开始读书。

那么你知道郑板桥咏的是什么东西吗？

创新小翘板

是水壶。

331 寻宝图

这里有一幅寻宝图，现在所有的寻宝人都在A地，他们每个人手里都拿着一张地图，而宝藏藏在Z地，现在他们要做的是从A地到Z地，并要经过所有的路口，不能走重复的路线，最先到达Z点的寻宝人获得宝藏的机会就会非常大。那么，你能帮这些寻宝人设计一种走法吗？

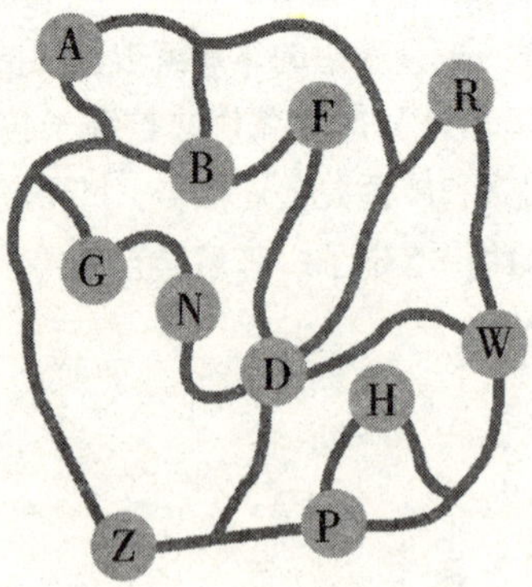

创新小翘板

路线是：A–G–N–D–F–B–R–W–H–P–Z。只有按这条路线走，才能做到从A点到Z点每个路口走一次而不重复。

332 聚在尸体上的蚂蚁

一日，夫妻俩争吵，丈夫顺手拿起桌上的汽水瓶照着妻子的头上砸去，当他挥起瓶子时，喝剩的半瓶汽水浇到妻子的肩头，把罩衫弄湿了一大片。然而，当他想要再举手打时，发现蜷缩在地上的妻子再也不动了，太阳穴被打破，鲜血流了一地，妻子这样轻易死去，使他一时不知所措。但马上又冷静下来，考虑善后处理。他将尸体装进汽车的后车厢，扔到了郊外的一个公园里。幸亏，深夜里公园没人，他将尸体放在花坛边，赶紧要离开时，猛然想起忘了把凶器汽水瓶也带来了。为了慎重起见，他从附近的垃圾箱里拖出一个汽水瓶子并且是个刚扔不久的新瓶子。

“就把它当凶器吧！如果留着谁的指纹就该他倒霉，肯定会被当作凶手的。虽然是不同厂家的出品，瓶里的汽水总会是一样的东西吧。”他为了不留下自己的指纹，拾起空瓶子后，往瓶子上又沾了些死者的鲜血扔到尸体脚旁。

当第二天尸体被发现时，罩衫肩膀已聚集了一大群黑蚂蚁。

“为什么蚂蚁只聚在尸体的肩膀呢？”现场勘查的刑警觉得很奇怪。

“一定是用这个汽水瓶打人时，瓶里的汽水洒到了肩膀。汽水里含有糖分。”鉴定员说着从尸体旁边拾起空瓶。“哎呀！奇怪了，瓶子这儿一只蚂蚁也没有啊！”说着便歪着头看汽水瓶上的商标，“凶器不是这只瓶子，可见，尸体一定是从别处转移到这里的。”他果断地下了结论。

那么，为什么鉴定员只看了一眼商标就破了凶手的伪装现场呢？

创新小翘板

扔在尸体旁的空瓶贴的是人造糖精的商标，蚂蚁是不吃人造糖精的。因为罪犯使用的凶器汽水瓶，装的是用白糖或果糖一类天然糖料制造的汽水，所以沾有糖分的罩衫才会聚集了很多蚂蚁。

333 真正的犯人

丁博士在自己家被人开枪打死。独自住在郊外的丁博士尸体是在第二天早上帮工赵妈发现的。尸体倒在书房正中央，胸前中了一枪。带着带着灯罩的电灯从天花板垂下，80瓦的白炽灯还亮着。丁博士穿着礼服，恰恰倒在灯下。

窗户关着，窗帘也拉着。在窗帘和玻璃上有一个弹孔，死亡时间推定为昨晚9点左右。侦查科长老赵和助手小王奉命赶到，环视整个房间。当地治安队长把情况作了简略介绍：“犯人是从院子对面的杂树林里开枪的，距离约40米，一枪命中，枪法确定不错。根据这点，不久就可找出犯人。”

老赵却提出疑问：“黑色窗帘的布料很厚，即使屋内开着灯，室内的人影也映不到外面去，而且，丁博士是在电灯下方被击中的，他的影子更不会映到窗上。那么，犯人究竟怎么瞄准射击的呢？难道是偶然被打中的吗？”

赵科长的疑问，治安队长无法解答，只得答应天黑时做一下试验。这时，赵科长看见房门旁的电灯开关，便试着按了两三下，书房的电灯一亮一灭没什么异常。

经过试验，证实了赵科长的疑问。“从窗帘缝隙处，仍可知室内是否开灯，然而，罪犯只一枪便命中了他，的确是个神枪手，也许罪犯非常自信瞄准了。”治安队长感到有些奇怪。

“已大致知道犯人是谁了吗？”老赵单刀直入地问。“有两名重大嫌疑犯，即丁博士的两个侄子，利明和利祥。博士现在是独身，又没留遗嘱，遗产将由他们两人各自继承一半。博士有相当一笔遗产。”

接着便询问了利明和利祥。由于没有确凿证据，无法定案。实际上，案发的当晚，两人在叔父家共进晚餐。之后，3 人在书房隔壁的起居室里谈话。据说8点30分的时候，利明和利祥回家去了，而帮工赵妈已于7点30分先走。此间，两个侄儿分别都进去过书房一次。先是利明在闲谈中，博士的烟抽完了，他进书房去取。临走之前，利祥从书房里借了书后回去的。其间，丁博士一次也没进过书房。这些，刚才利明和利祥都作了证词，而且丁博士一直把他们送到门口，然后关上门。不料进入书房后被射杀。第二天早上案发时，他家门还紧关着。再说，两个侄儿住在各自的公寓里。据他们说，在叔父家前告别后，一个向左，一个往右各自回去了。赵科长想到这里，闭目沉思着。片刻后，赵科长突然睁开眼睛，对治安队长说：“据赵妈讲，发现尸体时，书房里的电灯还亮着？”“是的，电灯亮着。”“那我知道谁是凶手了。犯人是巧妙地利用电灯狙击博士的。

那么，根据赵科长的推理，真正的犯人是两个侄子中的哪一个？

创新小趣板

罪犯是利祥。他从叔父家回去前，最后进入书房，这便是证据。他从书房出来时，关上灯头上的开关，或者摘下电灯泡。 侄儿走后，博士进入书房，他按下墙上的开关，电灯不亮。于是，他便去打开灯头上的开关，或者换上新的灯泡，把电灯弄亮。这时，不管怎样，博士都站在电灯的正下方。所以，从书房的窗户看到电灯亮的瞬间，被害人肯定在电灯的正下方，即使窗上没映出影子，罪犯也能瞄准射击。当然，书房的电灯在什么位置，则是事先已测定好的。

334 4个女人要过一座桥

4个女人要过一座桥。她们都站在桥的某一边，要让她们在17分钟内全部通过这座桥。这时是晚上。她们只有一个手电筒。最多只能让两个人同时过桥。不管是谁过桥，不管是一个人还是两个人，必须要带着手电筒。手电筒必须要传来传去，不能扔过去。每个女人过桥的速度不同，两个人的速度必须以较慢的那个人的速度过桥。

第一个女人：过桥需要1分钟；

第二个女人：过桥需要2分钟；

第三个女人：过桥需要5分钟；

第四个女人：过桥需要10分钟。

比如，如果第一个女人与第4个女人首先过桥，等她们过去时，已经过去了10分钟。如 果让第4个女人将手电筒送回去，那么等她到达桥的另一端时，总共用去了20分钟，行动也 就失败了。怎样让这4个女人在17分钟内过桥？还有别的什么方法？

创新小翘板

分别以ABCD代表四个女人，第一次过：A、B过，需要2分钟；第一次回：A回，需要1分钟；第二次过：C、D过，需要10分钟；第二次回：B回，需要2分钟；第三次过：A、B过，需要2分钟。

335 计算式发出的求救信号

一天，玛丽要到他的朋友数学教授查理家去做客。玛丽在约定的时间内到了查理家的门前。可正当她准备按门铃时，发现大门没有锁，是半掩着的，她便叫查理，但没人答应，于是便走进了教授的家中。

玛丽走进客厅，看到屋里没有人，只有电脑在茶几上还开着。玛丽注意到电脑的屏幕上，是计算状态，上面打着：“101×5”的一道计算式。玛丽看了觉得好笑，查理教授这人真有意思，算这个还要用计算器。突然，玛丽转念又一想，不对劲儿，敏感的她立刻从这道计算式中觉察到了什么，立即跑了出来并报了警。

你知道玛丽察觉到了什么吗？她为什么要报警呢？

创新小翘板

电脑上的那个计算式101×5=505，而505看上去就像是SOS，所以这是查理教授出事了，在暗示求救的意思。

336 难住孔夫子的题目

孔夫子曾经坐着马车周游列国，一天他来到了燕国。进城门不多远，就有一少年拦住了马车去路，那少年说："我叫项橐，听说孔老先生很有学问，特拦路求教。"

孔夫子笑着说："小孩儿，你遇到什么难题啦？"

项橐立起问道："什么水没有鱼？什么火没有烟？什么树没有叶？什么花没有枝？"

孔夫子想了想便答道："江河湖海，什么水里都有鱼；不管柴草灯烛，什么火都有烟，至于植物，没有叶不能成树，没有枝难以开花。"

项橐晃着脑袋直喊："不对！"接着说出了四种东西推翻了孔夫子的回答。

孔夫子听后道："后生可畏啊，老夫拜你为师！"

你知道项橐说的是哪四种东西吗？

创新小翘板

井水没有鱼，萤火没有烟，枯树没有叶，雪花没有枝。

337 巧传密函

在第二次世界大战时，侵华日军打算进行大规模军事行动。为了解日方的密谋，我军某特工深入敌占区，盗取日军的行动计划。

某天夜里，这些特工潜入日军的司令官邸，由3楼卧房偷出有关行动计划的密函。正要离开，忽然楼上传来阵阵脚步声。原来是日军司令提前宴罢归来。

特工走到窗边，看到楼下正临着一条窄长的运河，他想潜水逃走，但他费了九牛二虎之力偷来的密函，岂不就这么泡汤了。

幸好对面楼上有助手接应，他从窗口探出头来，伸长了手，但与接应者还是差七八十厘米。如果用竹竿系着文件，就可以顺利地递过去，可是在这千钧一发之际根本来不及找竹竿之类的长东西；若要踏着窗户的雨搭跳过去，雨搭又窄又斜，根本无法站稳；他想把信丢过去，又怕被风吹走。突然，他灵机一动，利用特殊手段顺利地完成了任务。然后由3楼跳进运河逃离了官邸。

请仔细设想，我方特工到底使用什么妙计把密函传给助手？

创新小翘板

特工用脚夹住文件，伸出去，助手也伸脚去接，这样就长了150多厘米了。密函被助手接走，特工也顺利脱险。

338 尤尼斯的婚姻状况

在一次舞会上，杰克先生看到尤妮斯一个人站在酒柜旁边。

（1）参加舞会的总共有十九人。

（2）有七人是单独一人来的，其余的都是一男一女成双成对来的。

（3）那些成双成对来的，或是双方已相互订婚，或是双方已结婚。

（4）凡单独前来的女士都尚未订婚。

（5）凡单独前来的男士都不处于订婚阶段。

（6）参加舞会的男士中，处于订婚阶段的人数等于已经结婚的人数。

（7）单独前来的已婚男士的人数，等于单独来的尚未订婚的男士的人数；

（8）在参加舞会的已经结婚、处于订婚阶段和尚未订婚这三种类型的女士中，尤妮斯属于人数最多的那种类型。

（9）尚未订婚的杰克先生，希望知道尤妮斯是哪一种类型的女士。

在这三种类型女士中，尤妮斯属于哪一种？

创新小翘板

根据（1）和（2），成双成对来参加舞会的共有6对。根据（3）、（4）和（5），如果a是已婚女士的人数，则6–a等于处于订婚阶段的女士的人数，而且6–a还等于处于订婚阶段的男士的人数。

于是根据（6），6–a等于已婚男士的人数。如果b是单独前来的已婚男士的人数，那么，已经结婚而偕同夫人一起前来的男士的人数（a）加上单独前来的已婚男士 的人数（b），等于已婚男士的总人数：o+b=6–a于是单独前来的已婚男士的人数（b）等于6–2a. 根据（7），6–2a等于单独前来的尚未订婚的男士人数。

于是根据（4），尚未订婚的女士的人数，等于单独前来的人 数（7）减去单独前来的已婚男士的人数（6—2a），再减去单独前来的尚未订婚的男士的人数：7–（6–2a）–（6–2a），即4a–5。因此a等于已婚女士的人数，6–a等于处于订婚阶段的女士的人数，而4a–5等于尚未订婚的女士的人数。 由于4a–5等于尚未订婚的女士人数，所以。不能等于0或1。

根据（9），杰克先生是尚未订婚的男士，于是a不能大于2，否则尚未订婚的男士的人数（6—2a）将成为0甚至负数。所以，a必定等于2。因此，在这次舞会上，共有2位已婚女士、4位处于订婚阶段的女士和3位尚未订婚的女士。

根据（8），尤妮斯是一位已经订婚但尚未结婚的女士。

339 空中陷阱

飞机起飞30分钟后，两名男子冲进后舱配餐室，端着手枪对着空中小姐，要她接通了机长的机内电话。罪犯中有一个从她手中抢过电话：“是机长吗？你好好听着！这架飞机被我们劫持了，空中小姐是人质。下面请按我的命令行事。首先让全体乘客都系上安全带。”“明白，你们的目的是什么？”机长应答着。“这个以后告诉你，快点儿指示系安全带。”罪犯随即挂断了电话，马上出现了系好安全带的信号。

客舱中嘈杂声四起，但均按指示开始系安全带。“你们，也都坐到空着的座位上系上安全带！”罪犯命令着乘务员，又抓起电话与机长通话：“现在我要到你那里去，把驾驶舱的门给我打开。不要做什么蠢事，这里我的同伴正把乘客作为人质。”“知道了，你来吧，我们谈谈。”

两名罪犯端着手枪出现在客舱，一边缓步穿过过道，一边确认乘客是否都系上安全带。其中，一人站在过道中央大声地演讲：“诸位，该机被我们劫持了，不打算伤害诸位，到达目的后释放女人和孩子……”但是这种有滋有味的演讲未能进行完。数秒钟后，事态为之一变，事件很快落下了帷幕，两名劫机犯丝毫没作抵抗就被乘客制服了。这是为什么？

创新小翘板

劫机犯正在讲演时，机长操纵机体突然下落了大约50 米，紧接着又上升了30米左右，造成“空中陷阱”现象。由于两名劫机犯站在过道上没系安全带，所以头重重地撞到了机舱顶篷，倒下休克了。乘客和乘务员们都系着安全带，所以平安无事。空中陷阱，也称做“乱气流”，指空中因气流下降等原因使飞机突然下落的现象。

340 山冈上盛开的花

位于加拿大太平洋海岸上的温哥华，一个夏天的早晨，发现了一具三十五六岁妇女的尸体。在可以俯视海湾的山冈上的草地里，铺着一块塑料布，尸体就躺在上面。

警察经过身份调查得知，死者原来住在市内的一家公寓里，是过着孤独生活的寡妇。她丈夫在几年前因飞机失事遇难。此后她便靠抚恤金和生命保险金维持生活。她因花粉过敏很少外出，喜欢织毛衣和刺绣，是个性格孤僻的女人。

推定死亡时间为前一天傍晚。死因是氰酸钾中毒。尸体旁边扔着掺有氰酸钾的果汁易拉罐空筒。空筒上还留着她本人的指纹和唾液。并且，发现她的手提包里装着日记本，里面抄写有一首美化死亡的诗句。于是，警察把它当作遗书，认定此案为自杀。

可是，当死者的哥哥从首都渥太华赶来收尸，并顺便到山冈上看看妹妹死去的现场时，就马上向警察提出：“刑警先生，妹妹不是自杀。如果服毒自杀，也绝不会选择这种场所的。”

刑警大吃一惊，问他理由。他指着现场盛开的黄色野花说明了理由。之后，他又接着说出：“罪犯一定是从妹妹哪里抢夺了钱财而毒死她的。然后又移尸至此，伪造服毒自杀的假现场。至于那份所谓的遗书，其实是妹妹从小就喜欢诗词，早就抄到日记本上的。一定是罪犯拿到了妹妹的日记而利用了它。总之，请重新进行侦查。”

在他的强烈要求下，警察重新进行了侦查，几天后便抓到了罪犯。罪犯是个叫杰克逊的中年单身汉，是今年年初才搬到被害人住的公寓里来的。当他知道隔壁住着个小有钱财的寡妇后，便花言巧语接近她，百般引诱。此后，正如被害人的哥哥所推理的那样，罪犯伪造她服毒自杀的假象，将尸体转移到山冈上的草地里。罪犯以为自己伪装得成功，但没想到由于被害人哥哥的出现而使事情败露。

奇怪的是，被害人的哥哥怎么一眼就看出现场的问题，对妹妹的死因提出疑问了呢？

创新小翘板

被害人的哥哥发现妹妹尸体所在山冈的草地里野草丛生，并盛开着黄色小花，因此对妹妹的所谓自杀产生了怀疑。因妹妹患有花粉过敏症，特别是猪草花的花粉更易引起过敏。如果来到开有猪草花的草地里，就会马上连续不断打喷嚏，涕流不止。所以，她绝不会特意选择这种场所自杀的。

罪犯杰克逊搬进这所公寓结识她是今年年初。当时，北国的加拿大还是冰雪覆盖的季节，她并不会为花粉过敏而苦恼，即使到春天或夏天时，她也很少外出，这样杰克逊就不可能知道她患有花粉过敏症。因此，杰克逊毒死她后便粗心的将尸体转移到杂草丛生盛开着野花的山冈上来。这是罪犯的失误。

341 画中的谜语

有一个知识渊博、云游四方的道士来到了京城，这道士以前常听人们说京都里人才济济，这一次他要亲眼见识见识是否真是如此。于是，他精心画了一幅画。画的是一只黑毛狮子狗。那狗画得栩栩如生，尤其那一身油黑发亮的皮毛，真实的让人赞不绝口。

道士拿着他画好的画来到闹市，把画悬挂在路旁，顿时招来许多行人看客。有人出钱要买这幅画。道士笑着说道：“我这画不卖，出多少钱也不卖。这幅画内藏有一字，要是有谁猜中，本人分文不要，白白将画送给他。”众人一听，可以不花一文钱，白得一幅好画，于是争相猜测起来。可是猜了半天，谁也没有猜中。那位道士很得意，心想：这京城里的人也不过如此嘛。

这时，只见一位老者，分开众人，走上前去，将画摘下，然后卷好，也不说话，夹起就走。众人看了纷纷指责，道士也上前问道：“这位老翁您还没猜呢？怎么就拿走我的画？”老人仍不吭声，还是往外走。众人七嘴八舌地嚷开了：“嘿，先别拿画，你说出谜底是什么才行啊！”老人如同聋了一般，还是不吭声，只顾往前走。道人看到这里，不禁哈哈大笑道：“这幅画就是这位老翁的了，他猜中了！”周围的人都疑惑不解。

那么，你知道这个道士为什么说是这位老翁猜中了吗？

创新小翘板

道士出的是一个画谜。画中的“黑狗”，也就是“黑犬”的意思。“黑”与“犬”合成一字，就是“默”字。所以老人自始至终默不作声，所以道士说他猜中了。

342 十三朵玫瑰

一个叫托马斯的画家死在了自己的公寓里。当警察赶到时，公寓的门窗都是反锁的。警察好不容易才把门弄开，进入房间，只见托马斯倒在床上，枪掉在地上，看起来是他把门窗都关好后，坐在床上开枪自杀的。法医判断，托马斯已经死了8天了。

警察对福尔摩伍说，是楼下一个花店老板报的警。老板告诉警察，托马斯每周五晚上都会去花店买13朵粉红色的玫瑰，已经10个年头了，从未间断过，可这两个星期托马斯都没有出现，花店老板有点担心，就给警察局打了电话。

福尔摩伍问道：“那些玫瑰呢？”

警察说：“都装在一个花瓶里，花瓶放在窗台上，花都枯萎凋谢了，只剩下了花枝。”

福尔摩伍环顾了下四周，继续问道：“地板和窗台上有血迹吗？”

警察摇了摇头：“除了一点灰尘，什么都没有，只在床上有血迹。”

福尔摩伍听到这里打了个响指，接着严肃地说：“这是一起谋杀案，凶手在窗台边上杀死了托马斯，然后打扫清洗了现场，再将尸体移到床上，使人觉得是自杀。”

大家认为福尔摩伍为什么这么说呢？

创新小翘板

窗台上的花都枯萎凋谢了，那应该能在窗台或地板上找到落下的花瓣，不可能只有一点灰尘，所以福尔摩伍判断花瓣是凶手清洗现场时一起弄掉了。

343 文字猜想

提示一：数学。提示二：空间。提示三：笛卡尔。提示四：多少。想一想与这4种提示有关的两个字是什么？

创新小翘板

这两个字是“几何”。因为几何是数学的一个分支；几何研究的是空间的问题；笛卡尔创立了解析几何；几何在汉语中有多少的意思。

344 有趣的家书

做买卖的张五刚刚结婚没多长时间，就离开妻子出远门去做生意了。可不幸的是恰逢兵荒马乱，回家的路途十分险恶，张五被迫在外待了好多年，都没能回家一趟。他天天想念着家里的妻子，担心妻子的安危，而妻子也一直在急切地等着张五能够早日归来。

一次，张五新结识了一个作战的士兵，正好他所在的军队要去对抗外敌并路过他的家乡，于是他想让这个士兵朋友为他带一封书信给妻子，以解思念之苦，并向家人报个平安。那士兵因为十分信得过张五，便爽快地答应了他。但张五虽是做生意的，性格却比较腼腆内向，他想信中如果写尽儿女之情肯定会让朋友笑话，于是灵机一动，写了一封甚是特别的信交给了这个士兵。

士兵也是个非常讲信用的人，在来到张五的家乡后，便把信亲手送到了张五妻子的手里。妻子拿到信后非常激动，于是连忙打开，只见上面有四幅图画：第一幅是七只鸭子，第二幅是空酒瓶，第三幅是一头大象，第四幅是一个人骑着马，正往一间房子飞奔。看完信，妻子擦了擦眼泪，笑了。

那么你知道这封信画的这四副图画的含义吗？

创新小翘板

这四幅图连在一起的含义是：妻（七）呀（鸭），好久（酒）不见，想（象）

你了，马上回家。

345 火柴盒子上的地址

杜三郎为躲债搬到了一个秘密住所，可还是被债主中村发觉了。这天夜里10点钟，杜三郎正在客厅里看电视，中村找上门来，他嚼着口香糖，提出索还债款。杜三郎一面央求他宽限一点时间，一面从冰箱里取出啤酒，倒进酒杯，请他喝。趁中村不注意，抄起空酒瓶砸在他头上。中村受到突如其来的一击，一声也没吭便倒地身亡了。

杜三郎从车库把汽车开出来，再把尸体装进行李箱，开到很远的S公园把尸体抛进池塘里。凌晨两点回到家，又把房间打扫得干干净净，桌椅、啤酒杯、大门把手及门铃的按键都擦了又擦。这样，中村来访的痕迹一点儿也没留下。

由于神经过分紧张，杜三郎吃了安眠药才入睡，第二天醒来已是傍晚时分了。门铃又响了起来，杜三郎开门一看，有两个刑警站在那里。

“昨晚有个叫中村的到你这儿来过吗？他的尸体今天早晨在S公园的池塘里被发现了，他上衣口袋里的火柴盒背面写着你家的地址。”“不，昨天晚上没有任何人来我家，我和中村先生很长时间没见面了。”杜三郎故作镇静地回答。然而，刑警们却轻蔑地笑着说：“这可奇怪了。实际今天上午我们已经来过一次了，怎么按门铃也没人开门，以为你家里没人就回去了。赶巧，在大门前我们拾到了一个很有趣的东西，经鉴定正是被害人掉的。”刑警从衣袋里掏出一个小玻璃瓶，让杜三郎看里边装的东西。杜三郎见罪行已被揭露，只好从实招供。

你知道到底是件什么东西吗？

创新小翘板

小玻璃瓶装的是中村吐到大门外的口香糖渣，而上面有他的唾液及齿型。何况，那糖渣上还没落上灰尘，很清楚地表明是非常新的糖渣。杜三郎在灭迹时疏忽了中村来时嚼着口香糖的。

第十章

换位创新——站在对方的位置，你才能得到与众不同的答案

346 谁慢谁取胜

在古代有一位国王，他非常睿智，数十年来治理国家尽心尽力，国家在他的手里一改以前积弱的局面，一片欣欣向荣的景象，人民也是生活富足，国内繁荣昌盛。但是，无论一个人多么优秀、强大，即使他能打败世界上所有的人，解决世界上所有的难题，他终究还是斗不过时间的。现在，国王已是垂垂老矣，看着自己一手带着走向富强的国家，老国王的申请中既有满足也有自豪，但更多的还是焦虑，其中还透着隐隐的担忧。

老国王共有两个儿子，这两个儿子他都非常喜欢。这一天他觉得自己老了，应该选一个儿子来继承王位，但两个儿子都让他很满意，让谁来继承王位呢？老国王认为两个人不可能同样优秀，只有最优秀的人才有资格继承自己的事业，否则，不仅会让自己一生努力付诸东流，更重要的是会使老百姓民不聊生，生活困苦。想到这里，国王又有些头疼，他想起了几十年前，自己刚刚继位时国内的景象，没有天灾的时候，老百姓面黄肌瘦，一旦稍微遇到一点自然灾害，便是饿殍遍野。最终，国王决定出一个问题考考他们，看哪一个更聪明、更优秀。

这一天，国王把两个儿子叫到跟前，对他们说："孩子们，我要给你们两匹马，一匹是黄骠马，这匹给老大；另一匹是青骢马，属于老二。现在我要你们驱马到10里外的那条泉水边给马饮水，但是注意了，谁的马走得慢谁才是优胜者。"

兄弟俩开始行动了。哥哥想，既然慢者为胜，那就拖延时间慢慢地走吧。他准备先睡会儿觉，然后吃点儿点心，再慢悠悠地骑着马上路。

而弟弟却表现出来的和哥哥恰恰相反。当国王吩咐完毕后，他就跳上马，飞奔

而去，不一会儿就到了目的地，然后把马牵到河边给马饮水。

国王得知二儿子的行动后，觉得老二思维很敏捷，与众不同，于是决定让他继承王位。你知道这是怎么回事吗？难道国王之前的话不算数了吗？

创新小翘板

弟弟的确是按照国王的吩咐来做的。他跳上的是哥哥的黄骠马，既然属于哥哥的黄骠马先到的目的地，那自然是弟弟取胜了。

347 阿凡提的回答

阿凡提的故事大家都耳熟能详，他是13世纪活跃在中国新疆和西亚地区的一位传奇人物。阿凡提聪明过人，而且善良的他还常常利用自己的智慧专门为百姓排忧解难，打抱不平。由于他总是站在贫苦百姓的一方，因此受到了百姓们的热爱与拥护，但也得罪了许多权贵，其中还包括很多国王的大臣。小心眼的国王在听大臣们说了阿凡提的事迹后，心里很有些嫉妒，于是叫人把他找来，想刁难他一下。

阿凡提虽然不畏权贵，但他都是用合情合理的手段使对方屈服的，对于国王的命令，他还是不能违抗。在收到国王的命令后，阿凡提便来到了宫中。国王见到阿凡提，便笑着对他说："阿凡提，听说你聪明过人，所以本王特意请你来办两件事：你先给我盖一间天那样大的房子，然后再给我收集地那么重的粮食回来。你能不能做到啊？"诸位大臣都在一边等着看热闹呢！一听国王提出了这样的问题，当即拍手叫好，在他们看来，即使阿凡提再如何能言善辩、巧舌如簧也无法推脱这个责任，一旦推脱，国王就能名正言顺地将他杀死；但阿凡提也不能接受，因为这根本就是一个不可能完成的任务，接了也不可能完成。

阿凡提听了国王的话后，知道他在为难自己，但他却不慌不忙。只见阿凡提稍一思索，便笑着告诉国王他能够做到这两件事，但要国王满足他的两个条件，国王当然满口答应。而阿凡提一提条件，却让国王当场就无言以对。

你能想到阿凡提是怎样巧妙地回应国王，让自己化险为夷的吗？

创新小翘板

阿凡提对国王说："行，不过您得给我一把能够量天的尺子，我才好盖出跟天一样大房子来；然后您还要再找一杆比地要大的秤，我才好收集到土地那么重的粮食啊。”

348 画家施计卖画

很早以前，有一个村叫西莫村，村里有个非常吝啬和卑鄙的财主名叫马克西姆，马克西姆虽然非常有钱，但却是典型的为富不仁，他总是通过各种各样的名头和花样剥削和压迫周围的村民和一些给他打工的人。西莫村里有一个画家名叫格瓦拉，是这个村子里少有的能和财主斗智的人，村民们被财主欺负后总是第一时间找到格瓦拉，请他帮忙找回财主在他们身上骗取的损失。因此，财主马克西姆对画家格瓦拉的恨意可谓是如滔滔江水绵绵不绝，他发誓，一定要好好整一整这个不识抬举的画家。

画家家里也很穷，有一次，画家格瓦拉的家里简直就要揭不开锅了，而最近由于身体并不好，画家有一个月没有出去给别人画画了，眼看家中的存粮就要吃完了，画家不禁有些着急。此时，财主马克西姆却不知道从哪里听说了格瓦拉家中苦难的情况，马克西姆认为这是一个难得的羞辱格瓦拉的好机会，便左思右想，终于想出了一个好办法。

这天，马克西姆腆着笑脸来到格瓦拉的家中，虽然不对付，但来者是客，格瓦拉还是招待他进屋。马克西姆直接说明来来意，原来他想请格瓦拉为他画一条鱼，并答应如果画得好就付500两银子，画家正愁这事儿呢！当即答应了财主。很快，格瓦拉便按照马克西姆的要求画好了，然而当画家把画给财主看时，狡猾的马克西姆却带着自己的猫凑过来看画了。马克西姆让猫站在那幅画前，可那只猫对这画一点儿也不感兴趣。于是财主找茬儿道：“猫可是最爱鱼的，你看我的猫对这鱼一点儿都没兴趣，那就证明你画的鱼一点都不像，我不能给你500两了，如果你卖50文，我还可以勉强接受。”

后来，正好曾经受过格瓦拉恩惠的渔民知道他没饭吃了给他送来一条鱼，格瓦拉一见到鱼便笑了，最后使那贪心的财主不得不按照事先约定的500两银子买了他的画。

那么你知道画家用了什么妙计吗？

创新小翘板

画家拿起那幅画，用烧鱼的鱼汁涂在了上面，然后回来放到财主的猫跟前，对财主说：“可能你的猫刚才没有看清我画的鱼，这次再让它看一下。”结果那猫闻到画上的一股鱼味后，上去就添。财主看到这情景，无奈只好兑现了之前所说的500两银子。

349 美女推销技巧

面容娇美、身材火辣的凯利是一名推销员，专门推销价格昂贵的百科全书，其业绩总是排在前面。同事们向她请教成功的秘诀，美丽的凯利也乐于分享她的经验，答道：“我推销是要看时机和客户的，通常都要选择已婚的家庭，然后选择夫妻两人都在家的时候上门推销。我会先向他们说明来意，在讲解结束的时候，我一定要当着妻子的面对丈夫说：你们不用急着做出决定，我下次再来。这时候，一旁的妻子就会做出积极的反应，让丈夫买下。”

你知道凯利为什么这样做就能成功推销吗？

创新小翘板

凯利会换位到客户的妻子去思考，如果漂亮的她“重新拜访”，话语暗示“再次商谈”对妻子自己可能产生危险性，因为所有的妻子都不希望自己的丈夫与别的漂亮女人来往，所以妻子们通常都会积极购买，而这样凯利就成功了。

350 便宜的“熊掌”

小叶和小罗两个大学生周末出去玩，到了饭点俩人进了一家饭店准备吃饭。饭店的服务员热情地给他们菜谱点菜。俩人的目光同时停在了“熊掌”一栏，一看价格，一盘20.00元，于是俩人便要了两盘熊掌，然后又点了一些其他的家常饭菜。等“熊掌”上桌后，他们一尝便知道是假的，是用牛蹄筋来代替的。但因为价格便宜，两个学生也就没想要追究什么。

然而吃完后，俩人准备付账时，一看账单4025元，他们很吃惊，和服务员争辩，服务员也不多说，扔给他们刚才的那个菜谱看。小叶和小罗看着那菜谱，愤怒了。之前一盘熊掌的价格从20.00元变成了每盘2000元，数字中间的小数点消失了，他们知道自己被诈，但又一时找不到证据，急得满头冒汗。和他们辩解吧似乎对方是早有准备的了，俩人彼此安慰，镇定了一下，想看看有什么解决办法。

性格稳重的小叶想：一定可以找到对方的软肋，开餐馆最怕什么呢？突然他想到了一个办法与小罗商量后，觉得可以一试。他们找来老板开出他们的条件，最终老板只收了他们几十块钱饭费。

那么你知道小叶和小罗俩人向老板开出的是什么条件吗？

创新小翘板

他们对老板说：“可以付账，但要给我们发票的，而且发票上要注明“熊掌两盘，收款4025元”。老板一听他说要发票，就不再纠缠了，因为，他自己当然知道有了发票，对方就有了证据，而用国家保护动物加工菜肴牟取暴利，是违犯了《野生动物保护法》的有关规定，然而他要说自己用的不是熊掌，那就是欺骗，怎么样都没理的。所以那奸诈的老板就此作罢了。

351 选择不会游泳的船夫

老李为人一向谨慎，这一天他要过河到对岸去，老李不会游泳，所以一定要找一个靠谱的船夫。老李来到岸边，大声地向河上的几个渡船的船夫问道：“你们中间哪位会游泳？”话音刚落，马上就有好几个船夫应声围上来，都说自己的水性很好。老李看到只有一个船夫没有走近来，于是向那人问道：“你的水性好吗？”那船夫老老实实地答道：“对不起，我不会游泳。”老李一听这个，便招手让那人过来，上了他的船过河。

那么，老李为什么要选择这条船过河呢？

创新小翘板

因为船夫自己都不会游泳，那一定会很小心地划船的。

352 僧人邀赏

古老的印度，曾有个国王是棋类爱好者，他也很擅长下各种棋。一次，有一位僧人发明了一种新式棋，国王得知后便让那个僧人教他玩，国王玩得十分过瘾，就对发明者说：“我要重重赏你，告诉我你想要什么，我一定赏赐给你。”

那位僧人想了想，手拿着有64个空格的棋盘，不慌不忙地对国王说："我别无所求，只希望国王赏赐给我一些麦粒，在64格棋盘上，第一格放1粒，第二格放2粒，第三格放4粒，第四格放8粒，依此类推，每一格比前一格加1倍，一直加到第64格。"

国王听到僧人只是想要些麦粒，想都没想就同意了僧人的要求。他立刻下令让人去办，但没想到的是，管粮仓的大臣算下来，如果按照僧人的要求，那就是一共要拿出18446744073709551615粒麦子。1立方米的麦子大约有1500万粒，国王赏赐的麦子约有12000亿立方米。全国几万年生产的麦子加在一起，还没有这个数目大。但君无戏言，国王为这件事感到左右为难，不知如何是好。而聪明的粮部大臣想出了一个绝妙的主意，帮助国王渡过了难关。

你知道粮部大臣想的什么主意吗？

创新小翘板

粮部大臣用那位僧人的逻辑来对付，他让国王下令请那位僧人自己一粒一粒地从粮仓里数出他所要求的数目。而其实数的速度是有限的，就算1秒钟数10粒，1小时也只能数出36000粒；每天数上10小时，也只能拿到36万粒麦子；数上1年，也只有1.3亿多粒，想要全部数清国王赏赐给他的麦子，要1000多亿年呢。就这样，那个僧人给国王出的难题，又被聪明的粮部大臣挡了回去。

353 是谁打死了秃鹰

有一对兄弟，以打猎为生。这一天，兄弟二人像平常一样出外打猎，回来的路上遇到了同村的一位老伯。那老伯早知道兄弟俩都很能干，为人也善良，因此打算将自己的闺女许配给他们其中一人。今天正好遇上兄弟二人，于是老伯便拉着他们的手说："我家有一闺女，愿许配你们其中一人。但有一个条件，本村经常有一只秃鹰到村里抓鸡作恶，你们谁先打死这秃鹰，我就将女儿许给谁。"

哥俩听完，又意外又高兴。于是他们每天的任务就是等待那只秃鹰的到来。这天，兄弟俩果然将秃鹰打死了。哥俩提着秃鹰去找老伯，老伯看到他们的到来万分欣喜，拉着女儿来见猎手。可出门一看，只见兄弟二人正为打死秃鹰的事吵架。

"我一枪打在秃鹰的背上，是我先打死的！"哥哥说。

"我一枪打在秃鹰的胸膛上，是我打死的！"弟弟不甘落后地说。

老伯接过被打死的秃鹰，也分辨不清究竟是谁打死的，不知该如何是好。正在这时，老伯的女儿从父亲的手中接过秃鹰说："爹爹，你不要犯愁，女儿知道该选谁。"于是，她把秃鹰递给弟弟，扭过头来对老伯说："秃鹰是弟弟打死的。"说完，就进屋去了。

请问，女儿是根据什么判断秃鹰是弟弟打死的呢？

创新小翘板

秃鹰在天上飞，必然是胸部朝下，一枪打去必然先打在胸膛上。而哥哥不认输，在秃鹰落在地上后，又在背上补了一枪。所以老伯的女儿判断打死秃鹰的人是弟弟，而哥哥却在撒谎。

354 与偷马人夺马

农民老李养了一匹马，他对这匹马很有感情，然而有一天他离家外出办事，回来后发现自己心爱的马被偷走了。老李找了半天也没找到，但他不甘心，于是每次出门的时候，只要看到马他都会仔细辨别是不是自己的那头。终于有一天，在集市上他看到了自己的马，可是，偷他马的人死不承认。于是，两人吵着到了镇上的派出所，让警察帮忙。

在派出所的警察面前，偷马人振振有词："这就是我自己的马，他非说我偷他的，有什么证据吗？"

老李已经和他吵了一路，想这个人就是无赖，没法讲理的，于是他急中生智，也不和他争辩，突然去捂住了马的双眼说："我的这只马有一只眼是瞎的，你说是哪一只？"

偷马人心中一惊，心想坏了，我怎么从来没有注意到这个瞎眼，在这种情况下，也只好瞎猜了，反正有一半的概率。于是，偷马人马上说道："左眼！"农民老李将左手松开，大家仔细一看，马眼炯炯有神，根本没有瞎。

"呃，不是！我一急说错了，是右眼。"偷马人赶忙分辨道。

这个自我辩解不能说没有道理，但老李又做了一件事，使那个偷马人再也无法自圆其说。你知道是怎么回事吗？

创新小翘板

其实，这只马的眼睛全是好好的，老李把右手也松开，让大家看。他之所以这样做，是掌握了偷马人的心理。偷来的马，必然不久以后就要出卖，绝不可能像主人那样爱护的，于是，老李就想出了这样一个计策来。

355 犯人的请求

一个犯人被单独监禁起来，由于他对后面的案子还有用处，有关当局已经拿走了他的鞋带和腰带，以免他伤害自己。

这个犯人只好用手提着裤子，在单人牢房里无精打采地走来走去。到了吃饭的时间，监狱看守从监禁的铁门下方的小窗口，给他递进来一些食物。与此同时，那个犯人闻到了一股烟味，这是他曾经喜欢的万宝路香烟。

犯人便从门上的一个很小的窗口看出去，他看到门廊里，那个看守正在孤独地吸着烟。于是他很客气地敲了敲门。看守听到声音，马上走过了，傲慢地嚷道：“你要干嘛？”

“麻烦你，请给我一支你手上抽的烟好吗？就一支！”犯人恳切地要求道。

那个看守自然是很不屑地拒绝了他，因为他认为囚犯没有任何权利，嘲弄地哼了一声，便转身离开。然而那个犯人并没有就此罢休，可是他该如何说服这个傲慢的看守同意他的请求呢？

沉稳的犯人思考了片刻后，又去敲门，这一次他的态度是威严的。那个看守听到后，恼怒地问道：“你究竟想干什么？”

犯人回答道：“对不起，请你把你的烟给我的一支，而且你只能选择同意。理由是……”犯人不紧不慢地说完了他的理由。而那个看守听完犯人的一席话后，乖乖地递给了犯人一支烟，并帮他点燃。

你知道犯人说了什么理由，让那位傲慢的看守答应了他的请求吗？

创新小翘板

犯人看穿了这个看守立场和职责，他要保证自己在这里平安无事地待到开庭那一天。因此犯人便对看守说：“如果你不给我烟，我就用头去撞墙，直到自己血肉模糊失去知觉为止。当监狱长来找我时，我那时可能已经一命呜呼，但如果我醒了，我会说是你干的。”那个看守听了犯人的话，不想招惹什么麻烦，便乖乖地给了他一支烟。

356 莫洛托夫的回击

莫洛托夫是与列宁、斯大林同时代的无产阶级革命家、马克思列宁主义者，1941年任苏联外交部长，是苏联国际谈判的主要代言人和顾问，曾多次冒着生命危险飞越敌战区上空与西方领导人斡旋。他善于使用外交手段维护苏联的利益，能言善辩，被誉为外交天才。

在一次欧洲交流会议上，英国工党的某位外交官同苏联外交部长莫洛托夫在某一个问题上产生分歧，两人发生了激烈的争辩。

由于莫洛托夫思维敏捷、能言善辩，在就事论事的情况下，那位英国外交官完全处于下风，不能占到任何便宜，很快就辩到理屈词穷了，但他又不愿轻易放弃，便想着转移话题进行人身攻击。经过冥思苦想，他忽然想起莫洛托夫是出身贵族，于是就像抓到了救命稻草一般，开始对莫洛托夫的背景大作文章，他咄咄逼人地说道："啊，我忘了，莫洛托夫先生，你是贵族出身吧？而我家祖祖辈辈都是矿工，我们两个究竟谁能代表工人阶级呢？"而善于随机应变的莫洛托夫不动声色地回击了他。而且莫洛托夫的回答让这位外交官如哑巴吃黄连一样，有苦说不出。你知道他是怎么回答的吗？

创新小翘板

莫洛托夫回击道："你说得对，我出身贵族，而你出身工人。不过，我们两个都当了叛徒。"

357 悬崖边上的险情

画家比约克每周末都会到郊外去写生作画。这一个周末，比约克带着自己8岁的儿子去风景秀丽的山上作画。

他们来到一处悬崖边，比约克看此处风景绝美，崖对面的山峰气势宏伟，就停下来开始作画。此时，儿子就乖乖地坐在画架的一旁玩着自己带来的玩具车。过了一会儿，比约克画出了一幅自己非常满意的风景画。

几乎所有画家们在写生时都有一个习惯，喜欢退到比较远的地方整体观赏自己的作品。比约克由于完全沉浸在自己画作的品析当中，完全忘了他是站在悬崖边作画的这回事，而悬崖周围也没有护栏，当比约克自己已经退到了悬崖边上时，还不知道只差一两步就要掉下身后的悬崖了。

此时情况危急，倘若比约克继续向后退，那后果真的不堪设想。坐在画架一旁的儿子发现了这一险情，他却没有叫住自己的父亲，而是站起来做了一件让画家很是吃惊又极为生气的事，但正是儿子这样的举动，挽救了父亲的性命。

你知道画家的儿子做了一件什么事情吗？

创新小翘板

儿子见父亲情形危急，怕大声叫喊会吓到父亲反而酿成悲剧，因此他赶忙站起来伸手撕毁了画家刚画好的画，比约克见此情形，赶忙跑向前去“抢救”自己的作品，从而化解了险情。

358 “失而复得”的借据

罗西和帕克是一对从穿开裆裤时就认识的好朋友，罗西是一位商人，但却并不像大多数商人一般吝啬、抠门，一般只要有人来求他帮忙，他都会非常慷慨的给予帮助，也因此被心怀不轨的人骗了几次。帕克是一个律师，他才思敏捷、能言善辩，无论是在法庭上还是在平时的交往中，总是能一针见血地发现问题，并总能提出合理的解决问题的方案，因而，每当罗西遇到问题时，总是找帕克帮忙出主意，而帕克也总能帮助罗西顺利渡过难关。

有一次，罗西借给一个商人朋友3000枚金币，两人约定，商人在半年之后归还，并写了借据。可这才没过几天，粗心的罗西就把借据给弄丢了，在家里到处找都找不到，这下可把罗西急坏了，有过几次被人耍赖的经验后，罗西对现在这种情况可说是头疼至极。

罗西想，如果商人知道了这事，说不定会抵赖不还钱了。这可怎么办？难道要白白丢失这一笔钱？他一整天都愁眉苦脸地在想这件事，恰好罗西最好的朋友帕克来找他。见到愁眉不展的罗西，帕克知道他又遇上麻烦了，便开口问是怎么回事，罗西把自己的烦恼告诉了帕克。帕克决定帮罗西出主意以避免损失，帕克把具体情况问清楚后，稍加思索，便“眉头一皱，计上心来”。帕克让罗西给借他钱的商人朋友写一封信说明情况。结果不到一星期，罗西居然收到商人寄过来的“借据”。

你能想到罗西的朋友让他在信里写了什么吗？

创新小翘板

罗西给商人写道，说因为自己的需要，临时改变约定，要求商人在第三个月的时候归还自己借给他的5000枚金币。商人很快就给罗西回了一封信，强调自己只借了3000枚金币，是罗西记错了。于是罗西就可以将商人的这封信作为借钱的证据了。

359 调查表改标题的作用

有些时候，只是几个字的差别，给人的感觉却是完全不同的，千万不要小看这种看似低级的“文字游戏”，若能善加利用，有时会起到意想不到的效果！

有一家公司最近一段时间的效益不太好，老板跟几个高层管理人员开了几次会，商讨提高效益的事，却一直没有得到有建设性的建议。终于，在最后一次会议中，一位管理人员提出“让员工能够为公司创造更多的价值”，于是人力资源部便发出了调查表，名字定为“如何为公司创造更多的价值”。

调查表刚发出去的时候，人们一听公司在这种方向性问题上都来听取自己的意见和建议，便非常积极的去领取调查问卷，后来又经过人力资源部工作人员的发放，调查表很快便发出去了。然而很多天了，人力资源经理收到的回复却寥寥无几。老板对这次调查的情况非常不满意，眼看着就要发作炒人了，正在这时，之前一直在出差的公司的人力资源总监回来了，总监一回来，老板便像遇到了大救星似的找他谈。拿过调查表只看了一眼，总监便把调查表又放回了桌上，接着便跟老板说了起来。很快，人力资源部便接到通知，需要更改调查表，但让大家不解的是，调查表只改了标题，内容丝毫没有更换，还是关于如何提高工作效率等问题。人们都面面相觑，不知道总监和老板这葫芦里到底卖的是什么药。但最后的结果却让这些不明所以的人们瞠目结舌，与之前的反馈量相比，这一次可说是天壤之别，收到了大量回复，反馈率在90%以上，并且在收到的回复中还真得到了一些行之有效的方法。公司最后通过筛选，对比较中肯、合理的建议予以采纳，终于摆脱了效益不佳的困局，员工的待遇和积极性也大大提高。

你知道那位人力资源总监是如何更改调查表名字的吗？

创新小翘板

他将调查表的名字改为——如何使工作更轻松。因为开始的问题“如何为公司创造更多的价值”明显是本着公司的利益出发的，员工自然没有很积极地进行思考。但改成“如何使工作更轻松”之后，利益就是站在员工的角度了，员工就冲着让自己的工作更轻松这一点，积极发挥自己的创造思维，对当前公司的一些不足进行了分析和探讨，自然就有好的提议了。

360 交易时间的误差

美国一家大集团从欧洲的供应商那里订购了一批半导体材料，并且，这家美国大集团在合同中非常精确地指定了交货日期。但是，信誉良好的欧洲供应商每一批交货日期都至少有一个月的误差，每一批货物都出错，不是太早送到，就是送货迟到。美国大集团打电话质问其原因，但欧洲供应商解释说，他们的货物都是由物流公司负责运送的，而物流公司对此的解释是：我们也是按照合同办事情，并没有违反合同。

那么你知道问题出在哪一个环节吗？

创新小翘板

问题出在日期的书写方式不同。美国公司用的日期格式是月／日／年，欧洲供应商用的日期格式是日／月／年，比如，美国公司要求的是2004年7月5日送货，就表示为7／5／04，而欧洲供应商就会把7／5／04的货物在5月7日送达。

361 是否有罪

有一家大百货商店被人盗窃了一批财物。警察局拘捕了三个重大的嫌疑犯：甲、乙与丙。后来，又经过审问，查明了以下的事实：

1.罪犯带着赃物是坐车逃掉的；

2.不伙同甲，丙决不会作案；

3.乙不会开汽车；

4.罪犯就是这三个人中的一个或一伙。

在这个案子里，甲有罪吗？

创新小翘板

甲肯定是有罪的。可以这样来推理——如果乙无罪，那么，罪犯就或是甲，或是丙。假如甲就是罪犯，那他当然有罪。而假如丙是罪犯，那他一定是和甲共同作案的（因为他不伙同甲是决不作案的）。所以，在乙无罪的情况下，甲是有罪的。如果乙有罪，那么他必定要伙同一个人去作案（因为他不会开汽车）。他或者伙同甲，或者伙同丙。如果伙同甲，那么甲当然有罪。如果伙同丙，那么甲还是有罪，因为丙只有伙同甲才会作案。或者乙无罪，或者乙有罪，总之，甲是有罪的。

362 干活儿的姐妹俩

有一天，姐妹俩商量好要把花园里的小屋打扫干净。干完活儿以后，一个女孩的脸上脏兮兮的，满是灰尘；而另一个女孩脸上却干干净净。脸上干净的女孩跑去洗了脸，而脸上脏兮兮的女孩却没有去洗。

为什么会这样呢？

创新小翘板

她们把小房子打扫干净后，屋里没有镜子，但彼此能看到对方的脸。脸上干净的女孩看到另一个女孩脸上很脏，就以为自己脸上很脏，于是跑去洗了脸。而另一个女孩恰恰相反。

363 神奇的心灵感应

莹莹和晶晶是一对双胞胎姐妹，莹莹是姐姐，晶晶是妹妹，两个人自从出生以来，几乎每时每刻都在一起，因而两个人对对方都非常的了解。人们常说双胞胎之间总是会有其他人难以理解的心灵感应，对于这种说法，妹妹晶晶是深信不疑的，而每当说到这类问题时，姐姐莹莹却只是报以微笑，并不言语。虽然晶晶对于双胞胎之间的心灵感应非常笃定，但也一直有一点疑惑，那就是只有姐姐莹莹对自己有心灵感应（姐姐管这叫第六感应），而妹妹晶晶对姐姐却丝毫没有一点儿心灵感应的迹象。

让晶晶坚信双胞胎之间有心灵感应的事情是这样的，不知道从什么时候开始，每一次当晶晶假装睡着时，姐姐便说：“你又在装睡了，看我的第六感是不是非常准？”由于正确率达到百分之一百，开始的时候确实使得晶晶大吃一惊，但随着时间的推移，晶晶对这种情况也就见怪不怪了，她认为姐姐具有神奇的能力。后来又听别人说了双胞胎之间心灵感应的事情，便把这件事归到心灵感应上，并一直对此深信不疑。

那么，到底是姐姐真的具有某种神奇能力还是双胞胎之间的心灵感应确实能达到这么高的准确率呢？

创新小翘板

每次晶晶睡觉，姐姐必定说一遍同样的话。当其第六感不灵光时，便是姐姐熟睡中，当然听不见，而不知道其实姐姐并未猜中。

364 纪晓岚的机智回答

清代第一才子纪晓岚，以博学多才、能言善辩而闻名。他也是乾隆皇帝的宠臣，都说伴君如伴虎，可纪晓岚在乾隆面前却能做的游刃有余。

有一次，他陪乾隆皇帝观赏弥勒佛像。乾隆忽然问：“这弥勒佛为什么看着我笑？”纪晓岚知道乾隆常常自比文殊菩萨，于是随口应：“佛见佛笑。”乾隆听了很高兴，但又想刁难一下纪晓岚，便又问道：“那弥勒佛为什么看你也笑呢？”聪明过人的纪晓岚面对这个极具刁难性的问题，给予了巧妙的回答，不但没有冒犯皇上，还让他心满意足。

你能猜出纪晓岚是怎么回答乾隆的吗？

创新小翘板

纪晓岚回答道：“佛笑我不能成佛。”

365 唐寅学画

江南大才子唐寅，在少年时期就爱画些山水人物、石头松竹，且画得有模有样。母亲见儿子在这方面有些天赋，便要他去拜大画家沈周为师以得到专业的训练，达到更高的境界。

唐寅找到沈周后，说明了来意，大画家便收下这个徒弟。唐寅认真刻苦学了一年之后，感觉自己已经画的不错了，于是偷偷把自己的画与师傅的作品比了比，他感到确实不相上下，便不愿再学下去了，向老师提出要回家“孝敬母亲”。

沈周看出唐寅的自满情绪，便想要教育一下徒弟。他就叫妻子做了几样菜，端进东厢一间小屋里。师徒二人坐下，一边饮酒一边谈着话。沈周说：“你的画本来也就不错，又学了一年，想来是可以出师了。”唐寅见到老师如此通情达理，便忙拱手施礼：“感谢老师大恩。”沈周笑了笑，说道：“这酒喝得为师全身发热，你帮为师将这屋的窗子全部推开吧，凉快凉快。”“遵命。”唐寅应了一声，起身走到窗前，他推了推西窗推不开，又转身推了推北窗，也未推开。唐寅细细一看，大为震惊，扑通一声双膝跪下：“师父，我不想回家了，让我留下再学三年吧！”

请问，唐寅为什么突然改变了主意呢？

创新小翘板

沈周见徒弟唐寅自满，便在小屋没有窗子的墙上画了两个惟妙惟肖的窗子，使唐寅自知其实他的画技并非真的可以出师了，因此他自己又要求留下继续学习。